基 督 教 经 典 译 丛

何光沪 主编
副主编 章雪富 孙 毅 游冠辉

Saint Francis of Assisi and Saint Thomas Aquinas

方济各传 阿奎那传

[英] G. K. 切斯特顿 著　王雪迎 译

Simplified Chinese Copyright © 2016 by SDX Joint Publishing Company.
All Rights Reserved.

本作品中文简体版权由生活·读书·新知三联书店所有。
未经许可，不得翻印。

图书在版编目（CIP）数据

方济各传　阿奎那传／（英）切斯特顿著；王雪迎译．—北京：生活·读书·新知三联书店，2016.6（2022.5重印）
（基督教经典译丛）
ISBN 978-7-108-05547-7

Ⅰ.①方…　Ⅱ.①切…②王…　Ⅲ.①方济各（1182～1226）-传记②阿奎那，T.（1225～1274）-传记　Ⅳ.①B979.954.6②B503.21

中国版本图书馆 CIP 数据核字（2015）第 239449 号

丛书策划	橡树文字工作室	
特约编辑	刘　峣　贺　真　张艳华	
责任编辑	徐国强	
装帧设计	罗　洪	
责任印制	董　欢	
出版发行	生活·讀書·新知三联书店	
	(北京市东城区美术馆东街 22 号 100010)	
网　　址	www.sdxjpc.com	
经　　销	新华书店	
印　　刷	三河市天润建兴印务有限公司	
版　　次	2016 年 6 月北京第 1 版	
	2022 年 5 月北京第 2 次印刷	
开　　本	635 毫米 × 965 毫米 1/16 印张 18.5	
字　　数	245 千字	
印　　数	10,001-13,000 册	
定　　价	49.00 元	

（印装查询：01064002715；邮购查询：01084010542）

基督教经典译丛

总　序

何光沪

在当今的全球时代,"文明的冲突"会造成文明的毁灭,因为由之引起的无限战争,意味着人类、动物、植物和整个地球的浩劫。而"文明的交流"则带来文明的更新,因为由之导向的文明和谐,意味着各文明自身的新陈代谢、各文明之间的取长补短、全世界文明的和平共处以及全人类文化的繁荣新生。

"文明的交流"最为重要的手段之一,乃是对不同文明或文化的经典之翻译。就中西两大文明而言,从 17 世纪初以利玛窦(Matteo Ricci)为首的传教士开始把儒家经典译为西文,到 19 世纪末宗教学创始人、英籍德裔学术大师缪勒(F. M. Müller)编辑出版五十卷《东方圣书集》,包括儒教、道教和佛教等宗教经典在内的中华文明成果,被大量翻译介绍到了西方各国;从徐光启到严复等中国学者、从林乐知(Y. J. Allen)到傅兰雅(John Fryer)等西方学者开始把西方自然科学和社会科学著作译为中文,直到 20 世纪末叶,商务印书馆、生活·读书·新知三联书店和其他有历史眼光的中国出版社组织翻译西方的哲学、历史、文学和其他学科著作,西方的科学技术和人文社科书籍也被大量翻译介绍到了中国。这些翻译出版活动,不但促进了中学西传和西学东渐的双向"文明交流",而且催化了中华文明的新陈代谢,以及中国社会的现代转型。

清末以来,先进的中国人向西方学习、"取长补短"的历程,经历了两大阶段。第一阶段的主导思想是"师夷长技以制夷",表现为洋务运动之向往"船坚炮利",追求"富国强兵",最多只求学习西方的工业技术和物质文明，结果是以优势的海军败于日本，以军事的失败表现出制度的失败。第二阶段的主导思想是"民主加科学"，表现为五四新文化运动之尊崇"德赛二先生"，中国社会在几乎一个世纪中不断从革命走向革命之后，到现在仍然需要进行民主政治的建设和科学精神的培养。大体说来，这两大阶段显示出国人对西方文明的认识由十分肤浅到较为深入，有了第一次深化，从物质层面深入到制度层面。

正如观察一支球队，不能光看其体力、技术，还要研究其组织、战略，更要探究其精神、品格。同样地，观察西方文明，不能光看其工业、技术，还要研究其社会、政治，更要探究其精神、灵性。因为任何文明都包含物质、制度和精神三个不可分割的层面，舍其一则不能得其究竟。正由于自觉或不自觉地认识到了这一点，到了20世纪末叶，中国终于有了一些有历史眼光的学者、译者和出版者，开始翻译出版西方文明精神层面的核心——基督教方面的著作，从而开启了对西方文明的认识由较为深入到更加深入的第二次深化，从制度层面深入到精神层面。

与此相关，第一阶段的翻译是以自然科学和技术书籍为主，第二阶段的翻译是以社会科学和人文书籍为主，而第三阶段的翻译，虽然开始不久，但已深入到西方文明的核心，有了一些基督教方面的著作。

实际上，基督教对世界历史和人类社会的影响，绝不止于西方文明。无数历史学家、文化学家、社会学家、艺术史家、科学史家、伦理学家、政治学家和哲学家已经证明，基督教两千年来，从东方走向西方再走向南方，已经极大地影响，甚至改变了人类社会从上古时代沿袭下来的对生命的价值、两性和妇女、博爱和慈善、保健和教育、劳动和经济、科学和学术、自由和正义、法律和政治、文学和艺术等等几乎所有生活领域的观念，从而塑造了今日世界的面貌。这个诞生于亚洲或"东方"，传入了欧洲或"西方"，再传入亚、非、拉美或"南方"的世界第一大宗教，现在因为信众大部分在发展中国家，被称为"南方宗教"。但是，它本来就不属于任何一"方"——由于今日世界上已经没有一个国家没有其存在，所以它已经不仅仅在宗教意义上，而且在现实意义上展现了它"普世宗教"的本质。

因此，对基督教经典的翻译，其意义早已不止于"西学"研究或对西方文明研究的需要，而在于对世界历史和人类文明了解的需要了。

这里所谓"基督教经典"，同结集为"大藏经"的佛教经典和结集为"道藏"的道教经典相类似，是指基督教历代的重要著作或大师名作，而不是指基督徒视为唯一神圣的上帝启示"圣经"。但是，由于基督教历代的重要著作或大师名作汗牛充栋、浩如烟海，绝不可能也没有必要像佛藏道藏那样结集为一套"大丛书"，所以，在此所谓"经典译丛"，最多只能奢望成为比佛藏道藏的部头小很多很多的一套丛书。

然而，说它的重要性不会"小很多很多"，却并非奢望。远的不说，只看看我们的近邻，被称为"翻译大国"的日本和韩国——这两个曾经拜中国文化为师的国家，由于体现为"即时而大量翻译西方著作"的谦虚好学精神，一先一后地在文化上加强新陈代谢、大力吐故纳新，从而迈进了亚洲甚至世界上最先进国家的行列。众所周知，日本在"脱亚入欧"的口号下，韩国在其人口中基督徒比例迅猛增长的情况下，反而比我国更多更好地保存了东方传统或儒家文化的精粹，而且不是仅仅保存在书本里，而是保存在生活中。这一事实，加上海内外华人基督徒保留优秀传统道德的大量事实，都表明基督教与儒家的优秀传统可以相辅相成，这实在值得我们深长思之！

基督教在唐朝贞观九年（公元635年）传入中国，唐太宗派宰相房玄龄率宫廷卫队到京城西郊欢迎传教士阿罗本主教，接到皇帝的书房让其翻译圣经，又接到皇宫内室听其传讲教义，"深知正真，特令传授"。三年之后（公元638年），太宗又发布诏书说："详其教旨，玄妙无为，观其元宗，生成立要。……济物利人，宜行天下。"换言之，唐太宗经过研究，肯定基督教对社会具有有益的作用，对人生具有积极的意义，遂下令让其在全国传播（他甚至命令有关部门在京城建造教堂，设立神职，颁赐肖像给教堂以示支持）。这无疑显示出这位大政治家超常的见识、智慧和胸襟。一千多年之后，在这个问题上，一位对中国文化和社会贡献极大的翻译家严复，也显示了同样的见识、智慧和胸襟。他在主张发展科学教育、清除"宗教流毒"的同时，指出宗教随社会进步程度而有高低之别，认为基督教对中国民众教化大有好处："教者，随群演之浅深为高下，而常有以扶民性之偏。今假景教大行于此土，其能取吾人之缺点而补苴之，殆无疑义。且吾国小民之众，往往自有生以来，未受一言之德育。一旦有人焉，临以帝天之神，时为耳提而面命，使知人理之要，存于相爱而不欺，此于教化，岂曰小补！"（孟德斯鸠：《法意》第十九章十八节译者按语。）另外两位新文化运动的领袖即胡适之和陈独秀，都不是基督徒，而且也批判宗教，但他们又都同时认为，耶稣的人格精神和道德改革对中国社会有益，宜于在中国推广（胡适：《基督教与中国》；陈独秀：《致〈新青年〉读者》）。

当然，我们编辑出版这套译丛，首先是想对我国的"西学"研究、人文学术和宗教学术研究提供资料。鉴于上述理由，我们也希望这项工作对于中西文明的交流有所贡献；还希望通过对西方文明精神认识的深化，对于中国文化的更新和中国社会的进步有所贡献；更希望本着中国传统中谦虚好学、从善如流、生生不已的精神，通过对世界历史和人类文明中基督教精神动力的了解，对于当今道德滑坡严重、精神文化堪忧的现状有所补益。

尽管近年来翻译界出版界已有不少有识之士，在这方面艰辛努力，完成了一些极有意义的工作，泽及后人，令人钦佩。但是，对我们这样一个拥有十几亿人口的千年古国和文化大国来说，已经完成的工作与这么巨大的历史性需要相比，真好比杯水车薪，还是远远不够的。例如，即使以最严格的"经典"标准缩小译介规模，这么一个文化大国，竟然连阿奎那（Thomas Aquinas）举世皆知的千年巨著《神学大全》和加尔文（John Calvin）影响历史的世界经典《基督教要义》，都尚未翻译出版，这无论如何是令人汗颜的。总之，在这方面，国人还有漫长的路要走。

本译丛的翻译出版，就是想以我们这微薄的努力，踏上这漫长的旅程，并与诸多同道一起，参与和推动中华文化更新的大业。

最后，我们应向读者交代一下这套译丛的几点设想。

第一，译丛的选书，兼顾学术性、文化性与可读性。即从神学、哲学、史学、伦理学、宗教学等多学科的学术角度出发，考虑有关经典在社会、历史和文化上的影响，顾及不同职业、不同专业、不同层次的读者需要，选择经典作家的经典作品。

第二，译丛的读者，包括全国从中央到地方的社会科学院和各级各类人文社科研究机构的研究人员，高等学校哲学、宗教、人文、社科院系的学者师生，中央到地方各级统战部门的官员和研究人员，各级党校相关教员和有关课程学员，各级政府宗教事务部门官员和研究人员，以及各宗教的教职人员、一般信众和普通读者。

第三，译丛的内容，涵盖公元1世纪基督教产生至今所有的历史时期。包含古代时期（1—6世纪）、中古时期（6—16世纪）和现代时期（16—20世纪）三大部分。三个时期的起讫年代与通常按政治事件划分历史时期的起讫年代略有出入，这是由于思想史自身的某些特征，特别是基督教思想史的发展特征所致。例如，政治史的古代时期与中古时期以西罗马帝国灭亡为界，中古时期与现代时期（或近代时期）以17世纪英国革命为界；但是，基督教教父思想在西罗马帝国灭亡后仍持续了近百年，而英国革命的清教思想渊源则无疑应追溯到16世纪宗教改革。由此而有了本译丛三大部分的时期划分。这种时期划分，也可以从思想史和宗教史的角度，提醒我们注意宗教和思想因素对于世界进程和社会发展的重要作用。

中国人民大学宜园

2008年11月

目　录

方济各传 1
中译本导言 3
第一章　圣方济各问题 13
第二章　圣方济各开创的世界 21
第三章　战士方济各 35
第四章　建筑师方济各 47
第五章　上帝的吟游诗人 57
第六章　矮小的穷人 69
第七章　三个修会 83
第八章　基督的镜子 97
第九章　神迹和去世 111
第十章　圣方济各的属灵遗产 123

阿奎那传 133
　　中译本导言 135
　　导言 147
　　第一章　两个托钵修士 149
　　第二章　逃跑的"修道院院长" 173
　　第三章　亚里士多德革命 187
　　第四章　对摩尼教的思考 209
　　第五章　托马斯的真实生活 227
　　第六章　研究托马斯主义的进路 245
　　第七章　永恒的哲学 257
　　第八章　托马斯与继之而来的事 275

方济各传

中译本导言

拉尔夫·C. 伍德[*]

本书是帮助中国读者了解其作者 G. K. 切斯特顿的生平和作品的一个好途径。在这本小书里，读者会发现切斯特顿倾尽了他在文学和神学方面的才能。他们也将会遇到最著名、最令人敬佩的基督徒之一——那位生活在 13 世纪的意大利的伟大圣徒。在开始探索切斯特顿和圣方济各之前，读者有必要了解一些有关切斯特顿自己的人生、行文风格，以及信仰方面的情况。切斯特顿的信仰对于理解本书尤为重要，因为它是切斯特顿刻画那位常被称为最像基督的人的出发点。

吉尔伯特·吉思·切斯特顿（1874—1936）是 20 世纪早期皈依基督教的最著名的人士之一。尽管他还是婴儿的时候就受洗归入英国国教，但是养育他长大的父母却仅是最模糊意义上的基督徒。他们把福音书当作伦理规范，认为基督教的伦理内核虽然会继续存在下去，但是它的宗教的外壳却终将退却。当切斯特顿在伦敦的斯莱德艺术学校读书的时候，他碰触了这种信条的精神底线。事实上，他经历了一次个人危机，并差点因此自杀。这次危机来源于恐惧——现代艺术中的相当大的一部分认为，除了我们强加给世界的秩序和意义以外，世界是空洞的、没有意义的。这种观点认为，世界上没有客观的事实。宇宙没有最终的

---

[*] 作者为美国得克萨斯州贝勒大学教授。

底线。我们生活在一个充满偶然的世界,这个世界不受超验的、道成肉身的上帝的支持和指引。

于是,切斯特顿很自然的在年轻的时候就开始离开这种没有什么实质内容的基督教和正在死去的现代西方文明。他从二十五六岁开始就意识到,世界的真正希望在于教会的彻底复兴。相对于越来越世俗化的、并且常常是非人性(sub-human)的文化,教会的复兴为世人提供了能够得到真正拯救的另一种选择。切斯特顿没有经历过突然的皈依。他逐渐发现,他只有把自己定位为一个真正的基督徒,才能解释他自己的核心价值。他最终迎娶了一个安立甘教会的信徒——弗朗西斯·布罗格(Frances Blogg),她对他回归信仰起了重要的作用。他不能否定她所虔诚地信奉的、重视仪礼和圣礼的基督教。1922年,他归入罗马天主教会,几年以后,弗朗西斯也跟随他加入了这个教会。

切斯特顿自始至终把自己定位为一个记者。"journalist"(记者)这个词来自于法语jour,意思是"日子"。他感觉自己受神的呼召,去感受"日常生活"的意义,并坚信感受"日常生活"是对永恒存在的遥远回响和反思。正因为上帝通过道成肉身曾经居住在我们的空间和时间中,基督徒应该参与我们这个时代的政治与经济,科学与教育,艺术与文化。除了这些日常生活中的途径,他们还能怎样为道成肉身作见证呢?感受日常生活的信念使得切斯特顿结出了丰硕的成果。他的写作几乎尝试了所有的题材:散文、长篇小说、诗歌、戏剧、短篇小说,同时还为他自己的作品和别人的作品画插图。在他的一生中,出版的书超过一百种,还留下了一千多篇没有结集的文章。

切斯特顿是英语语言大师,但这不仅是因为他掌握了如何写出清晰和生动的英语句子的艺术,他的语言风格同时也是他的信仰的写照。正如耶稣基督是完全的上帝和完全的人一样,切斯特顿致力于把他的信息和方法彻底地融合成一个严丝合缝的整体。切斯特顿以不同寻常的方式追求这个目标,相信他的文风应该像他写作的主题一样新颖。因为上帝通过以色列、基督和教会来进入人类历史的方式是最令人震惊的,切斯特顿也希望能够让他的读者震惊和觉醒,并通过这种方式认识到道成肉身这个奇迹中的奇迹。因此,切斯特顿使用了大量的双关、头韵、仿拟、滑稽剧、逆喻、反语、讽刺、怪诞等修辞手法,其中尤为突出的是悖论。

英文中的 paradox(悖论)字面义是"相反的观点",因此常用来指"一个看起来荒唐或自相矛盾的话和立场,一旦获得了研究或解释,可能被证明是有根据的或是真实的"。所有悖论中最令人震惊的无异于超越存在的上帝存在于以色列、基督和教会之中。因为切斯特顿相信这个至高的悖论,也相信世界上充满了类似的悖论——它们中的大多数不被人所注意。切斯特顿帮助我们发现它们的荣耀和奇妙。正是出于这个原因,他诙谐地把悖论定义成真理倒立着,挥动着双腿来吸引人们的注意。在这个璀璨的意象中,他也创造了众多隐晦语中的一种——探索人类存在的根基的简短而精辟的谚语。

阿西西的方济各很自然地成了切斯特顿仰慕的对象,因为他的一生就是一个悖论。他是个缔造和平的战士,是个拥抱贫穷的富人,是个穿着粗毛衬衫的热爱生命的人,他既歌唱福音的喜悦,又体验十字架的苦难。切斯特顿用的大多数双关语和头韵是无法翻译成另外一种语言的,翻译的过程难免让我们丢掉他的很多智慧和诙谐。但他所发掘的方济各式的悖论和格言警句,却很清晰地传递了过来。读者应该慢慢地读这本书,细细地品味其中的妙处。

以下我列举几个最令人难忘的段子:福音的好消息恰恰来自于人有原罪的坏消息;性欲一旦不是仆人,就会马上摇身一变,变成暴君;方济各不仅赞美一切的"有",也赞美万物诞生之前的"无";方济各的心灵是那么的纯洁,他只能受到神圣的婚约的诱惑;圣方济各的故事可以用一个叫《杀不死的人》的悲喜剧讲出来。切斯特顿没有宣称要从所谓的中立的立场来写这个传记,仿佛他仅是描绘来自阿西西的这位圣徒的人生和时代。相反，他写作的目的是说服读者，让他们相信，他们也应该像圣方济各一样行事和生活。比如说，切斯特顿称赞方济各与"神贫夫人"（Lady Poverty）的结合。切斯特顿说，方济各对"拥有"这一概念本身作了温和的嘲弄。这并不是说，方济各要求基督徒蔑视世上的财富，而是希冀他们更热衷于给予财富，而不是获取财富。这意味着对生活的绝对的简化，这就是基督本人在《登山宝训》里倡导的那种生活。这意味着对手工劳作的热爱，而不是轻蔑。这意味着对自然事物的极高的尊重，因为方济各首先把自然事物当作超自然的恩赐。

方济各热爱上帝的所有创造物的决心对于我们这个时代的告诫意义不亚于 13 世纪。方济各呼唤我们以尊重的态度对待最小的动物和看似最没价值的人。切斯特顿评论说，方济各不是把自然当作父母的泛神论神秘主义者。相反，方济各意识到，自然界所有的成员都是我们的兄弟姐妹，因为它们与我们同为上帝的创造物。因此，我们不应该崇拜它们，而应该尊重它们的绝对特殊性。他以儿童般的天真对待每一棵树，每一只鸟，他把它们当成独一无二的，而不是重复的。正是因为方济各把所有的自然事物都当成令人惊异的超自然事物，他成了各类基督徒最钟爱的圣徒。

但方济各尊重的不仅是自然界温和及舒缓的特质。他光着身子躺在翁布里亚那冰冷的地面上的时候，曾因为"身体之死姊妹"（Sister Bodily Death）结束他在世上的存在而赞美她。方济各甚至在人们用火以最痛苦的方式烧灼他的眼睛来提高视力的时候，也赞美"火兄弟"。方济各璀璨的《太阳兄弟赞歌》是以同样的精神写成的。

> 至高、全能、良善的主，
> 荣耀、颂赞、光荣
> 和所有的祝福属于你。

至高者，只有属于你是恰当的，
没有人配得呼唤你的名。
我的主，你因着你所有的创造受赞美，
尤其因着我的太阳兄弟，
他给我们带来了白昼，你通过他给了我们光明。
他是美丽和荣耀的，
主啊，他是那么的像你。

我的主，我因着月亮姊妹
和星辰而愿你受赞颂，因为你在天上创造了她们，
把她们造得清澈、珍贵、美丽。

我的主，我因着风兄弟而愿你受赞颂，
因着空气，又因着多云、晴朗
及各种气候而愿你受赞颂，
你借着这种种的气候而孕育着万物。

我的主，我因着水姊妹而愿你受赞颂，
她是那么的有用、谦卑、宝贵、纯洁。

我的主，因着火兄弟，我愿你受赞颂，
你借着他照亮黑夜，他是美丽的，
又是顽皮、有力和强壮的。

我的主，因着我们的姐妹大地母亲，我愿你受赞颂，
她养育和管理着我们，
她产出各色的花草，结出各种丰硕的果实。

我的主，因着那些因为你的爱而宽恕
及忍受病痛和磨难
的人们，我愿你受赞颂。

在困苦中坚守和平的人有福了，
因为你，至高者，将为他们戴上冠冕。

我的主，因着我们的死亡妹妹
我愿你受赞颂，
没有人能从她那里逃脱。

死在大罪中的人有祸了。
在你的圣意中死去的人有福了，
因为第二次死亡不能伤及他们。

请你们赞颂和祝福我的主，
感谢他，
并以极大的谦卑侍奉他。
阿门。

因为所有的人都是上帝所造的，方济各恳请我们尊重各个族裔、来自各种背景的人，因为他们与我们同属人类。方济各教导我们，人与人之间的平等是最基本的基督教信念之一。方济各不曾轻蔑地看待哪怕最坏的人，他因此能在罪犯中间作为他们的朋友自由地游走。方济各的革命不局限于男人，这一点不足为奇。他通过另一位来自阿西西贵族家庭的圣克莱尔来欢迎妇女加入他的运动。如切斯特顿所说，没有人比圣克莱尔更能充分地体现妇女解放的精神，因为她勇敢地放弃了父母让她承继家业的期望，跟随方济各树立的榜样，把她的一生投入到无限的感恩中去。

"彬彬有礼"这个词不断地在切斯特顿对方济各的叙述中出现。切斯特顿解释说，这个词的用意是召唤我们如同身处国王和王后的宫廷（court）中一样行事。圣方济各教导说，我们的确住在王室之中，王室之主不是国家的元首，而是每个人所特有的尊贵。因为上帝是唯一和独尊的，因为他按照他自己的形象和样式创造了我们，我们中的每一个人都被烙上了国王和王后的神圣印记。因此，方济各恳求我们用对待王室的礼貌和热情来对待每一个人。

彬彬有礼的生活方式促使方济各拒绝任何形式的胁迫。他总是力求用说服和启迪的方式来恳求别人。他试图以这样的方式结束十字军东征——暴力的基督徒用战争的方式从穆斯林手中夺回耶路撒冷和圣地的企图。方济各认为收回圣地的合理方式是说服穆斯林皈依和平的福音。他甚至去跟埃及的穆斯林苏丹面谈，以最高的尊重对待他，希望能说服他归入基督和他的教会。按理说，伊斯兰的士兵肯定会处死带着这种明显的基督教企图闯入他们领地的任何一个人。但是如切斯特顿诙谐地指出，这些士兵甚至不愿意把"殉道"这一礼物送给方济各。

在切斯特顿对方济各的评论中，最精准的片段莫过于把他称为一位诗人。但是他的意思并不是方济各应该作为一个创造诗歌的人留在人们的脑海中，虽然如我们所看到的，他的《太阳兄弟赞歌》是一首洋洋洒洒的诗歌。切斯特顿使用的 poet 一词的含义基于它在古希腊语中的含义——"做事的人"（one who makes）。圣方济各所作的最主要的一首诗是他自己的人生。他的人生是知行合一的，就像一首真正的诗歌的形式和内容应该完美地融合一样。切斯特顿说，方济各的行为是一场璀璨的戏剧，上演的是在上帝面前完全地奉献自己。方济各通过把其他的方济各会士从修道院带到世界上而恢复了洋溢在福音书里的喜悦。很多个世纪以来，教会曾力图洁净俗世中异教的腐朽。这种做法无疑是正确的。教会让她的修士在修道院的高墙之后祈祷和禁食，目的是洁净肉欲，用顺服来代替混乱。但是方济各以独特的眼光看到，普通人以绝对的兄弟情谊和他们的资助人同属兄弟会，他们向世界显明充满喜悦的、奉献的好消息——这个时刻已经到来。

对于方济各会的禁欲主义者来说，托钵修会的含义远远不止于向人们乞讨面包和同时向他们宣讲福音。切斯特顿说，方济各教导他的托钵僧们，不要活在所有的事情都能事先安排好的幻觉里。最重要的事常常在没有令人焦虑的计划的情况下不期而至，因此我们也受到像方济各一样生活在一种愉悦的漠然之中的召唤。因此方济各成了掀起人类生活中一场前所未有的革命的人。切斯特顿把这场革命比作地震或者火山爆发。方济各是个总是在行动的人，就像一支离弦的箭一样——但他的动态能量不是破坏性的，而是建设性的。他是产出慈爱和谦卑的至高的基督教诗人。方济各见证基督的方式具有普世性，这或许能解释切斯特顿在《永恒的人》中的一段话。这也是他鲜有的提及中国文化的一段话："我确信，如果我们把基督的超自然的故事逐字逐句地讲成一个中国英雄的故事，叫基督'天子'而非'上帝之子'，用中国刺绣里的金线或者中国陶艺中的金边来勾勒基督头上的荣光，而不是古老的天主教油画里的金叶，我们仍会看到故事中所包含的那无可争议的纯洁的属灵真理。"

切斯特顿在刻画方济各一生中的高潮——圣痕显现——的时候尤其有洞见。切斯特顿像方济各一样，不曾把圣痕的显现表现成对于这位托钵僧来说令人惊骇的时刻。圣痕当然是个神迹，但是我们之所以相信这个故事，正是因为它是圣方济各一生中最有诗意的时刻。圣方济各把他自己完全地与他的主融为一体，甚至于他的肉体也被同化到基督为世上的罪所遭受的痛苦中，于是他在阿尔维诺山上领受了与基督同样的圣伤。

2013年，新罗马教宗方济各把阿西西的圣徒的名字作为自己的名号。新教宗这样做的目的是召唤所有的基督徒像方济各一样效仿基督，在言行上、在愿望和祷告上做基督的伙伴。方济各就像基督的一面镜子，以至于一旦把他和他的信仰、他对拿撒勒的耶稣的挚爱分离开来，他的生活就会变得不可理解。但是切斯特顿也认为，至少在一个方面，方济各和其他任何一个基督徒没有什么两样。只有切斯特顿能意识到，从一个悖论的角度，不但基督是方济各与上帝的关系的中保，方济各也可以说是基督的中保，因为他把基督传递给了我们。他使耶稣言行中那些常常显得神秘和不可测度的成分，变得明晰和不那么遥远。切斯特顿的这本小书最大的贡献在于，说明了方济各是如何把基督和福音书在喜悦和痛苦的悖论结合体中变得可以想象，可以实现。

第一章
圣方济各问题

要用现代英语对阿西西的圣方济各（St. Francis of Assisi）作个简要的介绍，有三种写法。究竟要采用哪种写法必须由作者自己决定。本书将要采用第三种写法，这可能是三者中最难的。如果说前两种写法并非不可能的话，第三种写法至少是最难的。

第一，传记作者可以把方济各当作俗世历史上的一个人物和社会美德的模范人物来对待。作者可能会把这位神圣的"蛊惑人心者"描绘成世上一位相当真诚的民主主义者（他很可能的确是）。他可能会说（虽然这样说意义不大）圣方济各领先于他的时代。他可能会说（这样说完全正确）方济各预见了现代社会中最自由、最富有同情心的成分——他热爱自然，关爱动物，对社会充满同情，能够感受到社会富足甚至贫穷可能带来的危机。在华兹华斯以前没有人知道的事，方济各似乎都了如指掌。所有那些首先被托尔斯泰发现的事，方济各似乎已经认为是理所当然的了。他不但可以被描绘成一个人性十足的人，而且是人道主义的英雄，甚至可以说是人文主义的第一个英雄。他曾经被描绘成文艺复兴运动的启明星。与所有这些成就相比，他的禁欲主义神学可以被忽略或者被当作那个时代的一个偶发事件（contemporary accident）而不予重视；所幸他的禁欲主义没有致命的后果。方济各的宗教可以被当作一种迷信，但它是不可避免的迷信，因为在那个时代，即使是天才也很难完全从迷信的束缚中摆脱出来。考虑到这一点，因为方济各的禁欲主义而批判他或者因为他对贞洁的强调而过分地指责他，是不公平的。的确，即使是从现在这个遥远的视角来看，方济各仍然像个英雄。当然，圣方济各的故事要说的还有很多：他试图通过跟撒拉逊人谈话而终止十字军东征，也曾经为了一群鸟的性命跟国王进行交涉。现代作者也可以从纯历史的角度来讲述乔托的油画、但丁的诗歌、造就了现代戏剧的奇迹剧（miracle play）等已经为现代文化所欣赏的作品中展现出来的方济各精神。他也可以像其他人那样写一本完全无关乎宗教的《方济各传》。简而言之，现代作者可以在压根儿不提上帝的情况下写一个关于圣徒的故事，就像讲述南森①的一生而不必提北极一样。

第二，现代的传记作者可以走向另一个极端，决定以一种令现代人倒胃口的虔诚的宗教精神写一篇纯粹的灵修文学作品。这位作者的神学热情可以像最早的方济各会会士一样火热。他可以像方济各本人一样严肃地对待宗教，认为宗教才是唯一实在的存在。他可以在叙述禁欲主义和谦卑所隐含的种种矛盾时获得一种严肃、神圣的喜悦。他可以把整个历史都印上十字架的印记，也可以把禁食当作与恶龙战斗，直到方济各在现代人的脑海中变成一个像圣多明我（St. Dominic）一样晦涩的人。简而言之，用这种写法写出来的作品就像照相底片一样——颠倒了黑白。愚蠢的人会觉得这样的作品像无法穿透的黑暗，就连很多明智的人也会觉得这种作品像用银色的笔在白色的纸上写字一样模糊。这样一部关于方济各的作品对一个不属于方济各的宗教的人来说，也许只能用天方夜谭来形容，就连属于他的宗教的人，恐怕也会因为不能理解方济各所感受到的使命而有雾里看花的感觉。不同理解能力的读者会觉得这样的作品对这个世界来说要么太好，要么太坏。写这样一部作品的唯一困难是，这样的作品是不可能写出来的。我们需要一位圣徒来写一部关于圣徒的历史。而这种写法在当今世界所遇到的困难是不可逾越的。

---

① Fridtjof Nansen（1861—1930），是挪威的一位探险家、科学家、外交家。他是从东到西横穿格陵兰的第一人，并且尝试了一次非凡的北极探险。南森希望利用自己关于北冰洋洋流的知识，随冰一起漂移到达北极，但后来此举失败。1922 年，他由于担任国际联盟高级专员所做的工作而获得诺贝尔和平奖。——译者注（本篇注释均为译者注，以下不再明注。）

第三，现代的传记作者还可以尝试我这样的写法。我在前面已经说过，这种写法有它特有的问题。作者可以完全把自己摆在一个普通的现代读者的位置——一个有兴趣了解方济各的局外人。其实，本书的作者曾经完全处在那个位置上，并且如今很大程度上仍然处在那个位置上。他的出发点可以是对方济各真诚的欣赏，但是他所关注的仅是他所能够欣赏的事迹。换句话说，他可以假设他的读者至少受到了像埃内斯特·勒南①或者马修·阿诺德②那种程度的启蒙，但是本着启蒙运动的精神，他要说明埃内斯特·勒南和马修·阿诺德所没有说明的。他可以利用人们所理解的来解释人们所不理解的。他可以对现代英国的读者说："这是一个已经被公认为有吸引力的历史人物，他的故事已经凭着欢快的情调、浪漫的想象、精神上的谦恭和伙伴情谊而获得了世人的青睐，但是这个故事中还有一些不为人知的成分——这些成分也一样真诚和重要，但是在你看来可能会有一些遥不可及，甚至令人反感。但毕竟这个人是一个人而不是半打人。在你看来前后矛盾的事对他来说未必如此。我们先来看一下凭着我们已有的理解，能不能理解那些现在看来不甚清晰的事，那些事因为它们内在的阴暗和具有讽刺意味的对比而显得若隐若现。"当然，我的意思不是说，我可以用一种粗糙和简略的提纲形式来充分探讨心理层面的问题。但是，我的意思是，这是我假定的唯一有争议的前提——也就是说，我所面对的是一位没有敌意的局外人。我的这个假定在写作本书的过程中不会改变。一个唯物主义者或许根本不需要看到矛盾得以解决；一个天主教徒或许根本不会觉得有什么需要解决的矛盾。但是在这里，我假定我的读者是一个普通的现代人，没有敌意，但是有怀疑，我只能模糊地希望，通过讲述关于这位伟大圣徒的生动形象和吸引人的故事，我能够让我的读者对这位伟大的圣徒了解得

---

① Ernest Renan（1823—1892），法国哲学家、历史学家，以历史观点研究宗教，主要著作有《基督教起源史》等，尤其以该书第一卷《耶稣传》最为著名。
② Matthew Arnold（1822—1888），英国维多利亚时代的诗人和评论家。

多一些；通过以这种方式讲述这位圣徒的故事，我们可以窥见为什么这位把自己的上帝比喻成太阳的诗人，常常把自己隐藏在黑暗的山洞里；这位把狼称为"狼兄弟"（Brother Wolf）的圣徒为什么那么苛刻地对待他的"驴兄弟"（Brother the Ass，是方济各对他自己身体的戏谑称呼）；为什么心里燃烧着炽热之爱的吟游诗人，却可以使自己与女人分离；为什么为火之力量而欣喜若狂的人却要在雪地上打滚；为什么一首充满了非基督徒盛情的诗歌——"我感谢天神，因为我们的母亲大地给了我们各样的水果、青草和盛开的鲜花"——却如此结束："我为我们的姐妹感谢上帝；这位姐妹就是我们身体的死亡。"

埃内斯特·勒南和马修·阿诺德在尝试理解方济各这一点上彻底失败了。他们虽然一开始跟随并赞美方济各，可是一旦方济各和他们自己的偏见发生冲突，他们就止步不前了，因他们无法放弃自己作为怀疑论者的固执和偏见。一旦方济各开始做他们不理解或者不喜欢的事，他们没有试图去理解，更不会试着去喜欢，而是完全地转过身去——"不再与他同路"。抱着这种态度的人在研究历史时只能裹足不前。这些怀疑论者会在绝望中放弃整个研究计划，以一堆前后矛盾的命题来表现一个最简单明了、最真诚的历史人物，并只会在"助理牧师的鸡蛋"①的原则下受到赞扬。马修·阿诺德急匆匆地掠过了阿尔维诺（Alverno）的禁欲主义，仿佛那是故事中的一个不幸、但不可否认的污点，或者是故事结尾一处令人扼腕叹息的败笔或者虎头蛇尾的遗憾。当然，这就成了遮蔽整个故事的一个盲点——因为把阿尔维诺山当作方济各的崩溃就跟把各各他山（Mount Calvary）当作基督的崩溃没什么两样。高山就是高山，不管它们除了高山以外还是别的什么东西，反正它们不是凹地，也不是地下洞穴。它们很明确地传递着一个信息：它们应该被当作高峰和

---

① 英国有句谚语："有一些部分不错，就像助理牧师的鸡蛋一样。"这则谚语说的是一位年轻的助理牧师应邀到主教的家里吃早饭。主教问他，喜不喜欢吃早餐里的鸡蛋，助理牧师很害怕，不敢说鸡蛋是坏的，最后结结巴巴地说了一句："有一些部分棒极了！"（出自《布鲁尔成语谚语词典》）

里程碑来对待。如果把方济各手上的圣痕（Stigmata）当作耻辱，只能轻轻地、痛苦地提一下，就跟把耶稣基督身上的五处伤痕当作其品格的五个污点没什么两样。你可以不喜欢禁欲主义，也可以不喜欢殉道；同样，你也可以自然地真心不喜欢十字架所代表的献祭。但是，如果这种不喜欢建立在理性的基础上，你仍然有能力去了解一个殉道者甚至一个修士的故事。可你不能一面宣布自己在理性地读福音书，一面又宣布耶稣钉十字架是其一生中的败笔，或一种突降（anti-climax），或者仅是一个偶发事件。很显然，那个事件是故事的主旨，它就像一把刀的刀刃一样关键，而正是这把刀穿透了上帝之母的心。

如果你不能理解方济各在人生的最后阶段是个"忧伤的人"，你就不能理性地读懂那个把自己呈现为"基督的镜子"的圣徒。若要理解他的故事，你至少应该从艺术的角度理解，他在一朵神秘和孤独的云中，从上帝那里接受了滴血的伤口（不是人手所伤），而正是他那永不能愈合的伤口成了他治愈世界的武器。

至于怎么来调和方济各故事中欢快和严肃的成分，我只能让故事本身去解答。但是，因为我已经提到了马修·阿诺德、埃内斯特·勒南，以及方济各的那些理性主义的仰慕者，我在这里会提醒一下这类读者应该在读本书的过程中注意些什么。这些杰出的作者们可能会觉得类似圣痕的东西是绊脚石，因为他们把宗教当成哲学。他们把宗教当成完全没有人情味的东西；只有在宗教为人类提供一种跟世上的东西没有两样的情怀的时候，才具有人情味。一个人不可能仅仅因为万物存在的定律就在雪里打滚，也不能奉公义之名饿着肚子四处游走，以此促进公义。他这样做，应该是受到了与上述不同的动机催促。他之所以这样做，是因为他心里有爱。关于方济各的故事，我的读者需要知道的第一个事实就是他的故事的起点。也就是说，他最初自称为"吟游诗人"的时候，以及他后来自称是个吟唱更新、更崇高的浪漫故事的吟游诗人的时候，他不是在做单纯的比喻，而是比学者们更好地理解他自己。最折磨禁欲主义者的事实是，他是个四处游走的人。他是个有爱的人。他爱上帝，也真正地爱人。或许后一种爱是一种不太常见的神秘主义情怀。爱人者跟现代所谓的博爱主义者差不多恰恰相反。其实，希腊语中的"博爱主义者"这个词本身就包含着讽刺的意味。可以这么说，一个博爱主义者热爱的是类人猿。但圣方济各热爱的不是人类而是人，他热爱的是基督而不是基督教。或者，你可能会觉得他是一个疯子，疯狂地爱着一个想象中的人。但请注意，他爱的确实是一个想象中的人，而不是一个想象中的概念。对于现代读者来说，理解禁欲主义的最好线索可能是中世纪的爱情故事——在其中，男女主人公发疯一般地相爱。请把禁欲主义理解为一个吟游诗人的故事。想想故事的男主人公愿意为女主人公所做的疯狂的事，整个现代的迷雾就烟消云散了。在这样的传奇故事中，在烈日下采花和在雪地里默想并非矛盾，赞赏所有世界上的美丽（今世的、与身体有关的美）和拒绝吃饭也并不矛盾，同样不矛盾的还有赞美金子和代表贵族尊贵的紫色却同时穿着破旧的衣服，还有，热切地希望过幸福的生活和热情地盼望像英雄一样地死去，也并不矛盾。解开所有这些谜团的钥匙都是简单、崇高的爱；这种爱是如此崇高，以至于十个人里有九个连听都没听说过。我们在后面将会看到，这种崇高的爱跟方济各一生中的问题有很实际的联系，比如他与他父亲、朋友和家人的关系。现代读者总是会感觉到，如果他真的把这种爱当作真实的，他也能把这种真实的爱当成传奇。但是我在这里仅把这一点当作起始的一点，因为虽然这一点远不能达到最终的真理，但是它仍然是解读方济各最好的方法。读者必须先理解，对于方济各这位伟大的神秘主义者来说，基督教不是一套理论，而是一个像爱情故事一样的东西；如果读者不能理解这一点，方济各的故事就是荒唐的。本章唯一的目的就是说明这本书的界限，这本小书的读者应该是在现代世界里感受到了"方济各困境"的那群人——他们能够仰慕他，却几乎不能接受他，或者他们愿意把他作为一位圣徒来接受，却不愿意理解他的神圣。我之所以想要完成这一项任务，是因为在很长一段时间里，我也曾处在这种困境中。我现在能够理解的很多事，在当时的我看来完全无法理解；很多在我现在看来神圣的事，当时的我曾经当作迷信嗤之以鼻；很多在我现在看来很明白、很有启蒙意义的事，在当时的我看来是黑暗和蒙昧的——虽然在那些日子里，我自认为阿西西的方济各在我的梦想里炽热地燃烧着。我也曾经住在如世外桃源般的阿卡狄（Arcady），但是即使在那里，我也曾经遇见过一位穿着棕色的修士袍、比潘神①更爱树林的人。那位身着棕色修士袍的人就在我书房的壁炉上方。与他的画像挂在一起的还有其他圣徒的画像，然而唯独对这位圣徒，在我人生的各个阶段我都没有感觉他是个陌生人。壁炉、壁炉发出的光芒，以及我第一次读到方济各把火称为兄弟时所感到的那种愉悦——三者和谐地交织在一起，因为他仿佛隐藏在我的记忆深处，与我孩童时期的梦境交织在一起。即使是火光下奇形怪状的影子也好似小孩子在幼儿园表演的影戏；然而即便在我儿时的记忆中，这些影儿也像是方济各最喜爱的兽和鸟——虽然有些丑陋，却也沐浴在上帝的爱中。他的狼兄弟和羊兄弟看起来更像基督徒的雷穆斯叔叔②的狐狸兄弟和兔子兄弟，几乎没什么两样。我慢慢地看到了这个人更多神奇的方面，但是我从来没有失去过这个方面。他的影子把我的童年和我后来的许多转变联系在一起，因为他的宗教的浪漫最终穿透了那个朦胧的维多利亚时代的理性主义。基于我的经历，我或许能够带领别人在认识他的道路上走得更远一点，但仅仅是一点点而已。没有人比我更了解，这是一条让天使都望而却步的道路；我虽然心里恐惧，却决然定意不让恐惧所战胜，因为本书的主人公总是很高兴地忍受傻瓜们给他带来的各种麻烦。

---

① 潘是希腊神话中人身羊足、头上有角的畜牧神。
② 雷穆斯叔叔是一个虚构的人物，是很多非洲裔美国人的民间传说中的主人公。

第二章
圣方济各开创的世界

新闻,这种现代的新发明,很大程度上已经取代了历史。大家都习惯了读新闻,就连历史也变成了内幕新闻播报。新闻这一新发明至少给我们带来了一个明确的后果,那就是,每个人都只希望知道故事的结尾。新闻编辑已经习惯了在故事最后一章之前(故事的男主人公和女主人公在最后一章里才马上要开始拥抱,似乎之前某种深不可测的不幸阻止了他们)才赫然写下那行非常误导人的字:"其实故事现在才真正开始。"但是,这也不是一个特别确切的类比,因为报纸杂志的确会给一个大略的故事梗概,却从不会提供任何稍稍类似历史总结的东西。报纸不光报道新闻,而且把所有的事件都当作刚发生的来对待。比如,图坦卡蒙①也能让他们弄得听起来像个新事物,报道起来跟班斯上将被枪杀了没什么两样。(如果不是他被枪击的消息,我们怎么会知道曾经有一个叫班斯的人出生呢?)

新闻编辑对人物传记资料的使用是有独到之处的。他们从不会报道某人的生活,直到想让世人知道他已经离开了人世。另外,报纸除了关注个人以外,还关注机构和想法。第二次世界大战以后,我们经常在报纸上读到某某国家又获得了解放之类的消息。但是在此之前,我们从来没听说过这些国家曾经受过奴役。换句话说,问题在有了一定的解决方案以后,报纸会号召我们起来为正义的实现而欢呼呐喊,但是他们从

---

① Tutankamen 是古埃及第十八王朝法老(大约公元前 1334—前 1325 年在位)。英国埃及学家卡特(H. Carter)于 1922 年发现其陵墓,发掘时见墓室完好,内有金棺、法老木乃伊和大量珍贵文物。

来不曾允许我们了解争议的存在。那些觉得讨论塞尔维亚的史诗太书呆子气的人，情愿每天用现代语言中的大白话来讨论南斯拉夫的国际新政策；他们虽然从来没听说过波希米亚，却对所谓的捷克斯洛伐克津津乐道。报纸编辑在讲故事的时候，使得像欧洲一样古老的故事，甚至比在美国草原上新发生的事还要新鲜。新闻很容易提起人的兴致来，仿佛观众在帷幕马上就要落下之前突然来到了剧院，看到了最精彩的一幕一样。但是新闻的短处在于不太方便观众了解事实的真相。对于那些满足于只听最后一声枪响或者只看最后那一吻的观众来说，新闻不失为一种特别好的娱乐方式。但是对于那些想以理性的方式了解谁给了谁一个吻、谁杀了谁，以及为什么杀人的读者，新闻满足不了他们的好奇心。

　　现代的历史作品，尤其在英国，也有像新闻所具有的这种缺陷。基督教的历史至多只有一半被讲出来了，而且是在没讲前一半的情况下讲了后一半。那些认为理性是从文艺复兴开始、宗教是从宗教改革开始的人，永远也不能完整地讲述任何事情，因为他们的起点是那些他们不知根底的机构。他们不了解，甚至想象不到这些机构的起源。正如我们听说某个人被枪杀了，却从来不知道这个人曾经出生一样。关于修道院的解体我们听说过很多，但我们却不曾听说过修道院的起源。这样的所谓历史记载，对于一个能够思考的人来说是不够的，哪怕这个人痛恨修道院。许多有思考能力的人的确可以有正当的理由来痛恨某些机构；但是这样的历史记载却永远也不能给出一个充分的理由。比如说，我们中间有些人可能从博学的作家那里听说过一个叫"西班牙宗教裁判所"的模模糊糊的机构。这个机构的确是模糊的——这是他们所知道的，也是他们读的历史书所描述的。该机构之所以模糊，是因为它的起源是模糊的。新教的历史总是从他们所知道的糟糕的事件开始，就像哑剧总是从魔鬼国王坐在精灵的厨房里开始一样。很有可能，发生这样可怕的事的确是魔鬼的工作——尤其越接近结尾越显明是如此；但是如果我们仅仅这样说的话，我们不知道为何是这样。要了解西班牙宗教裁判所究竟是什么，我们必须了解两个我们做梦都不曾想了解的问题：一是西班牙是什么，二是宗教裁判所是什么。前一个问题会给我们一个机会，了解针对摩尔人（Moors）的十字军东征的历史，并了解一个欧洲国家凭着什么样的骑士精神才能从非洲外族人的统治下解放出来。后一个问题牵扯针对阿尔比人（Albigensian）的另一次十字军东征，它能让我们了解到当时的欧洲人对来自亚洲的虚无主义意象既爱又恨的情结。如果不了解十字军运动发起时的兴奋和浪漫，我们就无法了解究竟是什么欺骗了当时的人，并把他们引向了后来的罪恶。十字军无疑滥用了他们胜利的果实，但是滥用的前提是有胜利的果实可以滥用。哪里有胜利，哪里就有战场上的勇敢和讲坛上的激昂。有一种激情常常使人言行过激，或者被用来掩盖错误。比如，我曾经指出过，英格兰人在虐待爱尔兰人这件事上是有责任的。但是如果把 1798 年事件①也算到英国人头上，而绝口不提英国与拿破仑之间的战争，对于英格兰人来说，这是不公平的。说英国人只关心能不能杀死艾米特，而不关心纳尔逊的死（其实他的死更有传奇色彩），也是不公平的。②不幸的是，1798 年事件远远不是一系列龌龊事件的终结。直到前几年，我们的政治家仍试图通过抢劫和滥杀无辜来巩固他们的统治；同时却委婉地告诫爱尔兰人，责备他们总是念念不忘那些不愉快的往事以及很久之前的战争。但是不论我们觉得黑棕部队③这种勾当有多么可耻，我们都不应有失公允地忘记，我们中大多数人并不会想到"黑棕部队"，而是会想起卡其布军服，而当时的卡其布军服的确有神圣的、爱国主义的内涵。如果只写英国与爱尔兰的战争，却只字不提英国与普鲁士的战争，以及英国人在战争中绝对真诚

---

① 1798 年，爱尔兰人联合会（United Irishmen，一个致力于团结爱尔兰内部力量，反对宗教歧视的爱国组织）组织了一次起义，在经历了艰苦的斗争之后，这次运动最终被镇压。
② Emmett 是爱尔兰人联合会的领袖，他曾在 1798 年的起义失败之后，于 1803 年在都柏林又组织过一次对英国政府的反抗运动，这次反抗很快就被镇压了。Nelson 是 18 世纪末 19 世纪初英国著名海军将领，1805 年率军在特拉法加战役中取得英国海军史上最大胜利，自己却中弹阵亡。
③ Black and Tan 的正式名称为爱尔兰王室警吏团，1920—1921 年在英格兰招募成立，用以镇压爱尔兰独立运动，因戴警吏黑帽，穿棕色军服而得名。

的动机，这对英国人来说也是不公平的。同样，如果把西班牙宗教裁判所当成一种丑恶的玩意儿，对西班牙人来说，也是不公平的，因为这种说法没有解释故事的来龙去脉、前因后果。我们可以认同现代读者的说法——总之，宗教裁判所最后没有落到好结果。我对这种讲故事的方法表示不满。我不是要坚持说宗教裁判所的开头是好的，而是要说，这个故事只讲了结尾，而根本就没有讲开头。更有甚者，就像汤姆·诺迪^①的故事一样，只讲了上绞刑架以后的故事。的确，这次绞刑比其他绞刑都可怕，但是他们只讲了故事的灰烬中的灰烬，柴草中的渣子。

  宗教裁判所的例子是我随便举的，它只是众多类似故事中的一个。举这个例子并不是因为它与方济各有特别的关联，或者跟多明我有任何的关联。当然，后面我们会说到，如果我们不了解异端和十字军对13世纪的人来说意味着什么，就无法理解方济各和多明我；但是现在，我举这个更小的例子有另外一个更大的目的。我的目的是说明，如果把方济各的出生当成方济各的故事的起点，就已经错过了故事的整个主旨，跟干脆不讲他的故事没什么两样。另外，我的目的还在于说明，像写新闻报道一样写历史不能给读者带来任何好处。我们读了宗教改革，却不知道被改掉的是什么；读造反，却不知道造反者反对的是什么；读回忆录，却不知道回忆的东西是否曾经存在过，或者读一些复辟，而要恢复的却是从未存在过的东西。我宁愿牺牲本章的结构平衡，也必须交代一下为方济各会创立人的出场做铺垫的几个重要历史事件。这可能让人觉得要描绘一个人，首先要描绘这个人曾经生活过的世界或者宇宙。不可避免的是，这个世界或者宇宙只能用一些不太连贯的句子大致地概括一下。我想描绘的情景不是在一个偌大的苍穹下，站着一个渺小的人；而是在我们开始丈量顶天立地的人之前，必须先丈量一下天有多高。

---

① Tom Noddy 是英国喜剧作家乔治·丹斯（George Dance）笔下的一个人物。

仅凭这句话,我就能够开始介绍什么是讲方济各的故事时必须要交代的历史背景。虽然这些知识很基本、很粗略,但是我的读者必须了解方济各进入了怎样的一个世界,而在他之前,这个世界又经历了怎样的历史,至少要了解跟方济各有关的世界和历史。在这里我们借用一下威尔斯先生(Mr. Wells)的话,用寥寥数语勾画一下"历史的轮廓"。威尔斯先生是一位杰出的小说家,但是他的问题在于,他总是被迫写有关他自己痛恨的主人公的小说。写罗马历史却痛恨罗马——既痛恨异教又痛恨天主教,就是痛恨发生在罗马的一切。这简直像在人道主义基础上痛恨人性一样。威尔斯先生既不喜欢神父,也不喜欢罗马的斗士,既讨厌勇士的花冠,也讨厌象征着圣徒的百合花,那么他就与整个人民大众割裂开来,而这种断裂并非使用现代智慧就能弥补。我的读者需要对方济各这位历史人物有比较多的同情,因为他既是斗士,又是圣徒。接下来,我就对方济各的世界作一些大致的介绍。

人们不愿意相信,是因为他们不愿意开阔自己的视野。从我个人的角度来说,他们作为天主教徒,不够天主教化。但是我在这里要讨论的不是天主教在教义上的真理,而是基督教大概的历史背景,因为我的读者即使不是基督徒,也仍然可以是个头脑清醒、有想象力的人。我的意思是,现代人的多数疑虑都是关于细节的——比如说,他们读关于一个人的故事的时候,突然读到关于异教的风俗,他就觉得那很独特;或者读到一个关于基督教的行为,让他感到那很残忍。但是他不能扩大视野,得以看到有关异教风俗或基督教行为的主要真理。但是我们如果不能理解——不必详尽,而是大致的理解——异教在方济各时代的进攻和基督教对此的回应,就不能明白方济各那一时期的历史,以及他所发起的这场受众人拥护的运动其真实使命是什么。

我想,所有人都知道,十二三世纪是世界苏醒的年代。从所谓的"黑暗世纪"的枷锁中解放出来以后,人类的文明和创造性的艺术获得了新生。这就是我们通常所说的文艺复兴。文艺复兴可以被称为一种解放；它也肯定是一种终结，一个在现在看起来严苛的、残酷的时代的终结。然而，它究竟终结了什么？人们究竟从什么奴役中被解放了出来？种种不同的历史哲学在这点上有一个真正的碰撞。从外在和世俗的角度来看，我们可以说，人们的确从一场睡梦中醒了过来；但是梦境有时候是神秘的，有时候是魔鬼般恐怖的。从现代大多数历史学家所陷入的理性主义的角度来说，人们得以从野蛮的迷信中解放出来，迈向了文明的启蒙。这就是我们要讲的故事一开始就不得不面临的一块大绊脚石。所有以为黑暗世纪除了黑暗以外什么都不是的人，所有以为13世纪是光明的开始的人，都不能理解阿西西的方济各的故事。事实是，方济各和他的"上帝的吟游诗人"（Jongleurs de Dieu）的运动不仅仅是一种觉醒。如果我们不理解他们所信奉的神秘主义的信条，我们就不能理解他们。黑暗世纪的终结不仅仅是从睡梦中醒来，更不是受迷信奴役的终结。它是另外一种非常明确，然而与现代有很大不同的观念体系的终结。

13世纪是忏悔的终结，或者说，是悔罪（purgation）的终结。这时期标志着一种特殊的灵性上的补赎得到了实现，某些灵性上的疾病，最终得以从人类社会的体系中移除。灵性疾病通过禁欲主义得以治愈，禁欲主义是唯一一个能够治愈这些疾病的方法。基督教进入世界的目的是治愈世界，她所使用的是唯一一个能够治愈世界的方法。

就外在和实验主义的方法而言，整个古代世界的文明都是因为基督教而终结。基督教既是一种心理上的事实，又是神学上的信仰。异教文明的确是一种很高的文明。如果说异教文明是人类所能达到的制高点，那么这种说法不仅不会削弱，反而可能会进一步加强我们的论点。异教文明发明了至今仍然无与伦比的诗歌艺术和雕塑艺术，发掘出了它自己的永恒的政治理想，以及自己的逻辑和语言体系。但更重要的是，它发现了自己的错误。

这个错误隐藏得太深，以至于难以找到它恰当的定义。简单地说，我们可以把这个错误叫作自然崇拜（nature-worship）；或许也可以被如实地称为自然的错误（mistake of being natural），而它的确是一个非常自然的错误。希腊人是古代异教文明的伟大向导和先锋，他们的出发点是一个看似很明显、很直接的观念，那就是，如果一个人沿着理性和自然的道路径直往前走，他不会带来有害的结果——如果这个人是个像希腊人那样极富理性和智慧的人，那就更不必说了。如果无礼一点，我们可以说人只要跟着自己的鼻子走就行了——只要他有个希腊人的鼻子。希腊人自己的遭遇足以说明这个错误虽然奇怪，但是有着不容置疑的致命性。希腊人刚一开始跟着自己的鼻子走——或者说跟着他们自以为是自然的事物走，就遇到了一件最最奇怪的事情。这件事情太奇怪，以至于讨论起来有些困难。我们可以说，那些更令人反感的唯实论者从来不曾告诉我们，唯实论能够给我们带来什么好处。他们所研究的那些招人讨厌的话题从来不曾考虑传统意义上的伦理道德。然而，如果我们对伦理方面的事情有鉴别力的话，我们可以从基督教世界举出成千上万的例子来对伦理进行佐证。比如说，我们会发现没有人曾经在这个意义上写过一部真正的有关希腊人的伦理的历史。没有人看出这个故事究竟有多奇怪。世界上最明智的人立志跟随自然，但世界上最不自然的事情正是他们所做的第一件事。向太阳致意以及类似地把自然界的事物理性化，其后果像瘟疫一样蔓延开来。最伟大，甚至是最纯洁的哲学家也显然不能克服这个低级的错误。为什么？那些塑造了特洛伊的海伦和雕刻了米洛的维纳斯的艺术家在这点上的立场是健康的。但事实是，一个崇拜健康的人，自己是不可能健康的。当人类直行时，一个看着自己的鼻子尖径直往前走的人，走的路线肯定是歪曲的。他可能故意扭曲自己的鼻子，甚至可能故意把鼻子切下来，目的是惹怒自己的脸。他这样做的原因是自然的崇拜者永远无法理解的、深埋在人性里的一种东西。正是因为发现了人性深处的这一点，才有了向基督教的归信。可以这样说，人性的深处有一种偏见，就像碗底有一条深深的斜纹一样。基督教发现了如何纠正这一点，并因此切中人性的要害。有很多人会嘲笑我下面的这句话，但这句话是非常真实的——福音所带来的好消息正是人有原罪的消息。

罗马因为放弃了某些希腊的传统而崛起，在很大程度上是因为她不允许希腊的老师教她同样的把戏。她的家学传统更加正统，但是她最终在宗教上陷入了同样的错误——那就是崇拜自然的异教传统。所有的异教文明都有一个相同的问题，即对于众多的信徒来说，没有神秘主义的成分。唯一开始被称为神秘的是暂时还无法参透的自然的力量，比如性、生长和死亡。同样地，远在罗马帝国结束以前，我们就可以看到，对自然的崇拜不可避免地导致反自然的结果。像尼禄一样的故事早就成了寓言——施虐狂在光天化日之下端坐在高高的王位上。但是我在这里所说的事实比传统意义上的一系列残暴的行为更微妙，更有普遍性。从整体上说，人用自己的想象力，把整个世界想象成被危险和迅速恶化的欲望主宰的世界；自然的欲望变成非自然的欲望。性欲不能再像吃饭和睡觉一样被当作一种基本的情绪或者经历。性欲一旦不是仆人，就会马上摇身一变，变成暴君。不知道是出于什么原因，它在人性中的位置的确有一些危险和不相称的成分，的确需要特殊的净化和善待。现代关于性要像其他感官一样获得自由的说法，关于肉体要像树或花一样漂亮的说法，要么是对伊甸园的描绘，要么是一种完全败坏的心理学——两千年以前，人类就已经厌倦了这种理论。

我对异教世界的批评，并不是自以为是地批判异教世界邪恶的煽情言论。虽然异教世界有缺陷，但它能认识到这一点，能认识到自身正在走向邪恶，或者更准确地说，它自身在逻辑上必然走上邪恶。我的意思是说，对自然魔力的崇拜是没有前途的，再继续崇拜下去就会变成巫术。自然崇拜从来就不曾有过前途，有人可能会说古代的自然崇拜因其年轻至少是清白的，而我们可以说，异教是清白的，因为它是浅薄的。异教徒比异教明智，这就是异教徒归信基督教的理由。成千上万的异教徒在哲学、家庭伦理、军事方面有很多值得骄傲的地方，但是他们的宗教却在拖他们的后腿。当人们对恶做出不恰当反应的时候，恶就会充满世界的各个角落。从另一个意义上说，恶的名字就是潘。

在真正的意义上，这些人需要一个新天和新地。因为他们玷污了自己的地，甚至玷污了自己的天。当充满色情的神话故事爬满了各个星辰的时候，他们怎么能抬头仰望自己的天空呢？讲了花和鸟之间的爱情故事以后，他们怎么才能真正地了解花和鸟呢？我在这里不可能重复举例，但是让我举一个小例子来涵盖其他。请大家想一想，当希腊神话一说到"花园"时我们会联想起什么。我们中的大多数人会想到令人伤感和单纯的浪漫爱情故事，有时候也会想起一位优雅单纯的少女，或者一位和蔼的老牧师在紫杉木做的围栏下做陶器，或许还一边远眺着一个村庄的尖塔。让所有对拉丁语诗歌略有了解的人回忆一下在日晷和喷泉所在的地方会发生什么，在日光之下淫秽和可怕的情景，以及那些在花园里游荡的神都是什么样子的。

唯有一个完全非世俗的宗教能够涤除这种对情欲的迷恋。一个崇拜星辰和鲜花的宗教是徒劳无益的。没有一颗星辰，没有一朵鲜花是没有被玷污过的。人们要走到沙漠里去，那里没有鲜花；人们要走进洞穴，那里看不见星辰。人的才智在沙漠中，在洞穴里，度过了四个世纪之久。那是人的才智所能做的最明智的事情。只有一位绝对超自然的上帝才能拯救世界。如果上帝不能拯救它，那么希腊罗马的神肯定也不能。早期教会把异教的神称为魔鬼，这么做是完全正确的。不论自然崇拜是怎么开始的，由于异教诸神的影响，现在占据着那些空空神龛的只有魔鬼。希腊的潘神只不过让人想到 panic（恐慌）一词。维纳斯无非让人想到性方面的罪恶（venereal vice）。我的意思当然不是说所有的异教徒都是深受恐惧和淫欲毒害的罪人，但异教徒仅是从个人方面而言与异教区分开来。异教和基督教最明显的区别在于，对前者而言，个人层面上的哲学和社会层面上的宗教没有一点关系。无论如何，对着一群把自然当成超自然神祇的人讲自然崇拜是怎么回事是没有意义的。他们比我们更清楚他们的宗教有什么问题，究竟是什么样的魔鬼既诱惑他们又折磨他们。他们的状况恰恰证明了这句响彻历史长空的话："至于这一类的鬼，若不祷告禁食，他就不出来。"（太 17∶21）

圣方济各以及从 12 世纪向 13 世纪过渡的重要历史意义就在于，他们标志着这种赎罪方式的终结。生活在黑暗世纪快要结束之际的人，可能很粗鲁、很低俗、没有文化。他们可能对其他的事物一无所知，但是他们在一件事上却是专家——就是对异教部落的战争。当时的异教部落比他们更野蛮，但是他们是清洁的。他们像孩子一样；他们原始的艺术处处透着孩子般的、单纯的乐趣。虽然他们受不同的地方政府管辖，但我们必须把生活在欧洲的这些人视为一个整体。他们采纳的是封建制，因为他们有幸在与蛮族的残酷战争中幸存了下来；他们中有很多人是修士，常常有一个慈爱、父亲一般的人物做他们的首领；他们的国家有点帝国的气质，因为罗马帝国仍然像伟大的传说一样统治着他们。但意大利保留下来的不是帝国的精神，而是古代那种更优雅的气质——共和国的气质。小城邦遍布意大利境内，一般都采取民主制，并有真正的公民。但这些小城邦不像在罗马帝国时代那样彼此完全开放。由于战争的威胁，它们被禁锢在高高的城墙之内保卫自己，所有的公民都必须入伍参战。在翁布里亚山（Umbria）上，有一个占据着险要地势的小城邦，叫作阿西西。它高耸的角楼下面矗立着威武的城门，仿佛在传递着那个时刻的福音："他争战的日子已满了，他的罪孽赦免了。"（赛 40∶2）13 世纪初，中世纪那有力、广阔乃至普世性的文明就在封建制和罗马法所残留的自由碎片中崛起。

不过，要是把这个文明的诞生归功于任何一个个人，哪怕是 13 世纪最有创造力的天才，也难免有夸大之嫌。中世纪伦理中的兄弟情谊和公平竞争的元素从来就不曾完全消失，基督教王国中的真正基督教成分也不曾减少。当时的修道院给我们留下了蛮族的进攻和拜占庭王国衰落的记载，从这些记载中，我们可以看出公义和怜悯精神最直白的体现。

早在十一二世纪，一场更大规模的伦理战争已经拉开了帷幕。但是所有这些运动都表现出了从古代的长期忏悔而来的严苛精神。虽然黎明已经来临，但是黎明的曙光仍然很微弱。这一点可以从方济各改革之前的两三次改革运动中看出来。当然，修道院比所有这些运动更古老——事实上，修道运动几乎与基督教本身一样古老。修道机构对追求完美之人的建议一直是纯洁、贫穷和顺从。修道院通过这些不属于世俗的目标，在很久以前就把文明带到了世界上的许多地方。修士教人们耕种，也教他们读写。事实上，中世纪人掌握的技能几乎都是修士传授的。但是，我们可以说，这些修士从严格的意义上讲，很实际，或者说，他们既很实际又很严苛。再换句话说，他们对待别人的态度很实际，但对待自己很严苛。诚然，这些早期的修道运动到了后来就停滞甚至衰落了。然而，当我们回顾中世纪最早的运动时，这种严苛的特点仍然存在。下面，我要举三个例子来说明这一点。

第一个例子是古代社会的奴隶制已经开始消解。不但有的奴隶变成了拥有自己的农场和家庭的佃农，而且很多庄园主把自己的奴隶和佃农一起释放了。这是在神父的压力下实现的，尤其是庄园主要忏悔和补赎自己的罪的时候。当然，从某种意义上说，任何一个天主教的组织都有一定的补赎氛围，但是我在这里说的是能够补赎异教的过分举动的补赎。这种补赎有点临终忏悔的意味。与我辩论过的一位非常诚实的无神论者曾经向我说过这样的话："唯一奴役人类的是对地狱的恐惧。"我对他的答复是这样的，如果他所说的是人类摆脱对地狱的恐惧而获得自由的话，至少我们可以找出一个真实的历史事件来为他佐证。

第二个例子是教宗格列高利七世发起的教会的全面改革。这是一次真正的改革，改革的动机是崇高的，改革的结果是健康的。这次改革对买卖圣职、圣物和教士的腐败进行了彻底的调查。它所坚持的原则是：教区的神父应该是严肃的，有自我牺牲精神的。但这次改革的其中一项内容是，在教职人员内部普遍推行独身制，这一点让这次崇高的改革沾染上了一些负面的色彩。我要举的第三个例子在一定意义上说是最有力的，因为这是一场战争，一场充满英雄主义的战争。对于我们很多人来说，这也是一场圣战。但它终究是一场战争，不可避免地带有一切战争所具有的明显和可怕的特征。由于篇幅有限，我在这里不可能展开一次对十字军东征的真正性质的讨论。所有人都知道，黑暗世纪最黑暗的时刻，在阿拉伯地区兴起了一种异教，并最终在游牧民族中间，奉穆罕默德之名，形成了一种充满战斗力的新兴宗教。就其自身来说，这种新兴宗教具有从穆斯林到一元论的许多特点。对于信奉这种宗教的人来说，这是对宗教的一种合情合理的简化。对于天主教徒来说，这却是对宗教的一种荒唐的简化，因为它把所有的教义都简化为一个概念，因此，它丧失了天主教所具有的广度和平衡。不论如何，它的客观属性使它对基督教世界形成了军事上的威胁，基督教世界看透了这一点，并发动了收复圣地的战争。如果世界上有人能配得上"英雄"这个称号的话，伟大的戈弗雷公爵[①]和袭击耶路撒冷的勇士们当之无愧，但他们是悲剧英雄。

现在，我已经举了两三个中世纪早期的例子，目的是说明它们之间的共同点——异教时代之后基督教的赎罪精神。这些运动即使在光景惨淡的时刻，仍然有一股令人心旷神怡之气，仿佛穿过山涧的一阵清风。如诗人所说，这股清风是冷峻和清纯的，而冷峻和清纯正是那个时代的精神。能够欣赏这种氛围的人才能欣赏当时那种不加修饰、常常有些严酷的社会的清净和纯洁之气。它的欲望本身是纯洁的，因为它的欲望没有任何腐朽的味道。就连它的残酷也是纯洁的，因为它的残酷绝不是剧院里那种奢侈的残酷。它的残酷来自于对亵渎上帝的惧怕以及受到了羞辱以后自然的怒气。渐渐地，在一片灰色的背景上，美丽显现出来了——这种美丽既新鲜又精致，是一种令人惊叹的美丽。爱，不再是以

[①] Duke Godfrey 为第一次十字军东征的总指挥，率领十字军成功袭击并攻下穆斯林驻守的圣城耶路撒冷。

前的柏拉图之爱，而是骑士之爱。鲜花和星辰恢复了它们本来的纯美，火焰和水甚至能够称得上圣徒的兄弟和姐妹。对异教成分的涤荡终于完成了。

就连水也被清洗了，连火也被净化了。水不再是奴隶被扔进去喂鱼的水；火也不再是把小孩子带给摩洛神①当祭品的火；鲜花不再是普里阿普斯②的花园里被遗忘的花环；星辰也不再是象征着冷火一样冷的诸神的星辰。它们是新造的事物，迫不及待地等着人们重新为它们命名。宇宙和地球都脱离了之前世界邪恶的象征意义。它们仍然在等待着与人类和好，但是它们已经具备了与人和好的能力。人类从灵魂深处摆脱了对自然的崇拜，能够重返自然。

黎明之时，一个人物无声无息地突然出现在城市旁边的一座小山上，四周还是一片乌蒙蒙，我们看不清他的脸。但这是漫长、寒冷冬夜的终结，也是一个不眠之夜的终结。就像许多塑像和图画所表现的一样，这个人高举着双手，他的周围有一群小鸟在歌唱，在他的身后，是破晓的晨光。

---

① Moloch 是古代腓尼基等地所信奉的神灵，信徒以焚化儿童向其献祭。
② Priapus 是希腊神话中酒神和爱神的儿子，他是男性生殖力的象征。

第三章
战士方济各

曾经有这么一个故事。这个故事即使不是真的，也很能体现有关方济各的故事的特点。故事说方济各的名字并不是真名，而是一个绰号。① 方济各这个名字既熟悉又亲切，他得到这个绰号就像一个普通小学生被叫作"小法国"（Frenchy）一样平常。根据这个故事的说法，他的名字不是方济各，而是约翰。他的伙伴们喜欢叫他"弗朗西斯科"（Francesco）或者"小法国"（The Little Frenchman），这是因为他对法国吟游诗人的诗歌情有独钟。可能性更大的一种说法是，他出生的时候父亲不在身边。他的母亲最先给他取名约翰，但是他的父亲在法国生意做得红火，因此对法国的品位和礼仪也充满了热情，所以他回来以后，给儿子取了一个象征着法兰克（Frank）或者法国人的新名字。不论哪个故事是真的，方济各的名字都把他和吟游诗人的诗歌里浪漫的仙界联系在了一起。

方济各的父亲名叫彼得罗·贝尔纳东（Pietro Bernardone），他是当时阿西西镇布商行会里举足轻重的人物。如果不了解当时的阿西西镇和当时的布商行会，我们很难对他的这种地位有真正的了解。贝尔纳东的身份跟现代所谓的商人或者做贸易的人并不完全对等，在资本主义社会，已经找不到与他的社会地位完全对等的身份。贝尔纳东可能曾经雇用过别人，但是他不属于和被雇佣阶层对立的雇佣阶层。他所雇用的人

---

① 方济各的名字在英文里一般写作 Francis，又可以音译为"法兰西斯"，拼写和读音都与"法兰西"很相像。

中，我们唯一有确凿证据的是他的儿子方济各。我们有理由认为，但凡一个商人能不费力气就雇到别人，他绝不会雇方济各。彼得罗相当有钱，就像一个富农因为全家人的辛勤工作而变得有钱一样，但是他显然希望他的家庭仍然像其他普通农民一样朴素地劳作。彼得罗也是一位有名望的公民，但是他所属的社会阶层又让他成不了名门望族。彼得罗所属的阶层使所有跟他类似的人都维持着简单的生活，即使生意再兴旺发达，彼得罗的儿子方济各也摆脱不了劳作的生活，变成一个公子哥，或者让人觉得他不像个布商的儿子。即使在例外的情况下，这条原则也不例外。方济各在任何情况下都备受所有人喜爱。他毫无诡诈，却像吟游诗人一样自信地踱步，又加上他的衣着总是很赶时髦，这两点使他在镇上的年轻人中间成了一个领袖般的人物。他出手阔绰，既因为他奢侈，又因为他有怜悯之心。事实上，在他的一生中，他从来就不明白钱到底意味着什么。他的母亲曾用一个商人之妇可以在任何情况下说出的话，既骄傲又恼怒地评论他说："他像个王子，不像我们的儿子。"但是我们所知道的有关方济各最早的场景，是他站在集市的布摊前卖布，他的母亲或许觉得，王子也会卖布。一个年轻人在布摊上卖布，这个场景具有多重的象征意义。早在方济各被超验的信仰转变之前，曾有一件事发生，这件事或许能为方济各不同寻常的个性提供一个最简洁、最有力的解释。当方济各正给镇上一个有钱的商人推销天鹅绒和精致刺绣的时候，一个乞丐以很粗鲁的方式来乞讨。那是一个粗鲁的、简单的社会，在那个社会里找不到一种法律，可以用来惩罚一个快要饿死的人表达对食物的渴望，虽然这样的法律后来在所谓人性化的社会里制定出来了。而且在方济各那个年代，因为没有组织起来的治安人员，所以穷人以这样的方式骚扰富人基本上不会有什么危险。但是我相信，当时在很多地方，行会可以阻止无关人员妨碍公平交易的正常进行，很可能类似这样的一种做法使乞丐的做法显得更加不妥。但是在方济各的一生中，他始终对毫无希望地处在错误位置的人有一种喜爱之情。他在这样的情况下不得不一心二用，他肯定不能集中精神，可能有些生气。或许他的那种自然养成的、近乎挑剔的习惯让他感到更加不安。所有人都同意，方济各自从最初就很有礼貌，礼貌对他来说，就像意大利集市上的喷泉一样源源流出。他可能在自己的诗里写出像贝洛克（Belloc）先生的诗句，并把它当作自己的座右铭：

说到礼貌，或许它远没有
心灵的勇气或者崇高重要，
但是对我来说，它简直就是
上帝的荣耀。

没有人曾经怀疑方济各·贝尔纳东有发自内心的勇气，正如最阳刚的男子汉或者军人所具有的那种勇气。后来出现了一个时代，在那个时代里，没有人会怀疑上帝的神圣和荣耀。但是我觉得，如果要找一样让方济各感到拘谨的东西，那就是拘谨本身。如果能找出一种东西让谦卑的方济各感到骄傲，那就是他的谦恭有礼。在他自然流露出来的城市人的仪态之下，隐藏的不仅是他对城市生活的习惯，而且是更多、更广的可能性，从这件小事上我们能够略见一斑。但是在那一刻，方济各手足无措地同时跟一个生意人和一个乞丐交谈，并最终跟商人达成了交易。但是在商人走了以后，方济各发现乞丐也已经走了。他马上从布摊后面跳了出来，顾不上布摊上没有人照看的一卷一卷的天鹅绒和锦缎，像一支离弦的箭一样穿过集市。他急匆匆地穿过小镇上仿佛罗网一样的大街小巷，边跑边寻找那个乞丐。最后，他终于找到了那个乞丐，给了他很多钱。乞丐惊得目瞪口呆。方济各直起身来，向上帝发誓再也不会拒绝帮助一个穷人。这件简单的小事非常具有代表性。几乎没有别人会像方济各这样轻易地发誓。方济各的一生充满了这样看似莽撞的誓言，只不过到了后来，这些莽撞的誓言都实现了。

最早为方济各作传的那批人一般都亲身经历过方济各所带来的宗教革命，但是他们也像我们一样，在方济各早年的生活中寻找线索，力图找到引发后来的精神地震的一些前兆。我们虽然距离方济各年代久远，但是我们不应该让方济各一生的戏剧性因此减弱。相反，如果我们意识到方济各年轻的时候丝毫没有表现出任何神秘征兆的话，戏剧效果反而应该得到增强。方济各与其他一些圣徒不同，他年轻时不曾意识到上帝对他的呼召。他曾经雄心勃勃地要做个用法语写作的诗人，但他想得更多的似乎是做个有名望的武士。他生性善良，像许多男孩子一样，也很勇敢，不过他对善良和勇敢的界定跟多数男孩子并没有什么区别。比如说，他跟大多数人一样惧怕麻风病，并且不觉得这有什么不妥。他喜欢格调清新、色彩华丽的衣服，并且是个时髦的人物——这一点或许体现了中世纪先驱般的品位。如果方济各不把他的那个小镇涂成红色，至少也要涂成彩虹的颜色，就像中世纪的图画一样。但是，在刚才的那个故事里，一个穿着时髦的年轻人急匆匆地追赶一个衣衫褴褛的乞丐，贯穿方济各一生的某些特点，的确因此表现了出来。

比如说，方济各有动作敏捷的特点。在某种意义上，他一生都在奔跑，就像他追赶那位乞丐一样。但因为他所有要完成的使命都是出于爱这个目的，这点在他的画像上成了一抹柔和的色彩。这一抹色彩是在最真实的意义上为真实的，但是常常被误解。他的急性子恰恰是他灵魂的平衡点。方济各在其他圣徒中应该被描绘成长翅膀的天使。画中的天使有能让他们飞起来的脚甚至羽毛，就像文字里，天使常被描绘成像风或者像火一样的使者。一种有趣的语言现象是，勇气常常与奔跑联系在一起。当然，我知道，对于我们的某些怀疑论者来说，勇气意味着跑开。但方济各的勇气是奔跑，而且他的奔跑总是急匆匆的。尽管他无比谦和，但他的奔跑总是带着些许急不可耐的意味。这种心理状态很生动地展示了现代人关于"务实"（practical）一词的困惑。如果我们所说的"务实"只是做马上"可行"（practicable）的事，或者说最容易做的事，那么方济各是非常不务实的，他追求的最终目标是远离世俗的。但如果我们所说的"务实"是立刻行动，而不是怀疑或者拖延的话，那么方济各是非常务实的。或许有人会叫他疯子，但他实在是与梦想家恰恰相反。没有人会叫他生意人，但是他的确是个马上采取行动的人。他行动迅速，他太务实，以至于看起来不像个精明人。但是在他非凡一生的每一个转折点，他总是以令人最意想不到的方式纵身一跃，就像他纵身一跃穿过弯弯曲曲的街道去追乞丐一样。

方济各的故事里还隐含着另外一个因素，这个因素在被当作超自然的理想主义之前已经成为一种自然的本能。这种本能在中世纪意大利的诸多共和国中从来就不曾消失。这让一些人困惑不已。意大利南部的人会比北部的人觉得它更显而易见，天主教徒往往比新教徒觉得它更自然——那就是人人生而平等的信念。这个信念跟方济各对人类的爱并没有必然的关系，相反，它最直接的表现形式是两方决斗。也许一个贵族绅士只有跟他的仆从大吵一架的时候，才会真正地发现他们之间是完全平等的。但是接受人与人之间完全平等的原则是加入方济各兄弟会的前提条件，即使在方济各非常年轻的时候，我们已经能够感受到这个原则的力量。我想，方济各在那一刻真正感受到了一种两难——到底是应该接待商人还是接待乞丐。他接待了商人，而随后又接待了乞丐。他觉得商人和乞丐是两个平等的人。这样的观念在当时的社会中是难以表述的，但是这成了后来方济各整个事业的基石。这个观念就是后来那场伟大运动在这样的地方由这样的一个人发起的原因。后来，方济各的想象力像一座尖塔一样直冲云霄，升上天际。这场运动因为它的崇高而令人感到眩晕，甚至疯狂，但它的基础只是朴实的、人人生而平等的原则。

我之所以把这则小故事作为关于方济各的第一个故事来讲述，并且略谈它的重要意义，其原因是，除非我们已经学会寻找意义，否则讲述这样的故事看起来好像没有任何意义，而只是某种肤浅的感觉而已。方济各并不是一个可以冠之以拥有令人感动、"迷人"的故事的人。他当然有很多感人的故事，但这些故事常被当作中世纪特有的感情积淀的展示，而不是方济各作为圣徒对现代社会提出的挑战。我们必须更严肃地把他作为一个人的发展来解读。在我要讲的下一个故事里，我们可以在一个完全不同的环境下领会到这一点。这个故事跟上一个故事一样，也是完全出于偶然，但是方济各思想的深度却不自觉地流露了出来。方济各仍然像个普通的年轻人，但正是当我们把他作为一个普通的年轻人看待的时候，我们才会发现他是多么的与众不同。

阿西西和佩鲁贾（Perugia）之间爆发了战争。现在很流行用嘲讽的语气说，这样的战争并没有真正地"爆发"，因为中世纪意大利小城市之间的战争太过频繁。在这里我只说一点，如果说这样的战争在一个世纪里不间断地进行，那么，死伤的人数跟我们现代战争中一年的死伤人数大致相当。但是中世纪共和国的公民只会为他们所一直愿意献身的事业献身，为他们一直要保卫的家园献身，为他们敬仰的神坛和他们认识的政治领袖献身，而不会像现在的人一样，为某个不知名的报纸所报道的关于某个遥远的殖民地某个捕风捉影的谣言而战死。从我们自己对现代战争的经验来说，战争能使一个地方陷入瘫痪，但是当时的战争却使那些忙于战争的小城镇出现了像但丁、米开朗基罗、阿里奥斯托（Ariosto）、提香（Titian）、达·芬奇和哥伦布这样一些大名鼎鼎的人物，更不用说圣加大利纳（Catherine of Siena）和本书的主人公方济各。当我们为所谓的黑暗世纪纷乱的战争叹息扼腕之时，我们或许至少应该感到奇怪，为什么有史以来最伟大的人中间大概有四分之三来自于这些小市镇，甚至亲自参与了这些小战争。我们的大市镇究竟最后会变成什么样子现在还不甚明了，但是比较肯定的是，现在没有任何时势造英雄的迹象。我年轻的时候，一些幻想曾在我的脑海中萦绕，除非伦敦的克拉朋区被城墙所围绕，温布尔登的夜里有警钟响起，提醒所有的市民披挂整齐准备上阵，否则像中世纪那样的时势造英雄是不会出现了。

无论如何，阿西西的警钟确实响起来了，市民披挂整齐，其中就有布商的儿子方济各。他和他的伙伴们拿着长矛加入了战斗，并最终成了战俘。我猜当时很可能有个关于背叛和怯懦一类的故事，因为我们知道的是，在与方济各一起作战的人都成了战俘以后，几乎所有的人都拒绝跟其中的一个人有任何关系。一般出现这种情况的原因是，大家把军事上的失利怪罪在一个人头上。不管怎样，他们中间的一个人注意到一件奇怪的小事——这件事在当时被当作是消极而不是积极的。那就是，方济各带着他特有的彬彬有礼和乐天派的精神，穿梭在他的狱友中间，力图鼓励他们，也鼓励他自己。根据其他狱友的说法，他"既活跃又好笑"。当他来到那位莫名其妙地被大家唾弃的人面前的时候——不管他是个怯懦的人还是个背叛者，方济各对他的态度和对其他所有人没有什么两样。方济各既没表现出特别的冷漠，也没有表现出特别的同情，而是用他一贯的轻松愉快和随和的态度对待他。当时的监狱里如果能有个人从一个不同的角度来审视真理和属灵方面的问题的话，这个人可能会注意到，有一种新的、甚至有点不遵守秩序的事物出现了，如同一股潮水从大海的深处涌向了处女地一般的海面。从这个意义上说，确实有一些东西是方济各看不见的。或许正是因为他看不见某些东西，他能够看见更好、更美丽的东西。所有朋友交情和合乎礼仪的举止的界限、社会生活中所有能够区别可以容忍的和不能容忍的事物的界标、在普通人看来很正常甚至有点崇高意味的顾忌或者已经习以为常的条件——这一切可以说是把很多体面的社会阶层捆绑在一起的绳索，但是这些绳索完全不能禁锢方济各。他喜爱他所喜爱的，他似乎喜爱每一个人，尤其是那些别人不希望他喜爱的人。在那个狭窄的地牢里有一种异常宽广、甚至普世性的东西。如果他们中间有一位先知，他一定在黑暗中看见了"爱中之爱"（caritas caritatum）的红色光环。这个光环使一个圣徒从圣徒中间脱颖而出，也使其从整个人类中凸显出来。先知可能也听到了那个貌似诅咒、狂野的祝福在他的耳边私语："他倾听那些连上帝都不会倾听的人。"

但是，虽然先知可能看到了这样的事实，方济各本人看到这一事实的可能性却是微乎其微的。他的胸怀似乎生来就是宽广的，或者用中世纪精美的语言来说，生来就是慷慨的，所以他当时所做的只是出于无意。这种情操如果不是恰巧符合来自上帝的神圣律令，在人间社会几乎是不合法的。但是我也怀疑他到底是否知道他的做法符合神圣的律令。很明显，他当时还没有任何放弃追逐军事梦想的概念，更不用说开始修道生活。的确，正如和平主义者和装腔作势的人所想见的，在公平作战和为了正义事业而战的情况下，对人类的热爱和与他们作战是不矛盾的。但在我看来，方济各的这件小事所反映出来的，不仅仅是他在朝着一个充满伦理的军事梦想的方向前进。大约在这个时候，他人生中的第一场灾难以病痛的形式降临在他的身上。疾病在他漫长的一生中多次来访，成为他一往无前事业的羁绊。疾病使他变得更加严肃，但人们可能会有疑问，究竟是使他成了一位更严肃的战士，还是使他对做战士这件事变得更严肃。在他的身体逐渐恢复的时候，有一种比意大利的小城镇之间的宿怨和劫掠更伟大的东西，开启了一条充满冒险精神和雄心壮志的道路。显然，当时有一个叫高蒂尔·德·布里耶纳（Gauthier de Brienne）的人认为，自己有权得到当时被称为是非之地的西西里的王冠。如果高蒂尔成了国王，会对罗马教廷有帮助。这一点使高蒂尔获得了很多来自阿西西的年轻人的热情拥护，其中包括年轻的方济各。他建议以伯爵的名义进军阿普利亚（Apulia）。他来自法语的名字可能跟这件事有一定的关系。但是我们不能忘了，这个世界虽然是由一系列的小事组成的，这些小事最终会汇聚起来，以大事的形式呈现在世人面前。那片土地上虽然有众多微小的共和国，但是它比今天被巨大的、同一文化的国家分割得不可穿透的世界有更强烈的国际主义精神。阿西西有立法权威的官员，与他们的高高城墙的最远距离可能只有一支箭的射程，但他们可能会同情那些穿过西西里的诺曼人或者图卢兹的吟游诗人，也可能会心系在德国的森林里加冕的皇帝或者在流放中死于萨莱诺（Salerno）的伟大教宗。① 首先，我们必须记得，如果一个时代主要关注的是宗教，那么他们的关注必定是普世性的。没有比宇宙更具普世性的事物了。现代人自然不能理解那个时候有关宗教的很多事情。比如，现代人自然地把离自己比较久远的人当成古人甚至原始人来看待。我们模糊地感觉教会的早期有类似的事情发生，但那已经是一千多年前的事了。也就是说，虽然现在的法国比英国古老很多，教会比现在的法国还要古老。而且即使在那个时候，教会已经显得很古老了，几乎和现在的罗马教会一样古老，甚至比现在的教会还要古老。那时的教会看起来就像有着长长的白胡子的查理曼，他已经与异教进行了无数次战斗。根据传说，一个天使显现，请求查理曼再到前方作战，虽然那时候他已经两百岁了。据说，当时的教会已经超过一千岁，进入了自己的第二个千年。她来到了黑暗岁月，在黑暗岁月里，她似乎除了孤注一掷地与异族战斗，或者固执地重复着她自己的信义，似乎没有做什么。不论她战胜了异族还是被迫逃走，她都忘不了重复她的信义。但是现代人很自然地想，一遍一遍地重复信义难免有些枯燥。当时的教会在当时的人看来，就像现在一样古老。当时有些人像现代人一样，也觉得她正在走向死亡。或者说，事实是，正统的真理就算没有走向死亡，也有些枯燥乏味。我们可以确定的是，当时有些人已经觉得她枯燥乏味。普罗旺斯运动的吟游诗人已经转向了东方的神话和悲观主义的困惑，因为这些东西对于那些渐渐变得模糊起来的头脑来说，像是新鲜事物。很可能，这么多个世纪以来，教会对外经历了无望的战斗，对内有严酷的禁欲主义，权威的正统教会因而看起来索然无味。第一代基督徒享受的新鲜感和自由，在当时看来就像早已丧失了的、史前的黄金时代一样。罗马仍然比其他人更理性，教会的确比最初的时候更明智了，但是在世人看来，她比以前疲惫了。当时横扫亚洲的疯狂的形而上学很可能看起来更有冒险

---

① 即教宗格列高利七世。

精神，更有吸引力。美梦就像乌云一样在南部—比利牛斯上方会聚，并最终以诅咒和内战的雷声爆发了出来。只有罗马周围的大平原上有阳光，但是那里的阳光显得那么茫然，那里的平原那么的平坦。静谧的空气中没有起伏，沉寂笼罩着那个神圣的城邦。

在阿西西的那间阴暗的地牢里，方济各睡着了，他梦见了盔甲和武器。在黑暗里，他看见了一个光明的景象，所有的军人都披挂整齐，一手持矛，一手持盾，头上戴着头盔，所有的人都带着那个神圣的记号，像十字军一样地前进。他醒来以后，感觉这个梦像号角一样召唤他奔赴战场。被释放以后，他马上拿起武器，跨上战马。方济各仰慕骑士精神的一切，而且不论是用当时的竞赛还是军营的标准来衡量，他显然都是一位优秀的骑士。不论任何时候，方济各无疑更喜欢基督教式的骑士精神，但是很明显，他也同时渴望获得荣誉。对他来说，荣誉相当于获得别人的尊重。凯撒给所有罗马人留下的遗产之一是对桂冠的渴望，方济各也曾充满了这样的渴望。当他骑着马，穿过阿西西高高的城门去参战时，他自豪地大喊："我会像王子一样归来。"

但是走了一段路以后，方济各的病又发作了，他病倒了。在我看来，以他的急性子，很可能在病愈之前他就急匆匆地启程了。方济各这次病倒的时间更长，也更令他沮丧。他又做了一个梦，梦里有一个声音对他说："你误会了异象的含义。回到你的家乡去吧。"方济各于是起身，拖着病弱的身子回到阿西西去，他感到无比失望、忧郁，可能也受了别人的嘲笑，但是除了在阿西西等待以外，他实在是想不出可以做点别的什么事。这是他人生中第一次来到一个阴暗的幽谷，这就是所谓的使人谦卑的幽谷。当时的方济各觉得这个幽谷既坎坷又凄凉，但是后来他在这里发现了美丽的花朵。

当时的方济各不仅感到失望和屈辱，而且非常困惑。他仍然坚定地相信他做的两个梦一定有什么含义，但是他参不透梦的意义究竟是什么。有一天，当他徜徉在阿西西的街道和城外的田地中时，一件小事发生了。这件小事虽然不能马上和他的梦境联系在一起，但在我看来，却是依循梦境向前发展所达至的一个高潮。方济各骑着马，无精打采地来到一个偏僻的地方，突然，他看到一个人向他走来，他不由自主地勒住了马，因为他看到，朝他走过来的那个人是个麻风病人。他马上意识到，他的勇气受到了挑战——这次挑战跟世俗的挑战不同，因为挑战他的某种力量似乎知道他心底的秘密。他看到朝着他行进的不是佩鲁贾的旌旗和长矛，而他也从来不曾在战旗和长矛之前退却过。他看到的也不是为西西里的王冠奋战的军队，作为一个勇敢的人，他只把他们当作一种世俗的危险。方济各感到恐惧向他袭来。虽然他的恐惧仿佛赤裸裸地陈列在日光之下，但他知道这种恐惧不是从外面袭来，而是从心底发出。他的灵魂仿佛都僵住了。然后，他从马上跳下来，毫无动静的意识，他向麻风病人冲过去，向他伸出了双臂。方济各后来服侍过很多麻风病人，为他们做过很多事，这一次是他漫长的服侍的开始。他把身上所有的钱给了这个麻风病人，然后跨上马离开了。我们无从知道他走了多久，也无从知道周围的情景是什么样的，但我们知道，当他回头看的时候，路上空无一人。

第四章
建筑师方济各

我们现在要讲到方济各一生的伟大转折点了。在他身上究竟发生了什么，对我们来说，还是一团漆黑，因为我们不过是没有获得上帝特殊恩典的普通和自私的人。

讲这一段故事因此变得很难，尤其是对我来说，因为我的目的是让头脑比较世俗的人能够比较容易理解方济各。我曾经为怎么讲这段故事而犹豫不决，但是最终还是决定先讲当时的情形，然后再解释我所理解的这些情形的含义。当时发生的这件事究竟有什么含义，可能在我们讲了方济各后来的人生以后，会比较容易理解一些。无论如何，事情的经过是这样的。阿西西有一座教堂，叫作圣达米安（St. Damian）教堂，这座教堂显然是被遗弃了，年久失修，残破不堪。方济各在他的军事梦想破灭以后的那些漫无目的、阴暗的日子里，经常来到这座教堂，在耶稣受难像面前祷告。想要通过军事才能光宗耀祖这一梦想的破灭，对他敏感的心灵是一个巨大的打击，也许他的祷告也因此变得哀怨吧。但是正当他祷告的时候，他听到一个声音对他说："方济各，你没有看到我的教堂残破不堪吗？你去为我把它修葺完好吧。"

方济各马上站起身来去筹资修葺教堂。说做就做是方济各的一个显著的个性，他把事情做好以后才会回过神来，想想自己究竟做了些什么。但是无论如何，他当时所做的对他的社会地位来说是灾难性的。用不理解他的那个世界的粗俗语言说，他偷东西了。从他自己的乐观角度说，他不过是与他那位声名显赫的父亲——彼得罗·贝尔纳东——分享重建圣达米安教堂的无与伦比的振奋和荣耀。方济各先把自己的马卖了，然后又回家拿了他父亲的几匹布，上面插上神圣的十字架拿到市场上卖，希望借此告诉人们这次卖布的神圣目的。可惜的是，彼得罗·贝尔纳东没有从这个角度看待这件事。彼得罗·贝尔纳东实在是没有多少眼光来理解他儿子的性情和才能。他既没有像他儿子一样以风和火一般的性情来理解这件事，也没有像后来的神父一样直接告诉方济各，即使他的初衷是好的，他所做的仍然是不对的。不论是从字面还是从法律的意义上说，老贝尔纳东采取的都是最严苛的手段。他像一位异教徒的父亲那样动用了绝对的政治权力，像对待任何一个贼一样，把自己的儿子用锁链捆了起来，许多以前很喜欢方济各的人都听到了老贝尔纳东恼怒地大喊大叫。方济各修缮教堂的不幸梦想只招来家人与他反目为仇，教堂依旧残破不堪。方济各和他父亲的争吵经历了几个阶段，这个可怜的年轻人曾经一度消失了，也就是说，他被锁在家里的某个地窖里，无助地在黑暗中蜷缩着。这可能是他一生中最阴暗的时刻，整个世界似乎都与他为敌，并且把他压倒了。

方济各从地窖里被放出来的时候，人们可能已经慢慢地意识到贝尔纳东家发生了什么事。方济各和父亲一起来到主教面前请求仲裁，因为方济各在此之前已经拒绝去法官那里请求裁决。主教对他说的话是睿智的，这种睿智看似平淡无奇，但实际上是激励天主教会里不断涌现出圣徒的那种睿智。主教对方济各说，他必须无条件地把钱还给他父亲，虽然他的动机是好的，但方法是不对的，这样不能获得上帝的祝福。简而言之，如果我用粗俗的话来说，就是一旦这位狂热的年轻人把钱还给那个老傻瓜，事情就可以结束了。但是这件事在方济各身上激发出了一种新的气质。他没有被打败，更没有对他的父亲卑躬屈膝地认罪。但我觉得他接下来所要说的话并不仅仅是因为生气，或者是要冒犯他的父亲，而是与他那伟大而充满神秘主义气质的榜样遥相呼应："我与你有什么相干？"（约2：4）或者一句更可怕的话——"不要摸我。"（约20：17）

方济各站起身来，对所有在场的人说："到现在为止，我一直叫彼得罗·贝尔纳东为父亲，但是从现在开始，我是上帝的仆人。我不光要把钱，还要把所有属于我父亲的东西都还给他，就连他给我买的衣服我也要还给他。"说完，他把身上的衣服一件一件地脱下来，只剩下一件粗毛制成的衬衣。

他把衣服堆成一堆，把钱扔在衣服上，然后转向主教，请求主教祝福他，就像一个要遁世的人一样。据说，他随后就从屋子里出去，走进了冰冷的世界。显然，当时真的很冷，因为地上还有积雪。对他人生中这次危机的记载里还有一个意义深远的细节：方济各穿着粗毛制成的衬衣，半裸着走进了冬天的树林，脚下是冻土，身旁是霜雪覆盖的树。他刚刚失去了父亲。他身无分文，没有双亲，没有产业，没有计划，在世界上没有了任何希望。但当他走进萧瑟的树林时，他却突然唱起歌来。

值得一提的是，他是用法语唱的，或者说，他用的语言是普罗旺斯的方言，但是习惯上称为法语。法语不是他的母语，后来让他出名的是他用母语创作的诗歌。事实上，方济各是欧洲最早用当地方言创作的诗人之一。但法语是凝聚着他少年时热情和梦想的语言，对他来说，是浪漫的语言。在这个异常极端的时刻，法语从他的嘴里迸出来，这乍看起来很奇怪，但是仔细分析之后却意义深远。具体有什么意义，我在接下来的一章会详细分析。在这里，我只想简单地提一下，方济各的整个哲学是围绕着一个中心思想展开的，那就是超自然的光芒降临在自然的事物上。也就是说，他的最终目标是改善而不是弃绝自然的事物。从纯叙事的角度说，我们记录下这一点就够了，那就是，当他穿着粗毛制成的衬衣走在冬天的树丛里的时候，就像最狂野的隐修士一样，他吟唱的是吟游诗人的语言。

同时，我们的故事自然地回到那座朽坏的、或者说至少是被遗忘了的教堂，因为那是这位圣徒犯下的无辜罪过和受到带来至福的惩罚的起点。教堂的问题还萦绕在他的脑际，并且很快将成为他那无止境活动的开始。但是他将要采取的行动的性质与以前完全不同。他不想再与阿西西的商业伦理有什么瓜葛。他在阿西西明白了一个道理，那就是看似充满矛盾和玄机的事往往是老生常谈。他意识到重建教堂不能通过商业途径，更不能通过让他困惑的法律途径。建教堂不能用付钱的方式，至少不能付别人的钱，甚至不能付你自己的钱。建教堂的方法是用双手搬起一砖一瓦真正地去建造。

他开始四处找石头来建教堂。他乞求所有他遇见的人给他石头。事实上，他变成了一种新型的乞丐，使乞丐的形象彻底改观了。他乞讨的不是面包，而是石块。也许，正是通过贯穿他一生的奇怪的生活方式，他一再地意识到正是因为他的请求很奇怪，所以才会变得很流行。形形色色游手好闲和骄奢淫逸的人对他主持的善事慷慨解囊，感觉他们就像在打赌一样。方济各用自己的双手重建教堂，像一头牲口一样把各种材料背到教堂里，学习着最低级的劳动。关于方济各一生的各个阶段都有很多故事，这个阶段也不例外。但为简化起见，我们最好强调一下，圣徒明确重新进入世界通过的是体力劳动的门槛。贯穿他一生的体力劳动有着双重含义，就像他的影子印在墙上一样。他所有的行动都有喻义。很可能，将来会有一个愚蠢的历史学家试图证明方济各本人只是一个比喻。从这个意义上说，他的劳动的确有双重目的，除了重建圣达米安教堂以外，他还重建了另外一种东西。他不仅发现了他自己的荣耀不在于在战场上征服别人，而在于建造积极的、有创造性的、象征和平的纪念碑。他的确在重建另外一种东西，并且已经开始建造这种东西，虽然他的建造常常被摧毁，但是又一再地得以重建。即使教会朽坏到仅剩下第一块基石，仍然可以重建，地狱之门永远也征服不了她。

方济各事业的下一个阶段是把重建教堂的一部分能量转移到波提温克拉[①]的一个叫"天使之后圣殿"的小教堂。在此之前，他已经用同样

---

① Portiuncula 既可指那一带地方，也可特指那座教堂。在后一情况下通常译为宝尊堂。

的方式重建了一座奉献给圣彼得的教堂。我们在上文已经提到过，方济各所做的一切事都具有戏剧化的特点。正是这个特点使他那些最忠诚的传记作者不约而同地注意到，方济各重建的三座教堂充满了象征意义。至少关于其中的两座教堂，我们有象征意义的实际历史记载。因为他最早重建的圣达米安教堂后来成了他大胆尝试建立女性修会的地点，以及与圣克莱尔（St. Clare）之间发生纯洁的属灵浪漫之地。而波提温克拉的那座教堂将永远作为一座历史性建筑矗立在世界上，因为在那里，方济各开始在他的朋友和热情支持他的人中间组织一些小团体，而且那里也是无家可归之人的家。但是在那个时候，他建立修道团体的想法还不甚明朗。至于方济各从什么时候开始有建修道院的想法，我们当然无从知晓，但是从事件的表面来看，方济各修会最初的形式是方济各的几个朋友陆续跟随他，因为他们欣赏他追求简单率直的热情。然而追求简单的热情却有着不简单的意义，因为它是新约圣经里提倡的简单生活方式的具体实现。在很长时间以来，对基督的仰慕一直是方济各的热情所在。但以一种计划或者生活方式效仿基督，却是从这里开始的。

当时，有两个人率先意识到灵魂的世界里发生了重大事件。一个是家境富裕的市民昆塔瓦莱的伯纳德（Bernard of Quintavalle），另一个是邻近教堂的教士彼得（Peter）。从某种意义上说，他们要追随方济各比当时的方济各更艰难。或许可以这样说，此时的方济各是在贫穷中、在麻风病人和衣不蔽体的乞丐中摸爬滚打的人，而这两位却必须放弃很多——伯纳德必须放弃舒适的生活，而彼得要放弃在教会的仕途。富裕的市民伯纳德确实把他所有的财产变卖并分给了穷人。彼得做的甚至更多，他当时在教会里已经很有权威，他遇见方济各的时候已经人到中年，有了比较固定的思维方式。但是他毅然决然地放弃了这一切，来追随一个被大多数人当成疯子、行事极其怪异的年轻人。也许到了后来，他们瞥见了方济各的荣耀，但是在当时，方济各根本没有荣耀可言。在这个阶段，我们不得不说，他们所看见的跟其他的阿西西人没有什么两样,因为可以看见的只是世人不屑一顾的东西。阿西西的市民只看见了骆驼成功地钻进了针眼和上帝成就了不可能成就的事,因为对上帝来说,所有的事都是可能的。阿西西人看到的是一个像税吏一样,而不是像法利赛人一样撕裂自己衣袍的神父和一个因为自己不再有任何财产而满怀喜悦的富人。

据说,这三个怪人在麻风病院旁边给自己盖了一个小棚子或者小窝。他们会在辛苦和危险工作(因为照顾麻风病人所需要的勇气大概相当于为西西里的王冠而战斗所需要勇气的十倍)的间歇彼此交谈。他们几乎像小孩子说自己的秘密语言一样,充满兴奋地谈论他们的新生活。至于他们的友谊在最初的阶段究竟包含了哪些元素,我们很难确切地知道,但我们能够确切知道的是,他们一直到生命的最后,仍然是朋友。昆塔瓦莱的伯纳德在方济各的故事里扮演了贝迪维尔爵士(Sir Bedivere)的角色——"他是亚瑟王的第一个骑士,也是最后一个离开他的"。伯纳德在方济各临终前守护在他的病榻旁,接受了方济各的某种特殊的祝福。但后来的这一切似乎都属于另外一个世界,距离当前的这个衣衫褴褛的三人组和破败不堪的小棚子还很遥远。从严格的意义上说,他们并不是修士,或者说,只有在最古老、最直白的意义上,他们跟从前的隐修士有些相似。他们是三个生活在一起的独立的人,但他们不是一个团体。他们有很强的个人主义色彩,特别是从局外人的角度来看,他们的个人主义简直到了不可思议的程度。他们所从事的事业之所以后来能够发展成一场运动,或者一种使命,其力量源于它符合我前面提到的新约圣经的信息。

这是一种翻圣经拈阄法(sors virgiliana)①。这是一种新教徒也曾见

---

① 拉丁文 Sors 的含义是拈阄,virgiliana 是从维吉尔的名字(Vergil)演化出来的形容词。用维吉尔的《埃涅阿斯记》拈阄是古罗马的一种做法——如果一个人不清楚自己的使命,他可以随手翻到《埃涅阿斯记》里的一页,用以决定自己将要做什么。作者用这个成语来形容方济各随手翻到圣经的一页,用以获得来自上帝的启示的做法。

过，却饱受他们批评的做法，他们可能会觉得这是一种异教徒的迷信。不论怎样，方济各的做法似乎跟先通读圣经以便后来能够随便翻开一页恰恰相反，但方济各的确是随手翻开了圣经。根据一个故事的说法，他先在福音书上画了一个十字，然后翻了三个地方，读了三处经文。第一处是有钱的年轻人难以割舍他的财富跟随基督，基督说了那个骆驼进针眼的比喻。第二处是基督对使徒的命令，告诫他们行路的时候不要带任何东西，既不要带口袋也不要带拐杖，更不要带钱。第三处是最关键的，说的是跟随基督的人必须要背他的十字架。根据另一种说法，方济各只发现了其中的一处经文，某一天他偶然听到教会里诵读的一节福音书经文。但是从第一种说法来看，读到福音书经文这件事发生在他新生活的初期，可能在他跟父亲决裂以后不久就发生了。因为在方济各听到这次神谕之后，他的第一个追随者伯纳德赶忙变卖了他所有的财产，分给穷人。如果事情的经过果真是这样，方济各听到神谕以后所发生的，不外乎是住在小棚子里过那形单影只的归隐生活。这种归隐当然具有很强的公开性，但仍然是一种真正意义上的遁世归隐。柱顶修士圣西缅（St. Simeon）的隐修生活在某种意义上具有极端的公开性，但是他的情况有些特殊。我们可以假定，大多数人认为方济各的情况也很特殊，有些人认为他过于独特。天主教的社会中不可避免地有某种终极甚至潜意识的成分，能够比异教或者清教徒的社会更好地帮助人们理解方济各。但是，我认为，在这个阶段，我们不应该夸大公众对方济各潜在的同情。我前面已经说过，到了这个时候，教会和她所有的附属机构已经给人一种苍老、停滞、过分依赖的感觉，她的修道院在这一点上有过之而无不及。所谓的"常识"在中世纪比在我们这个让人心惊肉跳的、新闻主导的时代更正常一些；但像方济各这样的人在任何一个时代都不可能是正常现象，更不能仅凭"常识"就能充分地理解他。13世纪的确是个进步的世纪，或许它是人类历史上唯一一个真正进步的世纪。但它之所以能够称为真正进步的世纪，是因为它的进步很有条理。它是一个真正意义上的有变革却没有革命的时代的典范。但当时发生的变革不但是进步的，而且是实际的。高度注重实际的机构，比如城镇、传统意义上的行会和手工业者，从变革中受益良多。阿西西的方济各那个年代，城镇上富有的个人和行会的确非常富有。他们在经济上相当平等，因为在当时的经济环境下，他们所受的管理相当公平，与在饥饿和资本主义的寡头之间挣扎的现代人的情形不尽相同。但是很有可能，这些市民中的大多数是像农场主一样头脑冷静的人。显然，备受尊敬的彼得罗·贝尔纳东的行为丝毫没有显示出对精致、充满幻想的方济各精神的同情。我们若没有足够的幽默感和同情心来了解方济各在当时那些不同情他的人看来是什么样的，就无法真正地度量这场奇怪的精神探险的美丽和创造性。我将试图在下一章讲一下三个教堂和一个小棚子里面的故事，虽然这种叙事形式难免有不妥之处。以上我只是从外部大致地讲了一下。在结束本章的时候，我要请读者记住，并且明白这个故事从外部来看是怎样的情形。对于一个没有多少常识的、除了反感以外没有多少情感的批评者来说，这个故事是怎样的情形呢？

方济各是个年少无知的傻子或者无赖，他偷了他父亲的东西，并且变卖了他本该保护的财产。这种行为的唯一解释是他莫名地听到一种声音，告诉他修缮某面墙上的裂痕和破洞。然后，他宣布自己不接受治安官或地方法官的调解，坚持来到一位和蔼的主教面前。主教却不得不告诫他，他所做的是不对的。他接着又当着众人的面脱下自己的衣服，扔在他父亲的面前，同时宣布他根本就不是自己的父亲。然后，他在镇子上乱窜，每碰见一个人就开始要他们给他边边角角的建筑材料，显然是为了痴人说梦一般地去修缮那个教堂。把墙上的裂缝填起来当然是一件好事，但最好不要让一个自己身上到处是裂缝的人来做。就像我们常说的一样，最好不要请连自家的瓷砖都贴不紧的建筑师来盖房子。最后，这个可怜的年轻人一步一步地沦落到衣不蔽体、与贫民窟的人为伍的境地——这是大多数邻居和朋友眼中的方济各。

方济各究竟是怎么活下来的，在他们看来也很成问题。但是方济各除了乞讨建筑用的材料以外，还跟人们要了面包。但他总是很小心地只要他能找到的最黑、最不好的面包，最没味道的面包渣，或者从富人的餐桌上掉下来的、人们拿来喂狗的、连面包渣都不如的东西。从这点上来说，他连个普通的乞丐都不如，因为乞丐吃自己乞讨来的最好的东西，而这位圣徒吃的是他能找到的最不好的。他愿意依靠人们剩下的残渣废料生活，这种生活显然跟素食主义者和禁酒主义者所定义的"简单生活"相去甚远。他吃的饭是他能找到的最差的饭，他穿的衣服也是根据同样的原则，他总是穿自己能找到的最破烂的衣服。有一个故事说，他曾经跟一个乞丐交换过衣服。毫无疑问，就连一个稻草人要跟他换衣服，他也会同意。另一个故事说，有一个农夫给了他一件棕色的袍子。可以想见，当时的农夫一般不会把自己的衣服拿来送人，除非衣服实在太破旧。据说，他把原来的腰带扔掉了（可能是因为当时的腰带一般是挂钱包的地方，所以他对腰带有点象征意义上的鄙夷），然后随手捡起一条绳子，束在腰上。他这样做的原因无疑是出于方便，并不是像一个流浪汉一样，不顾一切地要用绳子把自己的衣服捆在一起来维护一定的"体面"。方济各此举意在强调他捡衣服非常随意，像垃圾箱里的碎布片拼在一起都能穿。十年以后，方济各随手凑成的这款行头成了五千人的制服。一百年以后，它作为来自梵蒂冈的荣耀被赐给伟大的但丁，他死后下葬的时候，穿的就是这样的衣服。

第五章
上帝的吟游诗人

年轻诗人方济各的脑海中究竟想些什么？我们可以从找到的很多标志或者象征略见一斑。我们有太多的标志和象征，以至于不知道该从哪里说起，但是这些象征和符号又不足以满足我们。然而有一件偶然的小事或许可以帮我们获得一些认识。那就是，当方济各和他那些世俗的同伴一起穿过城镇，吟唱诗歌的时候，他们自称为吟游诗人。当他和他那些教会内部的朋友们一起做上帝的工作的时候，他们的领袖叫他们"上帝的吟游诗人"。

我们还没有交代过普罗旺斯和朗格多克（Languedoc）出现的吟游诗人的伟大文化。他们对历史的影响是深远的，对方济各的影响也是巨大的。我们来总结方济各与历史的关系时，或许可以简单说一下吟游诗人的情况。我们只说与方济各有关的吟游诗人的事实（特别是跟下面这件事有关的事实）就够了。所有人都知道吟游诗人是什么样的人。所有人都知道在中世纪早期，特别是十二三世纪，法国南部出现了一种文化，这种文化可以与正在崛起的巴黎文化相媲美，甚至有压倒巴黎文化的势头。这种文化的主要产品是一个诗歌的派别，或者更确切地说，一个诗人的派别。他们歌唱的主要题材是爱情，但是也涉及对一般的社会现实的讽刺和批判。历史上对他们的形象描绘是他们唱自己写的诗歌，通常还自己弹随身携带的乐器来伴奏。他们既是游方音乐家，又是文人。当时，除了爱情诗歌以外，歌唱爱情的还有一些更华丽、更富于幻想的体裁。当时有所谓的"艳体诗"（Gay Science），其实更像是把情话以甜美的诗句表现出来。还有一种体裁是所谓的典雅爱情诗（Courts of Love），这种诗体相比之下显得趾高气扬，充满了迂腐之气。在所有这些感情丰沛的诗歌里，道德上的风险十分明显，但如果认为夸大感情会带来唯一的危险是感性主义，则是一个错误。在法国南部浪漫的情诗里，事实上有一种过分强调精神世界的倾向，就像某种悲观主义的异端过分地强调精神世界一样。情诗里的爱情歌颂的并不总是像动物一般的情欲。有时候，情诗太过虚幻，以至于完全沉浸在虚幻的世界里。比如，读者意识到情歌里歌唱的女子是世界上存在的最美好的东西，只是读者有时候会怀疑她是不是真的存在。但丁也曾经受到吟游诗人的影响。长期以来，人们对他所描绘的理想女性争论不休，这些争论就是表明人们疑惑的一个绝好的例子。我们知道贝亚特丽切[①]不是他的妻子，但是我们同样也知道，她也不是他的情人。有些批评家甚至认为她不曾存在过，她的形象可能只是但丁心目中的缪斯。在我看来，贝亚特丽切不完全是个虚构的人物，所有读过《新生》（*Vita Nuova*）并且有过爱情经历的人应该都同意这一点。但是人们对贝亚特丽切真实存在的怀疑本身就足以说明，中世纪的爱情中有一些很抽象的成分。中世纪的人即使在抽象或者虚幻的世界里也能做恋人。当我们读到方济各说他有一位最尊贵、最美丽的恋人，而她的名字是贫穷的时候，我们不能忘记，他使用的是吟游诗人的语言。

但特别值得一提的是，法语里的 Jongleur 比英文里的 Troubadour 更能贴切地描绘方济各。[②]事实上，方济各代表的是从 Troubadour 到 Jongleur 的转变。为了说明这一点，我们必须先了解一下艳体诗人的另外一个特点。Jongleur 和 Troubadour 是有区别的。有时候，一个人可能同时是 Jongleur 和 Troubadour。但是更多的时候，Jongleur 和 Troubadour 是属于不同行业里不同的人。在很多情况下，一个 Jongleur

---

[①] Beatrice 是但丁《神曲》中的人物，据说真实的原型是但丁年轻时曾经心仪的一个贵族女孩，她在《神曲》里作为完美的女性形象出现，是但丁穿过天堂时的向导。
[②] 两个词从表面上看，都有"吟游诗人"的意思，作者接下来解释这两个词在细微之处有什么不同。

和一个 Troubadour 可能会作为伙伴并肩走在世界上，他们可以是艺术伴侣。Jongleur 更像一个类似滑稽的小丑的人物，有时候，我们把他们叫作抛接东西的杂耍艺人（juggler）。我们先来举个 Jongleur 的例子。吟游诗人容格勒尔·塔耶费（Jongleur Taillefer）在讲到黑斯廷斯（Hastings）战争中的罗兰（Roland）之死时，将一把刀抛在空中又用手接住，就像 juggler 接住抛在空中的球一样。有时候，Jongleur 甚至可以是个翻筋斗的杂耍艺人（Tumbler），就像那个叫"为圣母翻筋斗的人"的逸事中那个杂耍艺人一样。他在圣母的画像前倒立，很多人感谢他，就连圣母和天使也向他显现，称赞他。我们可以这样想，在一般的情况下，Troubadour 用严肃和庄严的诗句来表达热切的爱，而一个 Jongleur 却像笑星一样，表达的是轻松愉悦的喜爱之情。一个 Troubadour 和一个 Jongleur 并肩环游世界，这可能是浪漫诗歌很好的素材。不论如何，真正的方济各精神可以在真实的方济各的故事之外找到，比如"为圣母翻筋斗的人"那个故事。当方济各把他的同伴们叫作上帝的 Jongleur 的时候，他所指的跟圣母的 Tumbler 非常类似。

从雄心勃勃的 Troubadour 到滑稽古怪的 Jongleur 过渡的中间地带隐藏着一种精神，那就是方济各精神。Troubadour 和 Jongleur 虽然都是游方艺人，但是 Jongleur 一般是 Troubadour 的仆从，或者至少没有 Troubadour 那么重要。方济各在仆从和次等地位的角色中找到了生命的奥秘。仆从的生活可以自由得有些轻浮。骑士的要求可以很严格，他的仆从依然可以很自由，他甚至可以是完美的自由的仆从。从 Troubadour 到 Jongleur 的转变过程，可能是对方济各精神转变的最好表述。以这个比喻来理解方济各精神的转变，可能比较容易博得现代人的同情。当然，除了这个比喻以外，方济各精神还有许多其他的内容，而且不论我们的语言多么苍白无力，我们还是必须从比喻过渡到现实。方济各的 Jongleur 跟 Tumbler 太相像，很多人觉得他们不够严肃，或者颠倒了事物的次序。

当消失在地牢或者黑暗地窖中的时候，方济各的内心发生了脱胎换骨般的转变。这种转变从表面看很像翻筋斗，转了一圈，又回到原来的姿势。我觉得我有必要用这个荒唐的比喻来形容这位古怪的杂耍艺人，因为我找不到更恰当的比喻来把事实说得更明白。但从内心来看，这是一场深刻的灵性革命。走进地牢的方济各和走出来的方济各不是同一个人。从某种意义上说，他仿佛已经死了，变成了一个鬼魂或者精灵。这次的转变是一百八十度的，方济各仿佛倒立着走了出来。自此以后，他看世界的方式与其他人有了根本的不同。

如果我们把"为圣母翻筋斗的人"的例子用在这里，离理解方济各精神就不远了。有时候，把视角完全翻转，比如倒置过来，可以对原有的景象获得前所未有的、最清晰的认识。比如，画风景画的画家可能会采用最让人讶异的视角来看风景，从而获得常人看不到的景象。倒置以后的视野比以前更明亮、更奇特、更吸引人，的确与方济各一样的神秘主义者看到的世界有几分相像。但是这个类比的主旨不在于此。"为圣母翻筋斗的人"之所以采取倒置的姿势，目的不是为了更好地看花和树，或者获得某种更清晰、更奇特的视角。他没有这样做，也没有想要这样做。他倒置的目的是取悦圣母。如果方济各有同样的举动的话（事实上，他那样的人也很可能会有类似的举动），他的动机与故事里翻筋斗的人是一样的，那是一种纯粹超自然的动机。因为有了这种动机，他的热情才四处洋溢开来，所有世界上的东西也因此有了金色的光环。正是由于这个原因，把他当作文艺复兴纯粹浪漫主义的先驱和享受自然乐趣的复兴者是不正确的。他之所以在自然的事物中发现了乐趣，正是因为他以超自然的视角来看待自然的事物。换句话说，他亲身实践了本书的前言部分里所提到的历史过程。禁欲主义的警醒最终可以带给一个人对自然世界全新的认识。但是在方济各的例子里，除了视角的转变以外，还有其他的成分，这些成分使 Jongleur 或者 Tumbler 的比喻更贴切了。

我们可以认为方济各在漆黑的地牢或者地窖里度过了他一生中最黑暗的时刻。他天性爱慕虚荣，但是他的虚荣跟骄傲恰恰相反，甚至跟谦卑很接近。他从来不曾鄙视其他人，也因此特别重视别人对他的看法，其中当然包括别人对他的仰慕之心。但是在那个时刻，他人性中的这个方面遭受了最沉重、最有破坏力的打击。从那次不成功的军事战斗回来以后，别人可能叫他"懦夫"。但是跟他父亲因为那几匹布争吵过后，别人肯定把他叫作贼。就连那些最同情他的人，包括那位他所要修复的教堂的神父和那位给了他祝福的神父，也不得不和蔼而明确地告诉他做错了。他嘲弄了自己。所有曾经年轻过的人，所有骑过马并且感觉自己可以战斗的人，所有幻想自己是个吟游诗人并且接受了入门仪式的人，都能够体会到这几个简单的字里沉重的分量。方济各的归信，就像新约里圣保罗的归信一样，在某种意义上像是从马上摔了下来。更糟糕的是，他骑的是战马。不论如何，经历了这件事以后，他从里到外无不是荒唐的。所有的人都知道他嘲弄了自己。他变成了个傻瓜——这简直成了像铺路的石头一样确凿的客观事实。他从外人的角度看自己的时候，感觉自己的轮廓很渺小，但是很清晰，就像一只在窗户上爬的苍蝇一样。这只苍蝇无疑是个傻瓜。他定睛看着在额头上方闪闪发光的"傻瓜"二字，这个词突然也开始发光，并且发生了变化。

我们在幼儿园的时候，曾经听说过这样的说法：如果一个人在地上凿个洞然后顺着往下爬的话，爬到地球中心的时候他就会感觉自己是在往上爬。我不知道这个说法到底是不是真的。我不知道的原因是我没有在地上钻过一个穿过地心的洞，更没有爬到地球另一端去过。我不知道这样的倒转是怎样的情形，是因为我没有亲身经历过。这也是一个比喻。笔者肯定没有亲身经历过，很可能读者也是一个没有经历过这种大角度倒转的普通人。我们不能体会方济各受到了极端的羞辱以后，把羞辱化成了神圣或者幸福的感受，因为我们自己没有亲身经历过。上一段快结束的时候，我说过我不知道方济各自己彻底突破了一个大男孩的虚荣心的时候，他的感受究竟是怎样的。当然，就连上一段里我写下的文字也仅是猜测，是我个人在猜测方济各可能感受到了什么，但是他感受到的可能跟我描绘的很不一样。然而不论他感受到了什么,我们可以说那是一种倒转,就像那个在地上凿个穿过地心的洞,并且一直往下爬的人一样,在不停地往下降的时候,终于会到达一个神秘的时刻,开始往上升。我们从来不曾那样上升的原因是我们不曾那样地下降。我们显然不能说这种倒转从来不曾发生过,因为我们越是在直白地、平静地读人类历史的时候,特别是关于最有智慧的人的历史的时候,就越会发现,这种倒转的确是会发生的。至于有这种经历之人的内在感受,我不会佯装知道。但是在方济各的故事中,倒转的外在效果是这样的:当方济各从洞的另一端爬出来的时候,他头上的"傻瓜"二字变成了他帽子上插的羽毛,这根羽毛像一顶骄傲的羽冠甚至皇冠。方济各继续做他的傻瓜,并且越来越傻。后来,他成了天堂的国王宫殿里的傻瓜。

方济各的这种状态只能用象征来表示,但是倒转的象征从另一个角度说也是真实的。如果一个人倒过来看世界,所有的树木和高塔都是倒过来的,就像在一个池子里一样,那么可以突出强调的一个效果就是"依赖"的概念。在这里我们可以找到一个拉丁语和字面义的连接,因为"依赖"这个词本身就有"悬挂"的意思。[①] 如果我们这样理解"悬挂"一词,就不难理解圣经上为什么说上帝把世界悬于虚无之上。如果方济各在他奇怪的梦里看到阿西西城从上而下翻转过来,它跟以前除了方向完全倒了过来以外,没有任何的不同。但我要说的是这样:虽然它坚固的城墙、瞭望塔粗壮的底座和高高的城堡在普通人看来更加安全和耐久,但在方济各看来,在阿西西城倒过来的那一刻,它自身的重量让它看起来更无助、更危险。这只是一个象征,但这个象征可以贴切地描绘方济各的心理。方济各仍然像以前一样热爱阿西西城,他对阿西西的爱甚至比以前更为炽热,但是他爱的性质改变了。他像以前一样热爱屋顶上的每一片瓦和城垛上的每一只鸟,但是他以一种新的、神圣的视角

---

① 英文词 hang(悬挂)有"依赖"的意思,跟中文里的"命悬一线"中的"悬"用法类似。

观察它们，意识到它们永恒地处在危险和对上帝的依赖之中。以前的方济各为阿西西城的坚不可摧感到骄傲，现在的他因上帝没有撒手不管它而感恩。方济各因为上帝没有对整个宇宙撒手不管而感恩，因为那样的话，宇宙就会像一块巨大的水晶一样掉下，会像流星一样摔得粉碎。也许当圣彼得头朝下被钉十字架的时候，他也看见了同样的景象。

人们以前曾经带着嘲讽的口气说过这样的话："无所希冀的人有福了，因为他们不会失望。"但是方济各带着满怀的热情和喜悦这样说："无所希冀的人有福了，因为他们会享受一切。"正是因为方济各刻意地追求一无所有，他才能够从心灵的沙漠中最阴暗的地方来享受几乎没有人能够享受的事物，因为世上的事物本身就是检验方济各精神状态的最好场所。没有人能够"赢得"一颗星星，或者"配得"一次美丽的日落。但是除此之外，方济各心灵中还有更美好的东西，美好得甚至到了无以言表的程度。一个人对自己的利益想得越少，就越容易看见自己的幸运和上帝的恩赐。同样，一个人越是看见事物的根源就越能了解事物的本身，因为事物的根源是事物的一部分，甚至是最重要的组成部分。即使是寻常的事物，如果用不寻常的眼光来看，也会变得不同寻常。方济各对日常生活中的事物有了更多的惊叹、更少的恐惧，因为一件事物越有意义就会越美好；相反，一个无形的、喑哑的魔鬼，因为只能有破坏作用，虽然形态比山还大，但是因为没有意义而微不足道。对于方济各这样的神秘主义者来说，魔鬼是有意义的，它们的意义就在于它们传递着一种信息。它们不再用人类听不懂的语言说话。这就是所有有关魔鬼的故事的意义，不论是在传说还是在有历史根据的故事里，魔鬼总是用鸟或者野兽的语言说话。神秘主义者与单纯的神秘没有任何关系，因为单纯的神秘一般来说是邪恶的诡异。

从好人到圣徒的转变是一场革命。对以前的他来说，一切事物都阐明和照明上帝，但是通过这场革命，上帝开始为他指明一切事物的意义。这种转变与以下的转变有些类似，开始的时候，一个坠入爱河的人可能会说，第一眼看到一位美丽女子的时候，感觉她就像花儿一样；到了后来，所有的花儿都会让他想起这位女子。一位圣徒和一位诗人站在同一朵花旁边可能会说同样的话，但是，即使他们所说的都与事实相符，他们说的仍然是不一样的事实。对于诗人来说，生活的喜悦可能是有信仰的原因，但是对于圣徒而言，生活的喜悦却是有信仰的结果。但这种区别所导致的结果是，在艺术家看来，对上帝的依赖就像一道明亮的闪电，但是在圣徒看来，更像明朗的日光。正是因为神秘主义的圣徒站在事物的另一边，他看见事物从上帝那里发源的时候，就像一个孩子从熟悉的、接纳自己的家里走出来一样，而不是像我们大多数人那样，突然感觉在世界的某条路上遇见了这个孩子。吊诡的是，正是因为有这个优势，圣徒比我们更随意、更自由、更有兄弟般的热情，也更无所顾忌地接纳世上的事物。对于我们来说，世上的某些事物就像拿着号角的传令官一样告诉我们，马上就要到国王的城堡了，但是方济各却像老熟人一样跟他们打招呼，几乎显得有些不敬。他把它们称为"火兄弟"和"水姊妹"。

于是从这个近乎虚无的深渊里涌现出了神圣的赞美，如果一个人把方济各的这种精神理解成崇拜自然或者泛神论一般的乐观主义，那么他将永远无法理解这种赞美。当我们说一个诗人赞美所有受造物的时候，我们说的通常是对整个宇宙的赞美。但是方济各这样的诗人赞美的不是受造物本身，而是上帝创世的行为。他赞美的是从无到有的转变，仿佛有和无之间有一架无形的桥梁，正是这个典型的桥的意象，赋予了"祭司"一个古老而神秘的名字。这位神秘主义者仿佛跨越了无形的桥梁，来到上帝创世之前，除了上帝之外，没有任何存在。他不仅赞美一切的"有"，也赞美万物诞生之前的"无"。以这种方式，他忍受并应答着《约伯记》中地震一般的讽刺。从某种意义上说，万物诞生的时候，他在那里，与晨星一起歌唱，与上帝的天使一起发出喜悦的呐喊。这大概就是那个衣衫褴褛、身无分文、无家可归，并且看上去了然无望的人欢快歌唱的原因，因为他在晨星中间歌唱，因为他作为上帝的儿子呐喊。

对上帝的无尽感恩和依赖不仅是一句话，甚至不仅是一种情感，它是现实的基石。它不是一种幻想，而是一个事实。或者说，在它以外，一切都是虚幻。就像不可知论者无时无刻不依赖事物的存在和本质一样，基督徒在生活的每一个细节中无时无刻不依赖上帝。它不是由幻想而来的错觉。相反，它才是最基要的事实，这个事实被日常生活中的错觉像帘子一样遮盖起来了。日常生活本身就是值得仰慕的。但是我们的日常生活中充满的常常是幻想，而不是沉思冥想的生活。那个曾经看见整个世界被上帝的慈爱托住并好像悬挂在一根头发丝上的圣徒看见了事实，我们甚至可以说，他看见了冷峻的事实。那个看见自己的城镇倒置过来的人，他所看见的其实恰是正确的方向。

罗塞蒂（Rossetti）曾经苦涩而真实地说过这样的话："一个无神论者最悲惨的时刻是他很想感恩却没有感恩的对象。"这句话反过来说也是对的。可以肯定的是，在我们这里所思考的这类人的心里，感恩所激发的是世人所知道的最纯洁的快乐。伟大的画家可以骄傲地说，他涂抹的所有色彩都混合着思考，我们也可以说，伟大圣徒的所有思想都与感恩混合在一起。所有好的事物，一旦被当作礼物来接受，就会显得更加美好。在这个意义上，神秘主义的方法与其他所有的一切之间都建起了一种很健康的外在关系。但是我们必须永远记住，跟对上帝的依赖这个简单的事实比起来，其他一切都处于次等的位置。世人通常认为一般社会关系中包含一种牢固和自我支撑的成分，就是人们那种有所依靠的感觉。因此，世人因自足而得到安全感，进而因这种安全感而自认心智健全。然而，在方济各的眼中，整个世界极其脆弱，好似悬挂在头发丝上，仅仅靠着上帝的恩典而存留，所以他并不看重世人所仰仗的那种社会关系。就连世俗的权威和等级，甚至最自然的上层和最必要的下层，都倾向于把一个人定格在某个位置，并且让这个人确切地知道自己的位置。一个把人间的等级反过来看的人，却难免在看待上层的时候脸上挂着一丝微笑。在这个意义上，神圣事实的神圣视野难免会干扰看起来很符合理性、庄严的秩序。在这里，我们的神秘主义者可能又为自己的雕像加上了一些分量，但一般而言，他总是会丧失一些社会地位。他不再仅仅是因为他可以在教区登记簿或者一本家庭圣经上找到自己的存在，而视自己为理所当然。这样的一个人可能有点像个丢了自己的名字，却保留了自己的本性的疯子，他干脆忘了他是个什么样的人。"到现在为止，我一直叫彼得罗·贝尔纳东父亲，但是从现在开始，我是上帝的仆人。"

所有这些深奥的事都必须用简短、不完美的话语来表达。对这个启示一个方面的最简短的表达是：发现自己陷入无穷的债务之中。一个人因为发现自己陷于债务中而喜悦，这种说法本来就是矛盾的。但这只是因为在商业事务中，债主一般不会分享欣喜若狂般的喜悦，尤其是当他发现别人欠自己的债到了数不清，并且因此无法讨回的时候。但是在这里，一个比较高贵、自然的爱情故事的类比，一下子就解决了这个矛盾。在这个故事里，这位被欠了无数钱的债主，的确与欠了无数钱的债务人分享喜悦，因为他们都既是债主又是债务人。换句话说，如果有了纯真的爱，债务和依赖的确会变成欢乐。"爱"这个词，被喜欢简化的现代人用得太松散、太随便了，但是在这里，这个词的确是关键。它是解决方济各的伦理中所有让现代人疑惑不已的难题的答案，但它首先是禁欲主义的关键。最高、最神圣的矛盾是一个人虽然真正地知道自己永远也还不清所欠的债，却将一直不停地还下去。他将永远在偿还他所不能偿还的，也不应被期待偿还的债。他将把自己所有的东西扔进一个充满了无限感恩的无底洞里。那些认为自己因为太现代而理解不了这一点的人，事实上只是太刻薄。我们中间的大多数人都因为太刻薄而做不到这一点。我们过不了禁欲的生活是因为我们不够慷慨，或者说因为我们不够真诚。一个人要做到顺服，必须要有博大的胸怀，可能我们只有在第一次爱的时候能对这种博大有惊鸿一瞥，就像对我们失去的伊甸园惊鸿一瞥一样。但是不论一个人有没有看到，真理就在那个难解的谜里。整个世界只有，或者只是一个好东西——它是一笔巨债。

如果那种比较稀有的浪漫之爱，那种支撑着吟游诗人的真理因为被当作假想之事而不再受欢迎，我们或许可以从中看到一些现代世界对禁欲主义的误解，因为我们可以想见一些蛮族试图毁灭爱的骑士精神，就像统治着柏林的蛮族毁灭了战争中的骑士精神一样。如果事实确实如此，我们应该会有同样的、缺乏才智的讥笑和没有想象力的问题。男人们会问，究竟多么自私的女人可以冷酷地索要花束，或者她是多么贪婪，竟然会想要铸成了戒指形状的金子，就像他们会问，多么残忍的国王会索要奉献和忘我。他们将无法理解相爱的人所理解的爱的含义，他们爱彼此的原因正是因为爱不是强求的。但是不论如此微小的东西能不能帮助我们理解那个伟大得多的东西，当我们还在现代的情绪里低声抱怨看似阴暗的禁欲主义的时候，试图了解像方济各运动一样伟大的运动是徒劳的。有关圣方济各的故事的主旨是，他肯定是禁欲主义的，而且他肯定不是阴暗的。在他看到所有的事物都依赖着神圣的爱的那一刻，他被荣耀的谦卑所征服。就像以前投身到战斗中一样，他奋不顾身地投入到禁食和守夜祈祷中。他完全转换了进攻的方向，但是什么也阻挡不了他雷霆般激烈的进攻。他的新生活中没有消极的因素，那不是养生法则或者斯多葛式的简单生活，也不是自我控制意义上的忘我。它像热情一样积极，它有着与享乐一样积极的氛围。方济各像一个人吞下食物一样吞下禁食。他像一个人疯狂地掘金一样追求贫穷。正是他个性中这种积极和热情的因素使他的个性对于现代人来说成了一个挑战，尤其是在整个关于享乐的问题上。不可否认的是历史事实，与之联系在一起的还有另一个几乎同样不可否认的伦理事实。可以肯定的是，从他穿着粗毛制成的衬衣走进冬日的丛林开始，到他将死的时候渴望赤身躺在地面上，下面没有任何东西垫着，证明自己一无所有、一无所是之时，他始终坚守着这条崇高而非自然的路径。我们也几乎可以同样肯定地说，当照耀着忙碌众生的星辰掠过那具躺在坚硬地面上骨瘦如柴的尸身时，它们看见了一个快乐的人。

第六章
矮小的穷人

彼得罗·贝尔纳东的地窖成了一个燃烧着感恩和谦卑的熔炉,从那里走出来一位人类历史上最强壮、最奇特、最具独创性的人。我们可以用很多词语来描述他,但不容置疑,他是一个我们常说的"人物",几乎是个优秀小说或者剧本里的人物。他不仅是个人道主义者,而且是个怪人。他尤其是个古英语意义上的怪人,因为他特立独行,总是做没有人做的事。他的逸事里透着一种气质,大家最熟悉的有类似气质的例子是约翰逊博士(Dr. Johnson),这种气质也能在查尔斯·兰姆(Charles Lamb)或者威廉·布莱克(William Blake)的身上找到另一种形式。这种气质只能用一种"对立"来定义,这种人的行为几乎总是出人意料的,然而却从来不乏恰当和得体。一件事,在他们说出来或者做出来之前,一般人想都想不到,但是这件事一经他们说出或者做出,马上就变成一种仅属于某个人的特色——一种令人惊奇,但是不可避免的个人特色。这种突兀的得体和令人不解的一致性,使得方济各从他那个时代的大多数人中脱颖而出。对中世纪文明中有益的社会品德,人们了解得越来越多了,但这些品德仍然是社会性的,而不是属于某个人的。中世纪有一个比现代社会先进很多的概念,那就是人类同属一个整体——人类共有的死亡、理性的光芒、良知把各种人类团体牢牢地连接在一起。因此,当时的普遍原则比当今那些疯狂的物质主义理论清醒得多,也健全得多。没有人能够容忍一个蔑视生活的叔本华和一个只为了蔑视而活着的尼采。但是当今社会对于人类并非整体这个观念的表达方式非常微妙,它特别强调生活中因为人们的性情差异而产生的种种问题。所有能自己思考的人都意识到，伟大的学者们有一种非常清楚的思维方式。但是这种思维方式保持着一种刻意的单调。现在，所有的人都同意，当代最伟大的艺术是公共建筑艺术——既流行又大众的建筑艺术。当代不是一个适合肖像艺术生存的年代。但是方济各的朋友们努力为后世留下一幅他的画像，一幅忠实的充满感情的画像。画像上充满了他个人的色彩，在外人看来几乎有些荒谬。如果有人愿意从"倒置"（inversion）的意义上理解"荒谬"（perversity）的话，那么，这种荒谬也是一种归信（conversion）①。即使是在圣徒中间，方济各也是怪异（eccentric）的，但他的怪异行为却总是朝向中心。②

在我重新开始讲述他最初的冒险经历，以及简述那个伟大的兄弟会的建立（此乃那场慈爱革命的起点）之前，我觉得最好在这里完成方济各的这幅不完美的个人肖像。在上一章里，我试着描述了绘画的过程，在这里，我要再加上几笔，描绘一下结果。我用"结果"这个词来指方济各在经历了早期的训练以后成为的那个真正的自己——那个人们遇见的穿着棕色袍子，腰束一根绳子，行走在意大利的大街小巷上的人。这个人成了后来发生很多事情的原因——除了上帝的恩典以外。见过他的人和没见过他的人行事风格会不一样。如果我们后来看到一场大骚动，对教宗的请愿，一大群穿着棕色修士袍的人包围了教宗驻地，教宗发布宣告，这些人被当作异端受到审判但后来顺利地存活下来，看到一个充满了新运动的世界，在欧洲的每一个角落"托钵修士"成了家喻户晓的名字；如果我们要问为什么会发生这一切，如果我们把能找到的所有答案都找来，不论是直接的还是需要发挥想象力的间接答案，我们能在答案中听到一个人的声音，或者看见一张藏在斗篷下面的脸。除了方济各·贝尔纳东以外，我们找不到其他答案。从某种意义上说，我们必

---

① 请注意切斯特顿的文字游戏。
② 切斯特顿使用英文中的"怪异"一词另有的"离心"的含义，指明方济各虽然举止怪异，但他的怪异却是"向心"的。

须仔细想想看，如果他真的来到我们中间，世上将会发生什么。换句话说，我们从他的内心世界做了一些了解他的努力之后，必须回到外部的视角来审视他，仿佛他是一个沿着翁布里亚山上的小路，穿过橄榄树和葡萄枝朝我们走来的陌生人。

阿西西的方济各是个身材轻巧的人，他的轻巧带着一种生动性，让他的身材看起来更矮小。他的实际身高可能比他看起来要高一些。他的传记作者一般都会说，他是个中等身材的人。他显然做事很积极，而且如果我们考虑到他的经历的话，我们可以说他是个还过得去的硬朗的人。他有着南方人特有的棕黑肤色，黑色的胡须又细又尖，仿佛画像上所画的小精灵的胡须一样。他的双眼闪烁着火一般的光芒，让他不论白天还是黑夜都有一点焦躁之气。跟大多数的意大利人相比，他的所言所行都带着童话剧里的人物才有的特殊的热情。但是，同大多数的意大利人相比，他的举手投足又都更加有礼貌，或者更加热情好客。生动性和礼貌这两个事实，其实都是一个人内在品质的外在表现。很多人可能看似有这种品质，但是实际上没有。正是这种品质将方济各从大多数人中分别出来。的确，方济各可以称得上是中世纪戏剧的奠基人，他也因此是现代戏剧的奠基人。方济各是极富戏剧天赋的人物，但他与专注于自我表演的舞台演员截然不同。证明方济各之戏剧天赋的最佳证据是其喜爱默想大自然——上帝的创造。人们通常将他的这个特征称为"热爱大自然"，但其实这种描述并不准确，甚至可以说完全错误，因为他不是仅仅停留在大自然上，而是透过它看到上帝整个宏大的故事和戏剧。

方济各不是所谓热爱自然的人。如果我们能够恰当地理解"热爱自然"这个表述的话，方济各恰恰不是个热爱自然的人。"热爱自然"这个表述隐含着把物质的宇宙当作一种模糊的环境来接受，本质上是一种感性的泛神论。在浪漫主义文学盛行的时候，在拜伦和司各特的年代，我们很容易想象，一个住在破败庙宇里的隐士（最好是在月光下），在庄严的森林和沉静的星辰中找到安宁，甚至一丝喜悦，与此同时，他沉思着一个卷轴或者一本书的内容，至于书的含义是什么，连书的作者也有些含混。总之，隐士可能把自然当作一种背景来爱。但是对于方济各来说，没有任何东西是仅停留在背景里的。我们可以说，他的头脑里没有背景，唯一的例外可能是把受造物一件一件地从神圣的黑暗中呼召出来，并赋予它们着了色的圣爱。方济各把所有的事物都看作戏剧化的，它们都从背景中跳出来，变成立体的。它们不像一幅画里的物体，而像在戏剧里，是活动的。小鸟像一支箭一样从他的身旁飞过。在他看来，小鸟也是有目的、有故事的。小鸟的目的是活着，而不是死。一片丛林可能会像一帮强盗一样挡住他的去路，当然，他也会像欢迎一片丛林一样欢迎一帮强盗。

简而言之，我们谈论的这个人不能把丛林仅仅当作一些树。方济各是个不愿意只为了树而看树林的人。他要把每棵树都看作一个个别的、几乎神圣的事物，看作上帝的孩子和人类的兄弟或者姐妹。但是他不想仅仅倚在布景上把它当作背景，上面仿佛刻着一行字："布景：树林。"从这个意义上，我们可以说，他太戏剧化，以至于戏剧也容不下他。在他的戏剧里，连布景也变成了活的。墙像铁皮匠长鼻子一样说话，树仿佛一棵一棵地走到顿斯纳尼山（Dunsinane）。所有的事物都来到了台前灯下。所有的事物在所有的意义上成了剧中的一个角色。因为方济各的这个品质，作为一位诗人，他与泛神论者恰恰相反。他从来不曾称呼自然为母亲，但是他称呼驴为兄弟，称呼麻雀为姐妹。如果他称鹈鹕为阿姨，或者称大象为叔叔（他也许真的这样称呼过），他的意思仍旧是上帝创造了它们，上帝为它们分配了恰当的位置，而不是说它们是抽象事物的进化能量的表现。在这点上，他的神秘主义跟一个小孩子的世界非常相像。一个小孩子不难相信，上帝创造了狗和猫，尽管他很清楚，上帝从无有之中创造出狗和猫是个超乎他想象的神秘过程。但是如果你把狗和猫与其他的一切东西混合起来，变成一个长了无数条腿的怪物，然后叫它自然，没有孩子能够理解那"自然"究竟是什么。孩子可能会断然拒绝分辨哪一部分是"自然"的头,哪一部分是它的尾巴。方济各是个神秘主义者,但是他相信的是神秘主义(mysticism),而不是神话论(mystification)。作为一个神秘主义者,他是那些把所有事物的边缘融化掉,把它们融解成一个叫"环境"的人的死敌。他是个白天或者黑夜的神秘主义者,但他不是黄昏的神秘主义者。东方有些爱幻想的人之所以是神秘主义者,是因为他们的怀疑情绪太强而做不了唯物主义者,方济各与他们恰恰相反。方济各是个不容置疑的现实主义者,他的现实主义是中世纪那种更真实的现实主义。从这个意义上讲,他的确与他那个年代最好的精神最接近。那个年代凭借那种最好的精神取得了对唯名论(nominalism)的胜利。方济各那个年代的艺术和饰物有象征意义,就像纹章(heraldry)艺术中的象征意义一样。动物不是被赋予寓意,而是被当作事实来对待——它们清晰、积极,不受气氛和视角造成的错觉的影响。从那个意义上说,他的确看见了一只紫色的鸟栖息在蓝色的地上,或者一只银色的绵羊躺在翠绿色的草地上。但是谦卑的纹章比骄傲的纹章更丰富,因为这种视角可以让方济各从上帝赐予的角度把这些动物看作宝贵的、独一无二的,而王子和他们的同伴的纹章只能让他们看到这些动物在他们的世界中的位置。当然,从放弃一切的深处升起来的高度比封建时代所能授予的最高头衔还要高,比凯撒的桂冠和伦巴第的铁冠还要高。方济各实际上成了两个极端相遇的例子——那位小个子的穷人,因为剥夺了自己的一切,把自己视为无物,而获得了亚洲贵族最华美的王冠,他把自己叫作太阳和月亮的兄弟。

方济各这种能在看似普通的事物中看到不同寻常甚至令人惊异的元素的本领,对于展示他一生中的一个品格很重要。因为他戏剧化地看待所有的事物,他自己也总是戏剧化的。不用说,我们必须从头到尾做这样的假定:他是个诗人,也只能被作为一个诗人来理解。但是他有一个大多数诗人没有的优势。在那个方面,他可以被叫作世界上所有那些不高兴的诗人中的一个高兴的诗人。他不仅仅是个能唱自己的诗歌的吟游诗人,更是一位能把自己的整个剧本演完的剧作家。他所说的话比他写下的东西更有想象力,他做的事比他说的话更有想象力。在他的整个人生历程中,似乎总是有一种运气能够让他把事物带到一个美丽的危机中。对他的生活艺术的讨论听起来可能会比较造作(artificial),而不是有艺术感(artistic)。但是方济各的确在一个明确的意义上把生活本身变成了一门艺术,尽管那是一门没有经过提前设想的艺术。对于有着理性主义品味的人来说,他的很多行为看起来太夸张,令人费解。但是他的行为总是行为,而非对行为的解释,并且它们的含义总是与他的用意相符。他之所以能够在人们的记忆和想象力中留下生动的烙印,很大程度上是因为人们一再地在那种戏剧化的条件下看见他。从他扯下自己的衣服扔在他父亲脚下,到他临死前摆出十字架的姿势躺在地上,他的生命充满了这类无意识的态度和毫不犹豫的姿态。我能很容易地找出例子来写满几页纸,但是我在这里仍然使用这本小书中处处使用的方法,那就是找一个典型的例子,对它作比较详细的分析,希望能使它的含义变得更清晰。我要用的例子发生在他生命的最后几天中,但是它能够以一种奇特的方式折射到他最初的岁月,然后使宗教的浪漫成为一种令人称道的统一。

方济各在他的《受造物之歌》(the Canticle of the Creatures)或者《太阳之歌》(the Canticle of the Sun)中把太阳和月亮,以及水和火称为兄弟。在他的事业比较顺畅的时候,他光着脚走在草地上,把他作为一个诗人的热情尽情地挥洒到天际。这是一件很具有方济各特色的事情,单从他做的这件事上,我们就可以还原很多有关方济各的事实。虽然方济各所作的诗像民谣一样简单直白,但他的诗也有其独特的风格。请注意,比如说,那些没有生命的东西也被赋予了性别——方济各赋予它们的性别含义远远超出了语法规定的词性。比如说,他把火称为兄弟,是因为火猛烈、欢快和有力;他把水称为姐妹,是因为水纯洁、清澈、不可侵犯。别忘了,因为方济各从来不曾了解希腊和罗马泛神论中的象征符号，所以他既没有从中受益，也不曾受过这些象征的羁绊。其他的欧洲诗人却经常把那些象征当成灵感的源泉，事实上，因为太经常，以至于成了一种惯例。方济各对学习有些藐视，不论他因此受益还是受损，他从来不曾把海神尼普顿（Neptune）或者仙女与水联系在一起，也不曾把伏尔甘（Vulcan）或者独眼巨人（Cyclop）与火联系在一起。这个事实正说明我们已经指出来的一点——方济各的复兴不是古代异教的复兴，而是忘记异教以后的一个全新的开始和第一次的觉醒。正是因为这是一次全新的开始，所以才有了方济各诗歌里特有的新鲜感。于是方济各碰巧成了一种新型民谣的创始人，但是他能够区分女人鱼和男人鱼，也能区分女巫和男巫。简而言之，他必须创造他自己的神话学，但是他能够一下子就把女神和男神区分开来。这种区分性别的本能不是唯一一个这类想象本能的例证。比如，他除了把太阳叫作兄弟以外，还加了一些宫廷意味的庄严，大致有点像"我的兄弟先生"（法语"Monsieur notre frère"）。这种称谓一般只在一个国王称呼另一个国王的时候使用，它为太阳的意象平添了一些贴切和微妙。但是太阳在异教时代一般被当成宇宙的中心来膜拜，跟它以前的地位相比，方济各对它的称呼带了一点淡淡的讽刺意味。据说，一位主教有一次抱怨一个不守教会规矩的人，他没有像别人一样称呼"圣保罗"，而是直接称呼"保罗"。主教说："他至少应该称呼他保罗先生。"于是，方济各没有出于称赞或者畏惧而称呼太阳"主神阿波罗"，但是在他那个幼稚的天空里，他以"太阳先生"的称呼来向太阳致意。方济各的语言里有一种充满灵感的幼稚，可能只有儿童故事里能找到那种幼稚。激发儿童故事作者写出狐狸兄弟（Br'er Fox）和兔子兄弟（Br'er Rabbit）并尊敬地把人称为"人先生"（Mr. Man）的，与激发方济各诗歌的是同一种模糊却健康的敬畏感。

方济各的这首《太阳之歌》充满了青年的欢乐和童年的回忆，像一个叠句一样回顾了他的整个人生，诗里的只言片语常常出现在他日常的谈吐中。也许本诗特殊语言的最后一次出现，是在一个总是能给我留下深刻印象的故事中,并且这能非常清晰地表现我们前面提到过的、它的作者的风格和姿态。它给人留下这种印象的原因,有人说是想象力,有人说是品位。争辩这些是无用的,因为诗歌的语言超越了语言本身,就连它使用语言的时候,也仿佛只有用一个仪式性的动作——比如祝福的动作,或者挥拳的动作——才能完成。于是,在一个极端的例子里,有一种超越了所有解释的东西,有一种像横扫一切的、遮盖一切的大手的东西,它甚至能使客西马尼园的黑暗变得更加黑暗——"现在你们仍然睡觉安歇吧。"(太 26:45)尽管如此,依然有人开始改述和扩展耶稣受难的故事。

方济各当时很快要离世了。我们可以说发生这件事的时候,他是个老人,但是事实上,他的年龄还没有那么大,无休止的奋斗和禁食的生活影响了他的健康,去世的时候他还不到五十岁。但是当他从无比严苛的禁食生活中走出来,并得到了更严苛的阿尔维诺的启示以后,他几乎崩溃了。很显然,所有这些事件的发生似乎都有定时,方济各的生活也不仅是因为身体的病痛和衰弱而变得阴暗。在这之前不久,他因为自己的主要使命受挫而失望。他一直把在伊斯兰教徒中宣教,让他们归信基督,并以这种方式结束十字军东征当作自己的主要使命。令他更为失望的是,他自己建立的修会里有人表现出妥协的愿望,并且表现出政治和实用的精神。他把自己最后的力量全部用在了抗议上。在这个时候,他被告知,他的眼睛瞎了。如果说方济各了解天和地的荣耀,鸟、兽和花的形状、颜色和象征意义的话,他当然知道眼睛瞎了意味着什么。但是当时的治疗方法可能比他的眼病更可怕。那是一个被公认为结果不确定的治疗方法,那就是在没有任何麻醉措施的情况下,烧灼患病的眼睛。换句话说,就是拿一块烧红的烙铁放在眼球上。方济各一直羡慕许多殉道者所受的折磨,他曾经渴望在叙利亚殉教,但是方济各所要接受的治疗可能与殉道者所受的折磨不相上下。当医生把烧红的烙铁从火炉里拿出来的时候,方济各礼貌地站起来,仿佛对一个隐藏的存在说:"火兄弟,上帝使你美丽、有力、有用。我祈求你对我温和一些。"

如果世界上真有"生活艺术"这种东西,方济各的这一举动可谓生活艺术的代表作。在那个时刻,很多诗人可能根本就想不起他们的诗句来,更不用说把诗句的内容活出来。如果威廉·布莱克正在念他的"老虎,老虎,燃烧的光",而一只真的孟加拉虎把头伸进他在费尔珀姆(Felpham)的小屋里,眼露凶光,要把诗人的头咬下来的话,布莱克很可能会惊惶无措。在他礼貌地向老虎致意之前,尤其是平静地把献给那个四足动物的诗在它面前念完之前,他可能早就开始浑身颤抖了。雪莱,当他希望变成风中的一朵云或者一片树叶的时候,如果发现自己头朝下脚朝上地飘在离海面一千英尺的地方的话,很可能至少会感觉很吃惊。就连济慈,虽然他自知生命的脆弱,但是如果他确切地知道他一直在享用的诗歌的灵泉里有一种毒药,可以让他在午夜的时候没有痛苦地死去,也难免感到不安。方济各那里没有止痛的药,他要承受很多的痛苦,但是他首先想到的是他年轻时吟唱的歌谣。他还记得那个时候,火像一朵花一样美丽,简直是上帝的花园里最美丽、最鲜艳的花。当那个闪耀的东西作为折磨他的工具再次出现在他的面前时,他像与老朋友打招呼一样向它致意,用它的绰号——极有可能也是它的教名——来称呼它。

这个例子只不过是方济各别样人生中无数例子中的一个。我之所以选择这个例子,部分原因是它显明了方济各的姿态里自然流露出他所说的话语的影子,也就是南方特有的戏剧化的姿态,部分原因是方济各的彬彬有礼可以帮助我们理解下面将要提到的一个事实。方济各受人欢迎的本性,还有他一以贯之的对兄弟情谊的热爱,如果被当成了所谓的伙伴情谊——好哥们儿似的兄弟情谊,就完全被误解了。很多时候,民主这个理想的敌人和朋友都觉得,伙伴情谊这个概念对于实现民主的理想是必要的。他们想当然地认为,民主意味着所有的人可以平等地不文明。然而,民主显然应该意味着,所有的人应该平等地文明。如果人们不明白不文明就是缺乏公民精神,这样的人也就自然忘了"文明"这个词本身的含义和来源。但是那样的平等绝不是阿西西的方济各所鼓励的平等。他主张的平等恰恰与此相反，是一种事实上建立在礼节基础上的伙伴情谊。

即使在他幻想的仙境里，他也对花草、动物甚至没有生命的受造物保持着他惯有的尊敬。我的一个朋友曾经说过，他认识的一个人简直可以给猫道歉。圣方济各就是可以给猫道歉的人。有一次，他将要在一个树林里讲道，一群小鸟叽叽喳喳不已，方济各优雅地说："小姐妹们，如果你们已经发言了，那么该轮到我说话了。"所有的小鸟马上沉默了。我是毫不费力就能相信这个故事的。但是为了让我普通的现代读者更容易地理解方济各，我把方济各肯定拥有的超自然的力量专门放在一个章节。

但是，即使除去任何神迹般的力量，像方济各如此有魅力的人，对动物又有强烈的兴趣，常常能在与动物相处时展现出非凡的力量。方济各的力量总是与礼貌一起展示的。很多时候，他的礼貌是一种带有象征性的笑话，用来展现他的神圣使命中的一个关键的特征——也就是他不仅热爱上帝本身，而且在上帝的创造物中尊重上帝。从这个意义上说，他不仅有向猫或者鸟道歉的气质，甚至可以因为坐在椅子上向椅子道歉，或者因为坐在桌子的旁边向桌子道歉。那些在后面跟着只是为了嘲笑他的人会觉得他是个可爱的疯子，他们很容易会有这个印象，因为他会对着柱子鞠躬，也会脱帽向一棵树致意。这一切都是他出自丰富想象力的本能的一部分。用他神圣但是看起来愚蠢的"字母表"，他给世界上了一课。如果说在方济各做过的这些次要的、微不足道的事情里也包含着礼仪的成分，那么他做的严肃的工作有更重要的意义。他的工作包含着对人性或者人类的呼召。

我在前面说过，方济各没有因为树林而忽略树木。更加真实的是，他更没有因为人群而忽略个人。把方济各这样真正的民主主义者和任何单纯的民主运动区分开来的是，他从来不曾被追求人数的假象所蒙蔽。不知道他对魔鬼有没有兴趣，但是他从来没有看到过长了很多个头的魔鬼。他在每个人里面都能看见上帝的形象，但是上帝的形象却从来不是单调重复的。他把荣耀给了所有的人。也就是说，他不仅热爱他们，而且尊重他们中的每一个人。给了他这种无与伦比的力量的是这样一个事实：从教宗到乞丐，从坐在自家亭子里的叙利亚的苏丹到从树丛里爬出来的衣衫褴褛的强盗，每个人在与那双灼热的棕色眼睛对视的时候都感到这位方济各·贝尔纳东真正地对他感兴趣，对他从摇篮到坟墓的个人生活感兴趣；每个人都会感到，方济各感觉他是个有价值的、值得认真对待的人，而不仅仅是个可以加在支持某个社会政策或者教会文件上的名字。方济各特有的伦理和宗教上的理念除了礼节以外，没有别的表达方法。劝慰无法表达这个理念，因为它不仅仅是抽象意义上的热情；仁慈也不能表达它，因为它不仅仅是同情。它只能通过一种庄严的方式来表达，那就是礼节。我们可以说，如果我们喜欢圣方济各的话，我们会看到在无比简单的生活中，他保留了一件奢侈品——那就是礼节，宫廷式的礼节。宫廷里有一位国王和一百个大臣，而在方济各的故事里，只有一个大臣，游走于一百个国王之间，因为他把人群当作一群国王来对待。并且这一态度真正是唯一一种能够吸引他想吸引之人的态度。仅凭施与黄金甚至是面包是做不到这一点的，就像一个谚语所说的，作乐之人的慷慨仅是出于鄙夷。仅凭给予时间和注意也是做不到的，有多少慈善家和慈善部门的官员内心带着冰冷和可怕的鄙夷来做这些表面光鲜的事。没有任何计划或者提议或者有效的安排，能够让一个心灵破碎的人重新感到自己被尊重，或者和他交谈的人与他是平等的，但是有一种姿态能够做到。

阿西西的方济各就是带着那种姿态游走于人群的。很快地，人们就发现这种姿态里有一种魔力，以这种姿态行事，在双重的意义上，就像个咒语一样。但是，我们必须把这种姿态当成自然的姿态来理解，因为它几乎是一种道歉的姿态。方济各必须被想象成一个带着近乎鲁莽的礼节飞快地穿行在世间的人，几乎像是一个人单膝跪在地上——一半出于匆忙，另一半出于顺从。棕色的风帽下那张表情迫切的脸属于一个总是要去某个地方的人，仿佛他不仅有兴趣看鸟，而且还要跟着它们到处走。并且这个意义上的行动是他掀起的整个革命的含义。他所做的工作现在看来就像地震或者火山爆发一样，因为这场革命把基督教在修道院里积聚了十个世纪的能量迸发了出来，把基督教的财富鲁莽地散到地极。方济各和本笃原本不是对立的，从一个更好的意义上说，本笃积累了方济各所散发的。但是在精神世界，粮仓里储存的粮食一经播撒出去，就变成了种子。曾经被修道院围墙包围的上帝的仆人，变成了一支行进的军队，世界上充满了他们惊雷一样的脚步声。方济各运动此时远远地超出了它最初的那颗种子——那个在冬日的早晨，一边唱歌，一边独自行走在树林中的人。

第七章
三个修会

的确有这样一种说法：两人成为伴，三人不结侣。也有另一种说法：三人成为伴，四人不结侣。三个火枪手和吉卜林（Kipling）笔下的三个士兵是后一种说法的例证。但是我们如果从比较模糊的意义上来讨论伙伴关系的话，还有一种说法是"四人成为伴，三人不结侣"。原因是当第四个人加入三人组以后，那个团体就不再是仅仅由三个个人组成的团体了。圣方济各邀请一个叫埃吉迪奥（Egidio）的穷工人加入他们以后，第四个人的影子就落在了原先的那个宝尊堂（Portiuncula）三人小组之上。埃吉迪奥毫不费力地就和已经成了方济各伙伴的一个商人和一个教士融为一体。但是随着他的加入，方济各的小团体跨越了一条看不见的界限。因为这个时候他们开始感觉到，这个小团体可以无限地增长，至少它的界限没有那么明确。大概是在这个转型的时候，方济各又做了一个梦，梦见他的周围充满了人的声音。但是，他听到的是所有国家的语言混杂在一起的声音，因为他身边有法国人、意大利人、英格兰人、西班牙人和德国人，分别用他们自己的语言诉说着上帝的荣耀。这是一个新的五旬节和一个更加快乐幸福的巴别塔。

在我们讨论方济各采取的规范这个增长中团体的最初措施之前，我们先来说一下他对这个团体的理解。方济各没有把他的追随者称为修士。至少在这个时候，他究竟是否认为他们是修士还是不明确的。他对他们的称呼在英语里一般被翻译为"托钵修士"（Friars Minor），但是直译为"小兄弟会"（The Little Brothers）可能会更直接地捕捉到方济各的想法。他大概已经决定了他们应该要发三个愿——贫穷、贞洁和顺服，这三个愿其实一直是修士的标志。但是，相比对修士这一概念的害怕，他仿佛更害怕"修道院院长"的概念。他唯恐在精神上的权威使得拥有权威的人至少会有一些非个人性的和团体性的骄傲，而这种权威带来的骄傲可能会把他追求的极其简单，甚至有些荒唐的谦卑生活毁于一旦。但是他的修会和传统修会的主要不同在于，他的修士是游走四方的，似乎有些流浪汉的感觉，而以前的修士则是定居的。方济各的修士要走进世界，传统的修士可能自然会问：他们怎么能够走进世界却不被世界沾染？这是宗教意识松懈的人不容易意识到的真实问题，但是圣方济各有了对这个问题的答案——他自己特有的答案。解决这个问题的关键就在他那高度个人化的答案中。

阿西西的善良主教对住在宝尊堂的小兄弟会弟兄的生活表示了担忧，他们没有舒适，没有财产，能找到什么就吃什么，一般直接睡在地上。圣方济各用他独特的、近乎狡猾的精明回答了主教的疑问。方济各的精明是脱俗的，但是脱俗的东西挥舞起来有时候会像石棒一样。他说："如果我们有财产的话，我们会需要武器和法律来保护我们的财产。"这句话道破了他所实行的整个方针的玄机。他的方针是建立在真正的逻辑基础上的；关于这一点，他从来没有做过不合逻辑的事。关于其他所有的观点和做法，他都有可能承认自己是错的，唯独这条原则，他相当确定自己是对的。人们只见他发过一次怒，那就是在他看见自己修会的修士想对这个原则做个例外的时候。

方济各的论证是这样的：一个全心投入的人可以走到任何地方的任何人中间去，甚至到最坏的人中间，只要他们没有什么可以把持他的地方。如果托钵修士有像普通人一样的牵挂或者需要，那么他就会变得像普通人一样。方济各是世界上最不觉得普通人的普通有什么不好的人。普通人对方济各也有空前绝后的感情和仰慕之心。但是对于他把世界带到一个前所未有的精神热情上这个特定目标来说，他以与感性和狂热相反的理性清醒地看到，托钵修士不能与普通人一样；盐如果要进入人的饮食中去，不能失去咸味。托钵修士和普通人的区别在于，托钵修士比普通人自由。他必须有不受修道院限制的自由，也必须有不受世界限制的自由。从常识的角度上说，一个普通人没有完全不受世界限制的自由，或者说他也不应该有这种自由。封建世界有一个像迷宫一样错综复杂的依附体系。但是封建世界不是中世纪世界的全部，就像中世纪的世界不是世界的全部一样，整个世界都充满了这个事实。家庭生活就像封建生活一样，从本质上说也是一个依附体系。现代的贸易联盟和中世纪的行会一样，各个单位为了相互独立而相互依附。在中世纪的社会，就像现代社会一样，即使在为了自由而相互约束的地方，也有可观的运气成分。依附关系部分来自于具体情况的要求，有时候几乎是因具体情况而出现的不可避免的结果。所以12世纪是个起誓、发愿的时代。其实，封建时代对于起誓的姿态有相对的自由，没有人要一个奴隶起誓，正如没有人要铁锹起誓一样。但是，在实际的操作中，一个人骑马去参加战争的时候，选择穿上绘有古堡柱子的战袍还是印有大狗的军装，很大程度上取决于他是在哪个城镇或者乡村出生的。但是，如果不是出于自由选择的话，没人有任何服从穿着棕色旧外套的小方济各的义务。即使某个人出于自愿，把方济各当成自己的领袖，这个人与方济各的关系，与世界上其他的领导与被领导的关系相比，仍然是比较自由的。他服从方济各，却不依赖他。如前面已经说过的，中世纪人们的世界是一个由封建式的、家庭式的和其他形式的依附关系组成的错综复杂的网络。圣方济各的整个思路是，小兄弟会的兄弟就像能够自由在渔网中穿行的小鱼一样。他们之所以能够在世间自由穿行，是因为他们像又小又滑的鱼。世界抓不住他们，因为世界大多数情况下只能抓住我们衣服的边角，以及我们生活中类似的外在和无用的东西。后来，一个方济各会的修士曾经这样说："一个修士除了他的竖琴以外，什么财产也不应该拥有。"我觉得这句话的意思是，修士应该热爱自己的歌唱，作为一个吟游诗人，歌唱是他的使命。通过歌唱，他把宁静、造物主对他的创造物的喜悦和人类的兄弟情谊的美丽带给每一个城堡和村舍。在想象这样一个四处游走的修士的时候，我们也许已经能够对方济各会修士的务实略见一斑，虽然他们务实的方式让很多自以为务实的人迷惑不解。只有身材瘦小的人才能在铁栏杆的缝隙中穿行，才能从笼子里钻出来。只有行装轻便的人才能走得又快又远。或许可以这样说，凭借着这种纯真的狡猾，世界即将被方济各包抄并击败，世界甚至在他的面前尴尬不知所措。你无法威胁一个正致力于禁食的人说要饿死他。你也无法令他破产，逼他去行乞，因为他本来就已经是乞丐了。当一个人满足于一次次的小跳跃，并因此欢呼的时候，即便用棍子打他，人们也几乎不能获得什么满足感，因为他的没有尊严是他唯一的尊严。如果你要把他的头放在枷锁里，很可能枷锁也会变成神圣的光环。

但是，传统的修士和新兴的托钵修士的主要区别在于务实性方面，特别是行动的快速性。传统的修士，穿着他们固定的修士袍，住在固定的居所，难免受到像普通的家庭一样的限制。他们的居所不论多么简陋，至少会有一定数目的小隔间，起码会有一定数目的床。或者说，至少会为一定数目的修士准备一定数目的立方体空间。因此，传统修道院修士的数目取决于修道院的占地面积和筹集到的建筑材料的多少。但是，如果想成为方济各会的托钵修士，一个人所需要做的仅是承诺预备好在街头巷尾吃野果，或者从某个厨房乞讨一口面包渣，预备好睡在别人家的篱笆下面，或者耐心地坐在别人家门口。从这个角度上说，在短时期内发展任何数目的这类奇怪的托钵修士都不会受到经济资源的限制。我们同样不能忘记，托钵修士运动快速发展的整个过程中，充满了民主精神和乐观精神，而这两种精神也根植于方济各的个性中。从某种意义上说，方济各的禁欲主义就是乐观主义的顶点。他对人性有很高的要求，不是因为他鄙视人性，而是因为他相信人性。他对于那些跟随他的特别的人有很高的期待；但是他也对接待他派出的使者的普通人有很高的期待。他凭着信心向普通人要食物，就像满有信心地要求托钵修士禁食一样。但是他之所以相信人的热情好客，是因为他真正地把所有的人家都当成自己朋友的家。他真的热爱和尊敬普通人和普通的东西，我们或许可以说，他把特别的人派出去，为要让人都做普通人。

我们可以在讨论有趣的第三修会的时候，最确切地描绘或者解释以上提到的这个似非而是的真理。成立第三修会的目的在于，帮助普通人带着不同寻常的欢欣和喜悦来做普通人。我们当前要关注的是方济各以斗争的精神把修会建立在民众中间的时候，他的思路是大胆和简捷的。他凭借的不是武力，而是说服的力量，甚至是看似无力的说服。方济各这种作为是信心的表现，因此是对他的一种赞扬。建立第三修会是个巨大的成功。它是始终伴随着圣方济各的某种东西的典范，它是一种技巧，它像一声响雷一样简单和直接，以至于它看起来就像是运气。方济各的私人关系中也充满了这类没有技巧之技巧的例子。他带给人的惊喜总是直接触动人的内心的。据说，曾经有一位年轻的托钵修士，像很多年轻人和崇拜英雄的人一样，在病态和谦卑之间徘徊。在这个过程中，他的头脑里冒出这样的想法——他的英雄讨厌他或者鄙视他。我们可以想象社会活动家会用何等的技巧在不同的场景和激动人心的场面中穿行，心理学家会何等小心地观察和处理这种微妙的情形。方济各突然走到这个像坟墓一样自闭和沉默的年轻人面前，对他说："你的心里不要烦恼，因为你对我来说很宝贵，事实上，你是最宝贵的人之一。你要知道，你配做我的朋友，也配做社会的朋友。所以，满怀信心地走到我面前来吧，不论你什么时候来都可以，因为借着友谊的力量，你可以学会信任。"他对这位年轻人说话的方式代表了他对全人类说话的方式。他总是直接说到点子上，他说话的方式总是比与他对话的那个人更直接、更正确。他总是在自己毫不设防的同时直击别人的内心。他的这种态度里的某种成分，以一种前所未有的方式解除了世界的戒备。他优于其他人，他是其他人的恩人，但是其他人却不恨他。世界通过一扇更新、更近的门走进了教会；通过友谊，世界学会了信仰。

一个小屋子还能装下波提温克拉那群人的时候，圣方济各决定采取他的第一项重要甚至耸人听闻的行动。据说，当方济各打算进军罗马、成立方济各修会的时候，全世界只有十二个方济各会士。在别人看来，直接跑到遥远的司令部去提建修会的要求，似乎没有什么必要，阿西西的主教和当地的教会应该就能把这件事办妥。更有可能的是，人们大概觉得没必要拿这么一件小事去麻烦基督教王国的最高审判官：一打随意凑在一起的人，去教廷只是为了问问他们应该用什么称号称呼自己。但是方济各很固执，仿佛看不见这一点，他这种卓越的"看不见"是他最显著的特征之一。他是个满足于小事物的人，甚至钟爱小事物，他从来不像我们一样能够感觉到大事物和小事物之间的失衡。他从来不用我们的尺度去丈量大事物和小事物，他的尺度对我们来说，是一种让我们眩晕的失衡。这就如同色泽鲜艳的中世纪地图，并不是按照实际的尺度，而是比例失衡的。虽然方济各因其独特的看待事物的视角而与众不同，但他并没有脱离现实世界的想法，他已经逃离了一种诱惑，就是想离开三维的现实世界，去四维世界中找一条捷径。据说，他曾经专程去访问卫兵簇拥下的神圣罗马帝国皇帝，为的只是救一群鸟儿。实际上，他完全可能去跟五十个皇帝对峙，只为了救一只鸟。他曾跟两个同伴一起去伊斯兰世界，试图使其改变信仰，也曾和一个同伴一起去请求教宗允许他们建立一个全新的修道世界。

根据波纳文图拉（Bonaventura）的记载，伟大的教宗诺森三世（Innocent Ⅲ）当时正漫步在圣约翰·拉特兰（St. John Lateran）大教堂的柱廊上，无疑在斟酌困扰他的教权统治的问题。这时，突然有一个农夫装束的人出现在他面前，刚开始他以为是个牧羊人。诺森三世快速地把牧羊人打发走了，可能他觉得这个牧羊人是个疯子。不论如何，波纳文图拉说，教宗对这件事没有多想。然后他突然做了一个奇怪的梦。他梦见安然躺在他脚下的古老的拉特兰教堂突然严重地倾斜了，它所有的圆顶和角楼仿佛地震一样翻转了过来。他又定睛一看，看见一个人像一根刻着雕像的柱子一样举着整个教堂，这个人正是他白天看见的、从柱廊上打发走的那个衣衫褴褛的农夫或者牧羊人。不论这是个事实，还是仅是个异象，重要的是，之后方济各赢得了罗马的注意和好感。他的第一个朋友可能是红衣主教圣保罗的乔瓦尼（Cardinal Giovanni di San Paolo），在专门讨论方济各一事的红衣主教会议上，他极力支持方济各。有意思的是，对成立方济各会的质疑主要集中在这种新的修会形式对于软弱的人性来说会不会太难。天主教会一直反对过分的禁欲主义和它带来的恶果。可能他们的意思是，正是因为这种修会形式实现起来太困难，所以它会变得很危险。让它看起来危险的因素，正是它与传统的修道形式不同的革新因素。从某种意义上说，托钵修士几乎和传统的修士恰恰相反。传统修道生活的一种价值观是，他们不仅遁出伦理的生活，也遁出经济的生活。正是因为他们的隐遁，他们得以做使世界永远感激不尽的工作，如保留经典著作、开启哥特时代、架构科学和哲学框架、为手稿做插图、绘制彩色玻璃，等等。对于一个传统的修士来说，他的经济生活已经确定了，他知道自己会在哪里吃晚餐，虽然是非常朴素的晚餐。但是托钵修士却不知道他会在哪里吃晚餐。吃不到晚餐的可能性也是有的。托钵修士总是带有一点浪漫的成分，就像流浪汉或者探险家一样。但是同时，他们又带着潜在的悲剧成分，就像游民或者打工的人一样。所以 13 世纪的红衣主教对方济各会的人充满了同情，因为他们就像 12 世纪的穷人一样，经常饥寒交迫，治安官也四处驱赶他们。

红衣主教圣保罗的乔瓦尼曾经说过这样的话：托钵修士的生活是艰苦的，但这毕竟是福音书里所说的理想的生活。人们可能会觉得这种生活不够明智或者不够人性化，但是总不可能说那些可以承受这种生活的人不应该过这种生活。当我们看到方济各的人生中最高尚的，可以称为效仿基督的一面的时候，我们就能领会这位红衣主教这种说法的重要性。当时的讨论结果是，教宗先口头许可了托钵修士运动，后来又许诺，如果方济各的运动发展到更大规模，他会给予更明确的支持。诺森三世的头脑也与常人不同，很可能他从一开始就意识到方济各的运动一定会发展壮大，不论如何，教宗还来不及怀疑这一点，运动的规模就已经迅速扩大了。这场运动接下来的一个历史篇章是，越来越多的人要求加入。正如我们已经提到过的，托钵修士运动一旦开始发展，必然比以前那种对资金和场地要求比较高的修道院的发展迅速得多。甚至那十二个先锋从教宗那里回到原来驻地的旅程也成了一种胜利的宣告。据说，当他们到了某个城镇的时候，全镇的男男女女、老老少少都要求放弃他们的工作和财产，乞求方济各允许他们加入上帝的军队中。据说，方济各就是在这个城镇第一次有了成立第三修会的想法，为的是人们能够在不离开家园和普通人习惯的情况下成为托钵修士运动的一分子。我当前讲这个故事的目的是，给出方济各运动在意大利引起的震撼的一个缩影。他把意大利变成了一个流浪托钵修士的世界，他们游走于所有的大路和小路，目的是让所有遇见他们的人都能有一次精神上的冒险。方济各第一修会就这样进入了人类的历史。

　　故事的轮廓只有在我们讲了第二修会和第三修会以后才算圆满，虽然第二修会和第三修会是在后来分别成立的。第二修会是女性的修会，这个修会的由来，当然要追溯到方济各和圣克莱尔美好的友谊。即便是最仁慈的批评家也总是觉得这个故事很令人费解和误人子弟。因为在他们的批评中，有个信条是判断一切的标准，那就是：男女之间除了世俗之爱以外不可能有更高层次的爱。如果人们相信方济各和克莱尔之间属天的友谊是真的就像相信世俗之爱一样，所有的疑惑就迎刃而解了。一个 17 岁的叫克莱尔的女孩，出身于阿西西的一个贵族世家。她充满了对修道生活的热爱，而方济各帮助她从家里逃了出来，过上了隐修的生活。我们或许也可以这样说，他帮助她"私奔"到了修道院，违抗了她的父母，就像他违抗了自己的父母一样。事实上，这个故事有很多浪漫的私奔故事的成分——她是从墙上的一个洞钻出来逃跑的，她穿过了一片树林，一群打着火把的人在那里接应她。即使是奥利芬特夫人（Mrs.

Oliphant），在其细致的方济各研究里也说："我们对这件事没有令人满意的解释。"

对于这件事，我在这里只能这样说：如果克莱尔的"私奔"是个浪漫的私奔，并且变成了新娘而不是修女的话，整个现代世界都会把她当成英雄。如果方济各对待她就像后来那个托钵修士[①]对待朱丽叶一样，所有人都会像同情朱丽叶一样同情克莱尔。克莱尔当时只有17岁，但是这说明不了什么，朱丽叶只有14岁。中世纪的男孩在这个年龄上战场作战，女孩在这个年龄结婚。在13世纪，一个17岁的女孩到了知道自己心意的年龄。如果考虑后来发生的事，头脑清醒的人都不会怀疑，克莱尔当时确实知道自己要干什么。但现在我想说的是，现代的浪漫主义是鼓励为了浪漫的爱情违抗父母之命的。因为它知道，浪漫的爱情是个事实，而它不知道，神圣的爱也可以是事实。我们或许可以为克莱尔的父母辩护，也可以为彼得罗·贝尔纳东辩护，也可以为蒙塔古们[②]或者卡普雷提们[③]辩护，但是现代世界不愿意为他们辩护，也不为他们辩护。事实上，如果我们把方济各和克莱尔看为绝对真理的事情当作假定的话，就会意识到一种直接的、神圣的关系比任何浪漫的关系更荣耀。克莱尔私奔的故事是一个有完美结局的浪漫故事，方济各是圣乔治或者某个造成完美结局的骑士。看到过去千百万的男男女女把方济各和克莱尔的关系当成事实，可见那些甚至不能把它当成假设的人显然没有哲学头脑。

关于剩下的事，我们至少可以假定没有一位支持妇女解放运动的朋友会不喜欢克莱尔的行为。用现代的话来说，她在最真实的意义上过上了她自己的生活——她自己真正想要的生活，而不是父母之命或是社会习俗强加于她的生活。她成了一个至今仍然深刻地影响世界女权运动的

---

① 指莎士比亚戏剧《罗密欧与朱丽叶》中的劳伦斯神父。
② 蒙塔古，莎士比亚《罗密欧与朱丽叶》剧中罗密欧的父亲。
③ 卡普雷提，莎士比亚《罗密欧与朱丽叶》剧中朱丽叶的父亲。

奠基人，她因此能够在人类历史上跻身女强人之列。如果她真的为了男女之爱而私奔，或者干脆留在家里按照习俗结婚，她能不能这么伟大或者做出这么多的贡献就不好说了。任何一个明智的人从局外人的立场上大概都能说出以上这些话，我也没有从"局内"的角度看待这个故事的企图。如果一个人已经在怀疑自己是否配得上为方济各写下只言片语，那么关于方济各和克莱尔之间的友谊，这个人更是感觉无从置喙。我经常说，表达这个故事的奥秘的最好方式是，某些无声无息的态度和行动。我所知道最好的表达方式是一个民间传说。根据这个传说，在一个寂静的深夜，阿西西人仿佛听到山上的树木和房屋着火了，于是赶忙冲上山去救火。到了山上时，他们发现一切都是静悄悄的，唯有方济各和克莱尔一边在圣餐礼上分享着基督的身体，一边谈论着上帝的爱。这是他们一生中仅有的几次会面之一。除了这个传说以外，我很难再想出能够表达这种圣洁的、毫无肉体私欲之爱的符号。村民看见火红的光环围绕在方济各和克莱尔的头上，光环虽然没有燃料，但是足以让空气炽烈地燃烧起来。

如果说第二修会是对这样一种非世俗之爱的纪念，那么第三修会则是对世俗之爱和世俗生活的同情和纪念。天主教会生活的这个特征——平信徒和神职人员连接在一起的修会——在新教国家很难得到理解，在新教的历史上也几乎没有被允许过。本书这几页粗略描绘的景象绝不局限于修士甚或托钵修士。它曾经启发了成千上万结了婚的男人和女人；受到这种景象启发的人所过的生活和我们的生活可以说没什么两样，也可以说截然不同。圣方济各在天空和地上撒下的清晨的荣耀，就像一缕秘密的阳光一样，照耀在屋檐下，也照耀在房间里。在我们现在的社会里，再也找不到这样跟随方济各的方式了。现在，既没有默默无闻的追随者，也没有名噪一时的追随者。但是，如果我们想象一下这个场景——方济各第三修会的会士列队从我们面前经过——其中大家都熟悉的名人可能会比陌生人更让我们惊讶。对我们来说，这次列队就是秘密追随者在阳光下的揭秘。这其中有伟大的国王圣路易,他骑着马从我们面前经过,他是正义之君,穷人在他那里从来不会受到不公正的对待。队列中还有戴着桂冠的但丁,他倾其一生的热情,用诗歌来赞颂神圣的贫穷。贫穷就像一位贵妇,她灰色的外套上镶着紫色的边,外套的下面尽是荣耀。我们还会看到生活在近几个所谓理性世纪的伟人,比如伟大的伽伐尼①,电之父,他是创造现代灯光音响系统的魔术师。单从这么多形形色色的人跟随方济各来看,足以证明方济各从来不缺乏对普通人的同情——假如他自己的一生不能证明这一点的话。

但是事实上,他的一生的确可以证明他对普通人的同情,只是证明的方式比较微妙。我觉得现代某个方济各传记作者所说的有一定道理——方济各哪怕是最自然的热情,也是极其正常甚至是崇高的。世界上有很多东西,虽然本身不是罪恶的,但是对方济各来说,还是不够崇高。"后悔"(regret)这个词放在世界上任何一个人身上可能都比放在阿西西的方济各身上合适。虽然他的一生充满了浪漫的色彩,但是他的心性却从来不是多愁善感的。他行动太快,性子太急,所以从来没有时间怀疑、再三斟酌他的路程;如果他的情绪里有自责成分,也是在自责跑得不够快的时候。但是别人的怀疑是有道理的。当他说他跟魔鬼摔跤的时候,他所说的魔鬼对于一个正常人来说是再正常不过的健康本能。方济各毫不迟疑地允许别人有这样的本能。方济各所谓的"魔鬼"与在沙漠里困扰圣安东尼的那些面目狰狞的魔鬼没有任何可比性。如果方济各因为自己做的事而喜悦,他所喜悦的是更简单的快乐。他有的是爱而不是欲望,而激发其爱的只不过是别人婚礼上响起的钟声。曾经有这样一个奇怪的故事:方济各曾在雪地上画人像,然后大声对魔鬼说,由这些人像来做他的妻子和家人就够了。据说,

---

① Galvani(1737—1798),意大利医生、物理学家,研究比较解剖学和电能,做青蛙解剖时发现生物电现象,为电生理学研究开辟了道路。

方济各不认为他没有犯错的危险，因为他说："我或许会有孩子。"由此看来，他梦想的是孩子而不是女人。如果这个故事是真的，那么我们就用这个故事当作描绘方济各个性的最后一笔。关于方济各像清晨一般的个性的故事有太多太多，他给人的感觉总是那么的年轻和纯净，即使是在他那里看来不好的东西，也是好的。有这么一种说法，世人身体里的光是暗的，但是对于方济各这样一个属于光明的人来说，就连他灵魂里的影子也是光明的。罪恶只能以被禁止的善的形式出现在他的生活里，唯一能够诱惑他的只有圣礼。

第八章
基督的镜子

真正获得信仰自由的人不会坠入夸大的泥潭,不会像后来变质的方济各会,抑或说属灵派小兄弟会(Fraticelli),把方济各当成第二个基督,或者一个新福音的创立者。事实上,这类看法完全误解了方济各一生中所有的动机,因为没有人会虔敬地推崇自己的对手,或者一生忠诚地跟随自己要取代的人。相反,正如大家后来将要看到的,我在这本小书里会坚持认为,是教宗的明智最终拯救了伟大的方济各运动,使它依然能够是一场世界性的、普世教会的运动,而不至于沦落为一种二流的新宗教。我在这里写下的所有东西都与属灵派小兄弟会的偶像崇拜不同,恰恰截然相反。基督和圣方济各之间的差别是创造者和受造者的差别。可以肯定的是,没有受造物能像方济各本人那样清醒地认识到这个巨大的差别。但是在弄清楚这一层的前提下,重要的是,方济各的确把基督当作塑造自己的模板。在很多地方,方济各和作为人的基督的生活有相当奇妙的巧合。首先,跟我们中间的许多人相比,至少圣方济各跟他的主人是最相似的,他自己也成了一面光彩夺目且充满爱的基督的镜子。这个事实又引出另外一个很少被人注意到的事实,但它可以强有力地证明基督的权威始终在天主教会中延续。

红衣主教纽曼(Cardinal Newman)曾经在他最生动的、有争议性的一部作品中写过一句能够充分显明他的清晰风格和遵守逻辑之勇气的话。说到真理有时候看起来跟它自己的影子或者模仿它的赝品很相似的时候,纽曼说:"如果敌基督看起来像基督的话,那么我觉得基督也像敌基督。"仅有单纯宗教情绪的人读到这句话的最后可能会感到震惊,但是没有人会反对这一点,除了这样一位逻辑学家——他说凯撒和庞培很像,但又说庞培尤其像凯撒。有了纽曼的这句话,我再说一个已经被我们中的大多数人遗忘了的事实的时候,可能引起的震动会小一些——那就是,如果圣方济各像基督,那么基督也在同等的程度上像圣方济各。我现在想说的是,意识到基督像圣方济各真的很有启发作用。我的意思是,如果人们在加利利的故事中发现了太多的谜团和难点,又在阿西西的故事中找到了解开谜团的答案的话,那么这就说明了同一个奥秘在同一个宗教传统中延续了下来,而没有变成另外一种宗教传统。这也说明了在巴勒斯坦被锁住的箱子可以在翁布里亚被打开,因为教会拿着天堂的钥匙。

  事实上,在基督的光芒里解释方济各是再正常不过的事,但是还没有很多人倒过来用圣方济各的光芒解释基督。也许"光芒"这个比喻不很恰当,但是我们前面已经接受了的"镜子"的比喻,包含的是同样的真理。方济各是基督的镜子,犹如月球是太阳的镜子。月球比太阳小很多,但是它离我们也比太阳近很多。它虽然没有太阳那么明亮,但是它更容易被我们看见。在同样的意义上,圣方济各离我们更近,正是因为他像我们一样,只是一个人,所以在那个意义上,我们能更容易地想象他的身影。方济各与基督比起来,必然少了很多神秘,于是,他对着我们说出的话里也没有那么多的奥秘。然而事实上,很多道理在基督的表述中显为奥秘,从方济各口中说出来却似乎只是典型的吊诡。借助离我们较近的事件解读年代久远的事件是很自然的。基督生活在基督教之前是不言自明的,于是从非基督教的历史上看,他是历史人物。我的意思是,他行动的中介不是基督教世界的中介,而是老异教帝国的中介。不必提及时间上他与我们之间的距离,仅从老异教帝国和基督教的差异上,我们就可以说,比起我们今天仍然能遇见的意大利修士的生活环境,基督生活的环境对我们来说更陌生。我认为,就连最权威的注释也很难确切地知道基督所有的话语在当时或传统上的分量,我们也无法确切地知道注释中哪些成分确有共同的所指，哪些只是怪异的空想。久远的年代使得基督的很多话语看起来像象形文字，对这些话语可以有很多独特的、富有个人色彩的解读。但是，如果我们把基督的话语翻译成第一代方济各会修士的翁布里亚方言的话，那么基督的话看起来与方济各会故事的其他成分并无二致——毫无疑问，在一定的意义上是不同寻常的，但是又感觉很熟悉。所有解读的争议都围绕着鼓励人思想田里的百合花，并效仿它们不为明天忧虑的圣经经文。① 怀疑主义者一边对我们说，要做真基督徒，要真正地这样做，一边又说，这样做是不可能的。如果一个人既是共产主义者，又是无神论者，那么他不得不迟疑，他到底应该批评我们宣扬不切实际的东西，还是应该批评我们不马上把我们所宣扬的付诸实践。我不想从伦理学和经济学的角度讨论这一点，我只是想说，即使是那些对基督的话迷惑不解的人也会毫不犹豫地接受那就是圣方济各的话。没有人会对他说过的这样的话感到奇怪："我的小兄弟们，我恳求你们像雏菊兄弟和蒲公英兄弟一样明智。它们从来不曾像做白日梦一般空想明天的事，但它们戴的是国王和皇帝的金冠，就像查理曼极盛的荣华时代一样。"围绕着"有人打你这边的脸，连那边的脸也由他打"和"有人夺你的外衣，连里衣也由他拿去"（路6：29）这个诫命有更多的苦楚和疑惑。很多人都认为这节经文说的是战争的邪恶，但是这节经文本身只字未提战争。如果对这段话作更符合字面义和更广义的理解，它的意思似乎是在暗指所有的法律和政府的邪恶。但是有很多道貌岸然的和平主义者看到士兵用武力袭击一个敌对的国家时，比他们看到警察残忍地对待一个可怜的平民时更震惊。在这里，我再次满足于指出，这里的话一旦变成方济各对方济各会会士所说的话，这些矛盾就会变得人性化，也不再显得不可能。如果朱尼珀弟兄（Brother Juniper）追赶偷了他帽子的贼，为的是央求他连自己的外衣也拿去，没

---

① 参见《马太福音》6：25—34。

有人会对他的做法感到奇怪，因为方济各教导他这样做。同样，如果方济各告诉一个马上要加入方济各会的贵族青年，如果强盗抢了他的鞋，他不但不应该把鞋要回来，反而应该追上去把袜子也送给他，也没有人会感到奇怪。我们有可能喜欢，也有可能不喜欢这类的事所隐含的意境，但是我们知道它们隐含着什么样的意境。这些事所传递的信息就像一只小鸟一样自然和明了，那就是方济各的信息。信息里包含着对财产这个概念的温和嘲讽，包含着用慷慨来解除敌人武装的一点希望，包含着用别人意想不到的做法使人困惑的一丝幽默感，也包含着热情地投身到另一种极端的逻辑中的喜悦。但是不论怎样，如果我们读过任何一点有关小兄弟会的文学或者起源于阿西西的运动，我们就能很容易地认出方济各的精神。于是我们可以做一个有理有据的推断：如果那种精神可以使如此奇怪的事在翁布里亚成为可能，那么同一种精神也使类似的事在巴勒斯坦成为可能。如果我们在时间上相隔甚远的两个事件中听见同一个显而易见的信息，并感受到同一位用言语无法描述的救主，那么借助离我们较近的一件事去理解离我们较遥远的事就是很自然的。经文一旦变成方济各对方济各会会士说的话，就变得容易解释了。同样，我们也可以合理地推想，基督也是对着一群专注于服从他的人讲话，那群人的作用与方济各会会士别无二致。换句话说，我们很自然地会有这样的认识——天主教会早就有这种认识——这些使人趋于完美的教导是使世界震惊和觉醒的特殊使命的一部分。但是无论如何，有一点应该指出，即当我们发现这些特征在一千多年后再次出现并且看起来与当下状况极其契合的时候，我们要知道这些特征源自那同一个宗教体系，而该体系声称一直在传承它从诞生那一刻开始拥有的权威。所有的哲学派别都会说基督教是老生常谈。但是那个古老的教会却以基督教特有的矛盾一次又一次地使世界震惊。哪里有彼得，哪里就有方济各。

但是，如果我们明白方济各之所以做出那些奇怪的、洋溢着仁爱的举动，是因为受了他的神圣之主的启发，我们必须同样明白，他的克己和禁欲也是出于同一位主的启发。很明显，那些带着一些玩世不恭色彩、有关人的爱的寓言是方济各仔细研读登山宝训的结果。但是，同样很明显的是，方济各更认真地研读了基督在另一座山上所做的沉默的训诫。那座山是骷髅地。在这里，当方济各说他的禁食和忍受屈辱是试图做基督曾经做过的事时，他再一次讲述了严格的历史事实。在这里，同一个真理再一次显现在传统链条的两端，传统保存了真理。但是，当前这个事实的意义影响了方济各人生的下一个阶段。

当方济各的伟大计划得以实现，并且度过了容易夭折的危险期这一事实开始明朗起来的时候，当一个叫托钵小兄弟会的修会开始存在的时候，圣方济各的一个更具个人主义色彩、更为强烈的野心开始突显出来。方济各很快就有了追随者，然而他不把自己和追随者放在一起作比较，因为他在某种意义上是他们的"主人"；方济各开始越来越经常地把自己和他的主放在一起比较，因为他是他主的仆人。我们可以大略地提一下，这一点是禁欲主义所特有的道德上，甚至是实践中的便利之一。其他等级中的上层都有一点高高在上的色彩，但是一个圣徒却没有高高在上的空间，因为他永远都生活在自己的"上级"面前。反对贵族的人可能会说贵族是不侍奉神灵的祭司阶层。不论如何，圣方济各在他当时所投身的侍奉中，越来越注重基督的奉献和他被钉十字架。他感觉自己所受的苦甚至不足以让他配做他那受苦之主的追随者。他的这段历史大概可以叫作"追求殉道"。

这就是他那次著名的在叙利亚的阿拉伯人中间"探险"的核心想法。他的想法中显然还包含着一些其他的、值得人们作进一步研究的成分。当然，他的想法是在双重的意义上为十字军东征做个终结——一方面，他希望结束十字军东征，另一方面，他希望实现十字军东征的使命。只是他想以归正而不是占领的方式，也就是说以精神而不是物质的方式去实现这一使命。要想取悦现代人是很难的。他们一方面觉得戈弗雷的方式太凶残，另一方面又觉得方济各的方式太狂热。也就是说，在现代人看来，道德方法太不切实际，而实际的方法太不道德。事实上，方济各的想法远非狂热，甚至也不一定不切实际。唯一的问题可能是方济各把问题看得太过简单，因为他缺乏他伟大的继任者雷蒙德·卢利①的学识。从另一方面说，卢利虽然对当时的形势有透彻的理解，但是他和方济各一样不为世人所理解。方济各在这件事上表现出来的行事风格是很有个性、很特别的，但是他做几乎所有事的方式都很有个性、很特别。他当时的想法很简单，正如他的大多数想法都很简单一样。然而他的想法并非愚蠢。关于这个想法还有很多可说的，而且这个想法是有可能成功的。方济各的想法是这样的：创造更多的基督徒总比消灭穆斯林好。如果回教徒可以归信基督教，那么世界将会更团结、更美好。不说别的，世界近代史上的战争有四分之三就可以避免。用有殉道决心的传教士而不是军队去征服阿拉伯的设想并不荒唐。教会以这种方式征服了欧洲，那么她也有可能用同样的方式征服亚洲和非洲。但是除了教会的需要，方济各的故事还有另外一层含义——他并没有把殉道当成一个实现某种目的的途径，而是把它当成目的本身。因为对他来说，终结此生的最好方式就是效仿基督。在他探索不休的日子里，他一遍又一遍地想：我受的劳苦还不够，我做的奉献还不够，我甚至不配跟随那顶荆棘做成的王冠的影子。方济各徜徉在世界的山谷中，为的是寻找那座有头盖骨形状的小山。

在他正式出发去东方之前，宝尊堂附近有一场整个修会的胜利集会。这场集会因为那支庞大队伍的独特风格而被称为"小茅屋集会"。根据传统的说法，圣方济各就是在那里第一次也是最后一次与圣多明我会面。另外，还有一种可靠的说法——据说这位讲求实际的西班牙人对这位虽然极其虔诚但是显得不负责任的意大利人的做法惊骇不已——他竟然在没有组织任何分会的情况下，就在修会里聚集了这么一大群人。

---

① Raymond Lully（1232—1316），西班牙人，著名的方济各会士、神学家、哲学家、作家。

多明我与差不多所有西班牙人一样，有着像军人一样的头脑。他组织的慈善活动采取的是供给和准备的形式。除了这种集会可能激发的对信仰的问题以外，多明我大概无法理解个人魅力怎能有这么大的能力。方济各虽然总是在黑暗中摸着石头过河，但他仿佛有一种总是能过到河对面的独特能力。当地的村民纷纷涌向方济各，为他修会的集会提供食物和饮品。农夫们用手推车推来葡萄酒和野味，地位很高的贵族忙碌着做搬运工的工作。就方济各对上帝及人性近乎莽撞的信心来说，这无疑是一场非常真实的胜利。当然，对于方济各和多明我之间的关系和故事，历史上向来有许多怀疑和争论。小茅屋集会的故事是从方济各会的一方传出来的。但是如果这次集会值得一提的话，原因是它发生在圣方济各发动不流血的十字军运动的前夜。圣多明我在当时已经因为支持血腥的十字军运动而饱受批评。在这本小书里，我们没有空间讨论它。对于圣方济各而言，就像对于圣多明我而言一样，用武力维护信仰的统一是可以接受的。如果要从基本原则上说明这一点，我们需要写一本大书，而不是一本小书。对于现代的头脑来说，容忍的哲学是一片空白，近代一般的怀疑主义者其实根本不知道他们所说的宗教自由和宗教平等究竟是什么意思。怀疑主义者总是把他们自己的伦理当成不言而喻的真理四处推行，比如亚当后裔这一异端（Adamite heresy）[①]的"得体"和错误。当这些怀疑主义者听说别人——穆斯林和基督徒——也把自己的伦理当成不言而喻的东西来推行的时候，他们会大为震惊，这一点的例证是无神论异端的"敬虔"或错误。于是怀疑主义者为了打开他们这种不平衡的、没有逻辑的僵局，开始把无意识和不熟悉事物的相遇叫作他们自己思想的自由。中世纪的人认为，如果一个社会体系建立在某个观念的基础上，它必须为那个观念奋斗，不论那个观念是像穆斯林一样简单还是像天主教一样平衡。其实，现代人跟中世纪人想的是一样的，当共产主义

[①] 这些人主张人类回到亚当在伊甸园中的原始状态。

者攻击现代人关于财产的观念时，这一点可以很清晰地看出来。但是，现代人思考的方式没有那么清晰，因为他们还没有仔细地考虑过他们关于财产的观念。但是，圣方济各有可能勉强同意了战争可以作为捍卫真理的最后途径，而圣多明我却热情洋溢地同意了圣方济各的看法——在可能的情况下，说服和启发比战争要好得多。事实上，多明我在说服上用的功夫比用在"迫害"上的要多得多，但是人与人是不一样的。圣方济各所做的一切事都有一丝幼稚甚至任性的色彩。他会贸然地投身于某些事，仿佛他刚刚才想起这些事一样。他急匆匆地开始了他在地中海的事业，就像一个孩子放学以后马上冲到海里玩耍一样。

他的第一次尝试使他成了偷渡客的守护圣徒（Patron Saint of Stowaways）。他从来不曾想过等候船长的指示，或者讨价还价，或者依靠他已经获得的许多富有并且负责任的人对他的支持。他只是看见了一艘船，就跳了进去，就像他投身其他所有事业的方式一模一样。他做事的方式就像赛跑一样，他的一生也因此像一次冒险，或者说像逃跑。他像一根木头一样躺在一堆货物中间，身边只有他匆忙带上的一个同伴。但是那次航行显然有些不幸或者出了差错，因为船被迫返航，回到了意大利。显然，在宝尊堂的集会发生在这次不成功的启航之后。在这次启航和他最后一次去叙利亚之间，他还曾经试图用向西班牙的摩尔人布道的方式来面对穆斯林的威胁。事实上，在这个时候，最早去西班牙的方济各会会士已经成功地光荣殉道。但是伟大的方济各仍然四处游走，张开双臂来欢迎类似的折磨，并且徒劳地渴望着受苦。他会毫不犹豫地说，那些已经找到了骷髅地的人比他更像基督，但是对骷髅地的渴望像一个奥秘一样跟随着他，成了人间最奇妙的一种痛苦。

与第一次相比，他的第二次旅程比较成功，至少他成功地去到了开展行动的地方。他先是到了位于被包围的城市达米埃塔（Damietta）前面的十字军司令部，然后又以他一贯的方式迅速地、悄悄地溜进阿拉伯人的总部。他成功获取了与苏丹面谈的机会，正是在这次会面中，他显然提议并如一些故事所言，跳进了火坑，并将其当作从上帝而来的一个考验。同时他挑战穆斯林宗教领袖也如此行。这个提议完全可能是个突如其来的想法。当然，跟跑到一群有武器的、有实施酷刑工具的、狂热的穆斯林中间，劝他们放弃穆罕默德比起来，跳进火坑也算不上太孤注一掷。据说，伊斯兰教的穆夫提们[①]对方济各的提议报以冷淡的态度。在讨论是否要比试的时候，其中的一个穆夫提甚至悄悄地离开了，这看来也是有可能的。但是不知道是什么原因，方济各自由地从穆斯林那里离开了，就像他自由地去到他们中间一样。有一种说法是方济各在与苏丹秘密会谈的时候，给苏丹留下了深刻的印象，故事的叙述者甚至认为苏丹秘密地归信了基督教。有些人认为，这位圣徒在半野蛮的东方人中受到了光环的庇护。在那种地方，那种光环一般只出现在傻子头上。大概前面的一种说法中有比较多的一般意义上的解释，也比较能显明那种类型的高贵的苏丹——有着恩慈却善变的礼貌，其同情心又夹杂着更野性的东西以及萨拉丁的特质。最后，圣方济各的故事里还有一丝有讽刺意味的悲喜剧成分：他是个杀不死的人。人们太爱戴他，以至于不能让他为了他的信仰而死。但所有的这一切都不过是对他难以判定的伟大努力的种种猜想，因为他想架起桥梁连接东方和西方的努力最终搁浅，并成了历史上伟大的本可能成就却没有成就的事。

同时，这一伟大运动正在意大利大踏步地前进。这场运动融合了教宗权威的支持和人民的热忱，打破了阶层的隔阂，创造了一种伟大的伙伴情谊。它在社会和宗教生活的各个方面掀起了一股重建的热潮。那座被称为西欧复兴之标志的建筑物正是在那股建筑热情的驱使下建起来的。值得注意的是，人们在博洛尼亚为小兄弟会的传教建起了一座雄伟的教堂，很多小兄弟会的会士和同情他们的人围绕着教堂，齐声欢呼。小兄弟会对兴建教堂本无异议，可是，这种场面被意外地打

---

① Muftis 指伊斯兰教的宗教领袖。

断了。人们看见人群中的一个人转身离开这座建筑物，并斥责它，仿佛它是一座巴比伦的神庙。这个人愤怒地谴责教堂，说宫殿一般的奢华必然会得罪神夫人。那人就是方济各，一个充满野性的人，刚刚从他自己的十字军东征回来。那是他第一次，也是最后一次愤怒地对着他的孩子说话。

在这里，我们必须提一下这次在观点和原则上的严重分歧，因为这次分歧，很多方济各会的会士，甚至方济各本人，不赞同后来最终占了主导地位的温和派原则。在这里，我们只需要提一下，继他在沙漠里感到失望之后，他的精神上又蒙了一层阴影。在某种意义上，这件事是他下一个阶段事业的前奏。这个阶段的方济各最为与世隔绝，也最为神秘。的确，这个阶段的一切，似乎都因为争议而显得朦胧，就连究竟发生在哪个时间段也没有确定的结论。有的传记作者认为，方济各的神秘主义时期发生在此事件之前。但是，不论从时间的角度上说，方济各的神秘主义时期是不是他事业的高峰，从逻辑上说，这一时期毋庸置疑是方济各一生的制高点。我最好在这里说明一下。我用"说明"这个词，是因为方济各的神秘主义本身就是一种说明，是一种在道德上至关重要，而在历史上意义微小的一个奥秘。事情的经过是这样的。方济各和一个年轻的同伴一起散步的时候，经过一个灯火通明的城堡，人们在热烈地庆祝城堡主人的儿子获得骑士的荣誉。方济各和他的同伴以他们美好、随意的方式，走进了这座以蒙特·非尔特罗（Monte Feltro）命名的城堡，带给城堡里的人他们特有的好消息。城堡中至少有一些人听了圣徒的话，感觉"他就像上帝的天使"。他们中间有一位绅士叫丘西的奥兰多（Orlando of Chiusi），他在托斯卡纳有大量的地产。他带着一种独特的，甚至可以说美丽如画的谦恭和礼貌走到方济各面前，并送给方济各一份独特的礼物——一座大山。根据方济各会的规则，会士是不能接受金钱的，但是大概这套规则还没有详细地说明如果有人送一座山应该怎么办。方济各以他接受其他一切事物的方式接受了这件独特的礼物，他从来不曾觉得任何东西是他的个人财产，而是把它们都当作应付需要的临时措施。但是他把这座山用于个人的隐修，而不是群体的修道院生活。每当他想过祷告和禁食的生活时，他就独自隐居在大山的深处，甚至不曾邀请他最亲近的朋友同去。这就是亚平宁山脉的阿尔维诺山，在山的顶峰总是有一片镶着荣耀金边或光环的乌云。

在那里究竟发生了什么，没有人能够知道。我相信，不论是在最虔诚地研读圣徒生活的学生之间，还是这些学生与其他一些比较世俗的学生之间，这都是一个充满争议的话题。出现争议的原因可能是圣方济各从来不曾对任何人说过山上究竟发生了什么，或者说，可以肯定的是，他说得极少——这一点很符合方济各的特点。我认为，他只跟一个人说了山上的经历，但是，面对这些真正神圣的怀疑，我承认对我个人来说，这个沉静的、非直接的报告听起来是对某种事实的报告，这种事实甚至比我们所说的日常的事实更真实。虽然这个意象的某些成分看似有双重意义且令人困惑，它仍然承载了震撼感官的某种经验的意象——就像《启示录》里那些长满了眼睛的创造物的意象一样。看来，圣方济各看到他头上的天空被一个巨大的六翼天使撒拉弗所覆盖，撒拉弗的翅膀是张开的，看起来就像一个十字架。究竟这个长着翅膀的庞然大物真的被钉在了十字架上，还是它只是张开它的翅膀，做出一个巨大的耶稣受难的形象？这也是一个奥秘。但是，显然第一种印象是有问题的，因为圣波纳文图拉明确地说过，圣方济各曾对撒拉弗能钉十字架表示怀疑，因为那种令人惧怕、古老的天使不曾体会到基督钉十字架时的痛楚。圣波纳文图拉曾经对这个表面上的矛盾作这样的解释：圣方济各将要作为天使被钉十字架，正是因为他作为人没有被钉十字架。但是不论意象的含义究竟是什么，它大致的轮廓是很生动的，它势不可当。圣方济各看到在他上面的整个天空充斥着一种巨大的、像亘古常在者（Ancient of Days）一样无法想象的力量。那种力量就像被远古时期平静的人想象长着翅膀的牛或者可怕的天使的力量，而且那种长翅膀的神物仿佛忍受着痛苦，就像一只受了伤的鸟一样。据说，撒拉弗的痛苦像一支悲伤和怜悯的箭一样，刺穿了方济各的心灵。从这一点可以推断，伴随着狂喜的是极大的痛苦。最后，那个天启般的景象从天上退去了，痛苦也消失了。一切又恢复了平静，新鲜的空气充满了晨曦，慢慢地停留在亚平宁山脉那紫色的山谷之上。

那位孤独的首领也平静了下来，万籁俱寂，时间静静流逝，就像什么东西停止和完结了一样。当他低头看的时候，看见了自己手上的钉痕。

第九章
神迹和去世

我们在上一章结尾提到圣方济各的圣痕显现，从某种意义上说，这是他一生的终结。从逻辑的意义上讲，即使这件事发生在最开始的时候，它依然是个终结。但是根据更确切的记载，这件事发生得比较晚，这个记载还暗示了方济各最后的日子像挥之不去的影子。圣波纳文图拉认为，圣方济各在六翼天使的异象中看见的颇像一面巨大的镜子，映照出他自己的灵魂——他像天使，而不是像神一样受苦。不论波纳文图拉的见解正确与否，不论这个异象是不是显示了比一般的基督教艺术中的上帝之死更原始、更伟大的画像，传统上对它意义的理解是明显的——它象征着一个王冠，一个印章。看见这个异象以后，方济各的眼睛就开始失明了。

　　但是，从大致轮廓上来说，圣痕显现这件事还有另外一个不那么重要的方面。这件事为我们简单、概括地思考所有的事实和传说中记述的方济各的另一个方面提供了契机。我不认为这个方面更有争议性，但事实是，在这个方面有更多的争议。我在这里指的是所有的故事和传统的说法中有关方济各的超自然力量和经验的记载。在故事的每一页上都像点缀宝石一样零星地交代这类的记载大概是比较容易的，但是它们都必须满足一定的条件，所以我觉得就像把宝石堆成堆一样，把它们放在一起交代更好。

　　我在这里采取这种方法是要容许一个偏见。在很大的程度上，这是一个过去的偏见。随着启蒙运动的发生，尤其是大范围的科学实验和知识的掌握逐渐消失。但是在比较老的一代人和很多比较注重传统的年青一代中间，这个偏见依然颇有影响力。我说的偏见，当然是所谓"神迹不会发生"的信念，这是马修·阿诺德的表述，也是对维多利亚时代的很多前辈们的出发点的表述。换句话说，这个偏见是18世纪的怀疑主义哲学家给人们造成的印象的简化版和余烬。他们（在很短的时间内）使人们相信，人们已经像掌握了钟表原理一样掌握了宇宙的规律。称为"宇宙"的这个钟表是如此简单，以至于我们一眼就可以区分人类的经验中什么是可能的，什么是不可能的。这些怀疑主义黄金时代的怀疑主义者对待最早的科学奇观的态度，就像对待慢慢消失的宗教逸事一样充满了轻蔑。当伏尔泰得知科学家在阿尔卑斯山上发现了一块鱼化石的时候，曾经公开嘲笑这个故事，说一定是某个修士或隐士把他们的鱼骨丢在那里，大概为的是编织另一个有关修士的谎言。所有人都知道，伏尔泰在说这句话的时候，科学已经向怀疑主义发起了反攻。什么是可信的，什么是不可信的——两者之间的界限又一次变得像人类文明之初一样模糊。但是可信的在很明显地增长，不可信的在萎缩。伏尔泰时代的人不知道他们要抛弃的下一个神迹是什么，我们这个时代的人不知道下一个他们不得不接受的神迹是什么。

　　但是在这些事情发生以前，在我的童年时代，当我远远地看到圣方济各的雕像时，即使在远处，他的雕像也能吸引我。那时是维多利亚时期，那个时代对圣徒的品质和神迹没有严格的区分。即使是在那个时候，我仍然忍不住隐约感到迷惑，这种方法怎么能用到历史中去。那时我不明白，即使到了现在我仍然不明白，人们根据什么原则在看似铁板一块的浩瀚的编年史中选取某一段历史。我们关于某些历史阶段的所有知识，尤其是关于整个中世纪的知识，都依赖于某些相互连接的编年史。撰写这些编年史的人有很多没有留下名字，而且这些人都已经死去。我们不能对他们提出疑问，甚至他们写的一些东西是无法证实的。我始终不甚明了历史学家究竟凭借什么权力，借助大量确切的细节知识判断某件事是事实，然后如果发现其中的一个小细节有超自然的成分，就会突然否定整个事件的真实性。我不想抱怨他们的怀疑主义，我只是不明白这些怀疑主义者的怀疑为什么没有更彻底。我能理解他们为什么会说把这类细节写进编年史的人只能是疯子或者说谎者，但是如果事实真的是这样，那么唯一合理的推论是有这种细节的整个编年史都是疯子或者说谎者写的。比如说，他们会这样写："修士的狂热发现，散布托马斯·贝克特（Thomas Becket）的坟墓里发生了神迹很容易。"他们为什么不这样写呢："修士的狂热发现，散布亨利国王宫廷里的四个骑士在教堂里杀了托马斯·贝克特的谣言很容易。"他们也可能会这样写道："当时的人轻信贞德（Joan of Arc）受到了启示，所以即使多芬（Dauphin）王子身着伪装，她仍然把他认了出来。"他们为什么不根据同样的原则这样写，"当时的人容易轻信，所以他们才认为一个农家女孩能在多芬王子的宫殿里赢得观众"？所以在我们当前讨论的事件中，如果他们能告诉我们，有这样一个疯狂的故事，圣方济各能跳到火堆里，然后毫发无损地从火里出来，那么，他们根据什么原则决定他们不应该告诉我们另外一个疯狂的故事——圣方济各投身到狂热的穆斯林营地并且安全地回来？我问这个问题的目的是真心地寻找答案，因为我自己确实不明白其中的原理。我敢说，现代关于圣方济各的故事，没有一个是不能相信和不能转述神迹的人写下的。也许所有关于方济各的故事都是修士之间的传说，历史上根本就没有圣方济各或者托马斯·贝克特或者贞德。这无疑是归谬法（*reductio ad absurdum*），但这是对认为所有的神迹都是荒谬的这一观点的归谬。

　　从抽象的逻辑上来说，这种选取的方法可以导致最疯狂的荒谬。一个本质上不可信的故事只能意味着讲故事的权威是不可信的，而不能意味着这个故事的其他部分必须以完全的信心来接受。如果有人说，他看见一个穿黄色裤子的人跳进了他自己的喉咙，我们不可能指着圣经发誓，或者冒着被烧死的危险坚持说他穿的确实是黄裤子。如果有人宣称他乘着蓝色的气球升到月亮上，然后发现月亮是绿色奶酪做的，我们如果不相信月亮是绿色的,也自然不会发誓说这个人乘坐的气球肯定是蓝色的。如果我们要对有关方济各经历的神迹表示怀疑,真正逻辑上的后果是怀疑圣方济各这种人的存在。在现代的某一时刻,这种类似精神失常的怀疑主义的确存在过,的确有人说过这样的话,做过这样的事。人们曾经四处游说,宣传圣帕特里克(St. Patrick)这样的人是不存在的,就像有些历史学家说像圣方济各那样的人不存在一样。比如说,曾经有这样一个疯狂时刻,在这个时刻,有关太阳的神话散发出普世、耀眼的热量和光芒,以至于融化了很大一部分牢固的历史。我相信,这个太阳已经落了,但是取而代之的又有一些月亮和流星。

当然,圣方济各本人也能成就一个辉煌的、像太阳一般的神话。一个以一曲《太阳之歌》而闻名于世的人,怎么可能错过成就太阳一般的神话的机会呢?我想我没有必要指出这一点:叙利亚的太阳是东方的黎明,托斯卡纳地区那流血的伤口是西方的日落。我可以用相当长的篇幅解释这个理论,就像其他一些不错的理论家那样,但我又想出了一个更有前景的理论。我不明白为什么每个人,包括我自己,都忽略了这样一个事实:整个关于圣方济各的故事都有着图腾的起源。毫无疑问,整个故事充满着图腾。属于方济各会修士的树林里的图腾不亚于任何一个印度寓言里的。方济各把自己叫作一头驴,因为在原来的神话里,方济各这个名字只是一头四条腿的驴的名字,后来,这个形象模糊地演变成一个半人半驴的神或者英雄。无疑,原来这就是为什么我总是感觉圣方济各的狼兄弟和鸟姐妹有点像雷穆斯叔叔的狐狸兄弟和牛姐姐。有些人说,在人类最纯洁的童年,曾经有一个阶段,我们相信牛会说话,或者狐狸用柏油做了一个娃娃。总之,在人的智力增长的过程中,曾经有个纯真的阶段,当时的人们有时候的确相信圣帕特里克是个太阳神话,或者方济各是个图腾。但是对于我们中的大部分人来说,那两个天堂般的时代都已经过去了。

我当前想说的是,在某种意义上,我们可以为了某个实际的目的,在同一个故事中区分可能和不可能的因素。这其实不是一个有关世界的问题，而是一个文学批评的问题。有些故事比其他一些故事严肃得多。但是除此之外，我在这里不会尝试作其他任何明确的区分。我不会为了一个实际的原因这样做，以致影响了进程的统一性。我指的是从实际意义上看，这件事全部都在一个熔炉里，而很多东西会从这个熔炉里涌现出来，铸成被理性主义称为魔鬼的东西。信仰和哲学里有一些固定的点，这些点的确是一成不变的。一个人是否相信火在某些情况下不能燃烧，取决于他怎么理解火在一般情况下燃烧的原因。如果火烧毁了十根木棍中的九根，因为它的本性决定了它必然这样做，那么它也会烧毁第十根木棍。如果它烧毁九根木棍是上帝的旨意，那么第十根木棍不被烧毁也可能是上帝的旨意。没有人能回避有关事物的原因的区别。相信神迹对于一个有神论者来说，与一个无神论者不相信神迹同样合乎理性。换句话说，一个人如果不相信神迹，只有一个合乎理性的原因，那就是他相信唯物主义。但这些信仰和哲学中固定的要点，是一部理论性的著作要关注的问题，不是我们这本小书要讨论的内容。至于有关历史和传记的事情，也就是本书所关注的，没有什么是固定的。世界是一个可能和不可能的旋涡，没有人知道要支持古代迷信的下一个科学假设是什么。归于方济各的神迹的四分之三已经在心理学家那里得到了解释，他们解释的方式当然跟天主教徒不同。他们之所以为方济各的神迹作解释，是因为唯物主义者必然拒绝对它们作任何解释。方济各的神迹中有一类是有关医治的。如果信仰治疗法（faith-healing）已经像巴纳姆①的表演一样在美国北部红极一时，带着极端怀疑主义的态度说方济各的神迹都不可能又有什么益处呢？方济各的故事里还有一类，类似有关基督的故事里的"读心术"（perceiving men's thoughts）。当读心术已经像音乐剧一样变成了大厅里的一种游戏时，把方济各故事里的读心术当作

---

① Barnum（1810—1891）是美国马戏团演出经理人，曾经成立世界大马戏团。

"神迹"而加以拒绝和抵制,又有什么用处呢?如果有可能进行科学研究的话,方济各的神迹里还有一类,是有很多见证的、有关他遗留下来的圣骨和零星小东西的神迹。当所有这些所谓的特异功能变成公众活动中的节目,人们对其熟悉程度就像手里拿着自己的一个什么东西一样,那么,把有关方济各圣骨的见证当成不可思议的东西而抛弃掉,又有什么用处呢?当然,我不相信现代的这些小把戏跟圣徒方济各的神迹同属一类,除非是在"魔鬼是上帝的猴子"(*Diabolus simius Dei*)的意义上。但它不是我相信什么以及为什么的问题,而是怀疑主义者不相信什么以及为什么的问题。一个讲求实际的传记作者和历史学家要遵守的守则是,他必须等到事情稍稍沉淀下来,才能宣布不相信某种东西。

如果真有这样的守则,他可以在两条路线中选择一条。我虽然犹豫不决,但也从中选择了一条。最好和最大胆的路线是用直接的方式把整个故事讲出来,包括神迹和其他的等等,就像最初的历史学家讲故事那样。新一代的历史学家可能不得不回归到这条既明智又简单的路线上去。但是必须记住,我已经说过这本小书只是对圣方济各的一个介绍,或者说是对圣方济各的探讨。需要读介绍的人,实质上是不了解方济各的陌生人。因此,我的首要目的是让他们来听有关圣方济各的故事。为了实现这个目的,把熟悉的事实和读者容易理解的成分安排在不为人知的事实和读者理解起来有困难的事实之前,是完全合理的。如果在这本薄薄的、概要一般的小书里,有一两行字能够吸引读者,使他们对圣方济各加以研究和学习,我就很感恩了。如果他们真的自己研究方济各,他们很快就会发现故事里的有关超自然部分就像故事里的其他任何部分一样自然。但是,我的故事有必要仅停留在有关人的层面,因为我要展现的是他对人性的要求,包括人性中怀疑的成分。所以,我选择了另外一条路线,我先说明的是除了先天是傻瓜的人以外,没有人会怀疑阿西西的方济各是个真实的历史人物。然后,我要在这章里简单地概括一下,超自然的力量肯定也是历史和人性的一部分。然后,我只需要再用寥寥数语使持任何观点的人都能明白地作出区分，目的是使读者不会把圣徒一生中的高潮和有关他的传闻中的子虚乌有的事及谣言相混淆。

　　已经有许多非常好的文集旨在收录近乎所有关于阿西西的圣方济各那些浩如烟海的传说和逸事，因为篇幅所限，我只能缩小范围。为了解释的目的，我时而在这里讲一则逸事，时而在那里讲一则逸事，因为所讲的逸事能够在那一点上支持我的解释。如果对于所有的逸事和故事我都可以这样做，那么对于那些有关神迹和超自然力量的逸事我更要采取这种方法。如果我单单拿一些故事出来，大家很可能会感到疑惑不解，因为传记中关于超自然事件的故事比有关自然事件的还要多。天主教的传统和人的常识一样，从来不曾认为我们日常生活中超自然事件的比例比自然事件高。即使把这些故事作为超自然或者异常的故事来看待，它们显然分成不同的等级——分等级的标准并不是我们对神迹的体验，而是我们对故事的经验。故事中有一些带有神话的色彩，它们的形式比内容更像神话。它们显然是围着火堆讲给农夫或者农夫之子的故事，讲故事的人关注的显然不是诠释某个要被接受或被拒绝的宗教的教义，而只是以最对称的方式讲完一个故事，遵循的是所有神话故事里的那种修饰的结构或模式。另一些故事采取的方式则是讲证据。不论它们是事实还是谎言，它们都是见证，而且根据人性的判断，我很难相信它们是谎言。

　　大家都认为，方济各手上的钉痕算不上什么传说，只能是一个谎言而已。但是关于钉痕的记载并不是后来加上去的，而是方济各最早的传记作者的记载。如果说钉痕是个谎言，那么我们就有必要说是当时的传记作家合谋制造出了这个谎言。事实上，有些人倾向于说可怜的伊莱亚斯（Elias）是个骗子，同时又有很多人倾向于把他当作世界范围内的一个有用的恶棍。当然，有人说，虽然方济各的早期传记作者——波纳文图拉、塞莱诺（Celeno）和方济各的三个同伴——声称方济各手上有钉痕，但是他们并没有说他们亲眼看见了钉痕。我不认为这个论证是决定性的，因为传记作者不说他们看见钉痕这个事实是由他们采取的叙事性质决定的。方济各的三个同伴显然不是在宣誓，因此他们讲的故事也不是以宣誓的形式呈现在人们面前。他们只是在写一部相对不具有个人色彩的编年史，作的是非常客观的描述。他们不说，"我看见了方济各手上的钉痕"；他们会说，"方济各的手上有了钉痕"。他们也不会说，"我看见方济各走进了宝尊堂"；他们会说，"方济各走进了宝尊堂"。但是我仍然不明白，为什么他们在有些事上被当作目击证人来对待，而在另一些事上不被当作值得信赖的证人。他们的叙述是一个整体。如果他们突然开始诅咒和发誓，公布他们的姓名和地址，并宣誓说他们自己亲眼看见并愿意为那些受到怀疑的事实作见证，那么他们的叙事会受到最突然、最不正常的打断。因此，在我看来，这个针对具体问题的讨论又回到了我已经提到的关于总体原则的讨论，也就是，如果说这些编年史充满了不可信的内容，我们为什么还要相信编年史里的任何记载。但是说到这里，我们可能又再一次不得不回到这个事实，也就是一些人不能相信任何神迹，原因是他们是唯物主义者。这一点在逻辑上是成立的。但是他们必然像他们否认中世纪修道院的编年史作者一样，也会否认现代某个科学家的见证。而且到现在，他们已经有许多科学家需要反驳。

但是我们不论对这些超自然的言行中相对物质和大众意义上的超自然主义作何阐释，如果我们意识不到方济各是在过着一种超自然的生活，我们将完全不能理解方济各，尤其是来到阿尔维诺山之后的方济各。在方济各越来越接近死亡的时候，他的生命中充满了越来越多超自然的成分。这种超自然的成分没有使他与自然分离，相反，他的超自然状态的主旨是他与自然更完美地合为一体。他并没有因此变得沮丧或者非人性化，因为他的整个信息是：这样的神秘主义能使一个人更快乐、更人性化。但是他传递这个信息的目的以及他的信息的所有含义，不外乎是使他处于这种状态的一种超自然的力量。即便他整个一生中这个区分不甚明显，但在关于他去世的故事里，的确很少有人看不到这一点。

从某种意义上说，他到了将死的时候仍然在四处游走，就像他在充满活力的时候四处游走一样。当他的身体越来越明显地衰残时，他好像一个代表疾病游行的人一样被从一处带到另一处，或者像一个要死亡的命运的代表。他去了列蒂（Rieti），去了努西亚，可能去了那不勒斯，并且肯定去了佩鲁贾湖边的科尔托纳。当方济各的生命之火慢慢熄灭的时候，他从远处看见阿西西的高山上宝尊堂的柱子直冲云霄，他的内心充满了喜悦。这个现象可以说很有问题，甚至有些病态。方济各为了一个异象而四处流浪，他在所有的意义上拒绝归属任何一个地方，或者拥有任何财产。他一生的使命和荣耀都可以归于他的无家可归，但是到了他生命的最后，可能是出于人的本性，他在宝尊堂找到了家的感觉。他也有对那座尖塔的近乎病态的迷恋，只不过他的尖塔比我们的高很多。临死的时候，他带着突然而来的活力大喊道："永远、永远不要放弃这个地方。如果你们要去某个地方或者去朝圣，你们一定要回到家里，因为这里是上帝的神圣的家。"抬着他的队伍从他家的拱廊下经过，他躺在床上，他的兄弟们围着他，做了最后一次守夜祈祷。我觉得我们没必要接着争论他究竟祝福了哪些继任者，或者他的祝福是以什么样的形式进行的，有什么重要的意义。在那个强有力的时刻，他祝福了我们所有人。

跟最亲近的朋友，尤其是一些老朋友道过别以后，他请求身边的人把他从简陋的床上抬到光秃秃的地上。有些人说，他最后只穿了一件粗毛制成的衬衫，就像他当年穿着粗毛衬衫离开父亲，走进冬日的树林一样。这是他最后一次宣布他一生中最伟大的想法。他躺在地上，赤身露体，一无所有，就是在那里他最后一次仰天大声赞美和感谢上帝。当他躺在那里的时候，我们或许能确定，他那灼痛和失明的双眼看见的只有它们的目标和它们的起源。我们或许能肯定，他的灵魂，在最后一次远离众人的时候，面对面地看见了道成肉身的上帝和被钉在十字架上的基督。但是对于那些围在他身边的人来说，缠绕着这些的一定还有别的思绪。当白天慢慢过去，失去一个朋友的黑暗袭来的时刻，许许多多的记忆一定像黎明时的鬼魂一样萦绕在他们的脑际。

躺在那里去世的人不是上帝之犬多明我①。多明我是逻辑辩论方面的领袖，他可以被缩减为一个计划，也可以作为一个计划传递下去。他是维护民主纪律机器的大师，所以别人也可以按他的纪律继续组织自己。方济各去世的时候，世界失去的是一个人，一个诗人。他对人生的态度就像一抹光，光一旦消逝了，在海上和路上都不能再找到他的影子。只要地球的生命还在延续，方济各就不能被替代或者复制。曾经有人这样说过，世界上只有一个基督徒，他死在了十字架上。从这个意义上说，世上也只有一位方济各会的会士，他的名字是方济各。他留在身后的事业是庞大和快乐的，但是有一些东西是留不下的，就像一个风景画画家不能把自己的眼睛留在遗嘱里一样。他活着的时候是一位艺术家，在他将死的时候，仍然受到呼召，做一个艺术家。他比他的反面典型尼禄更有权利说，"我死得像个艺术家"（*Qualis artifex pereo*）。尼禄的一生充满了像演员一样的表演；而翁布里亚人方济各的一生像一个运动员，充满了自然和连续的恩典。但方济各说的是更好的话，想的是更好的事，当我们跟不上他的时候，他的思想冲上了天际，只有死亡能把我们送到那神圣和令人眩晕的高度。

在他身旁站着的是他那些穿着棕色修士袍的兄弟，那些虽然在他死后争执不休，但在他生前深深地爱戴着他的人。那里有他的第一个朋友伯纳德，他的秘书安杰洛（Angelo），还有他的继任者伊莱亚斯。传统上一般把伊莱亚斯说成犹大一样的人，但是他其实只不过略差于一个站在错误位置的长官。他的悲剧在于他虽然穿着方济各的修士袍，但是没有像方济各一样的心，或者说他有一个非常不像方济各的头脑。虽然他不是个好的方济各会会士，但是如果他最初选择了多明我，他可能是个

---

① 多明我会自称上帝的猎犬，因此以犬为标记。

不错的多明我会会士。不论如何，我们没有理由怀疑他爱戴方济各这一点，因为就连暴徒和蛮族都爱戴他。不论如何，他和其他人一样，站在方济各的身边，直到时间慢慢地过去，在宝尊堂那间房子里人的影子慢慢地拉长。没有人需要把他想象得那么邪恶，仿佛在方济各死去的那个时刻，他的脑子里全是骚乱的未来和他晚年的野心和争议。

一个人可能会想，鸟儿一定也知道发生了什么，并在傍晚的天空做了一些举动。根据传说，方济各活着的时候，鸟儿曾经按着他的指示，按照十字架的样式朝四个方向分别散去。在他去世的时候，鸟儿又像断续的点一样，在空中摆出预言着这个可怕消息的征兆。躲在树林里的是那些小生物，可能从来不曾有一个人像方济各一样注意和理解他们。据说，动物有时候比人更有灵性，能意识到人在那个时刻意识不到的东西。我们不知道当时的贼、被抛弃的人和罪犯有没有感到一丝颤抖，让他们感觉到那个从来不知道蔑视是什么的人身上发生了什么事。但是至少，宝尊堂的过道和长廊里突然寂静一片，所有穿着棕色修士袍的人像铜像一样站在那里，因为那颗征服了全世界的心脏停止了跳动。

第十章
圣方济各的属灵遗产

在某种意义上，圣方济各，这位一生都在渴望所有的人能够和睦相处的圣徒，在方济各会会士之间的分歧越来越大的时候去世，这无疑是个悲伤的讽刺。但是我们一定不能把这种不和谐夸大，仿佛这种不和谐打败了方济各所有的理想。有人认为方济各的工作只是被世界的邪恶毁灭了，或者被他们所认为的更大的邪恶——教会的邪恶——毁灭了。

这本小书是圣方济各的传记，我的主题不是方济各会，更不是天主教会，或者教宗，或者教宗采取的针对极端方济各会会士或兄弟会的政策。因此，我只要用简短的话来大致描绘一下这位伟大的圣徒死后所爆发争议的性质就行了。事实上，这些争议在方济各去世之前就已经在困扰他了。最关键的一个细节是对贫穷誓愿（或者拒绝拥有一切财产）的阐释。据我所知，没有人对会士个人应该按照贫穷誓愿、拒绝拥有私人财产提出异议。也就是说，没有人提议干涉方济各对个人财产的拒绝。但是有些托钵修士，借着方济各的权威，比方济各走得更远，我认为他们比任何人走得更远。他们提议不仅应该拒绝个人财产，而且应该拒绝财产本身。也就是说，他们作为一个集体，也不应该拥有任何东西，比如建筑物，或者商店，或者工具。甚至当他们作为一个集体共同使用某种东西的时候，他们仍然拒绝拥有这种东西。的确，这个观点的许多支持者，尤其是最初的支持者，有着一颗灿烂而无私的心，他们全身心地献身于那位伟大圣徒的理想。同样，教宗和教会的权威的确认为这种观念行不通，他们甚至把那位伟大圣徒遗嘱中的某些条款放在一边，提议修改这种观念。但是我们很难看出这种安排是可行的，或者说，这根本就不是个安排，这个所谓的安排实际上是拒绝作出任何安排。当然，每个人都知道，方济各会会士是共产主义者，但是他们还没有共产主义到要做无政府主义者的程度。显然，我们要为当时发生在一些历史性的建筑物和普通的财富和动产上的事，找出应该负责的人或者事。很多社会主义者类型的理想主义者，尤其是萧伯纳先生或者威尔斯先生的学派，把这个争议仅仅当成富有和邪恶的高级教士组成的专制组织欺压基督徒社会主义者的教案。但是事实上，这个极端的理想在某种意义上可以说是社会主义的或者社会的对立物。这些狂热分子所拒绝的正是社会财产共有制度——社会主义制度的基石。他们所拒绝做的正是社会主义者的首要任务，也就是集体合法地共同拥有财产。有一种说法是，教宗对这群狂热分子的态度仅仅是严厉和敌视的，这种说法站不住脚。教宗在很长一段时间内主张以专门为狂热分子设计的这种方案，来面对他们发自良心的异议。根据这个方案，教宗可以为那些不愿意与财产有任何关系的人托管财产。事实是，这件事说明了天主教历史上很常见的两件事，但是从新闻角度讲述的现代工业文明的历史却对这两件事知之甚少。它首先说明了，有时候，圣徒是伟大的人，而教宗不过是小人物。但是它也说明了伟大的人有时候是错的，而小人物是对的。不论如何，任何坦白和头脑清醒的局外人都很难否认，当教宗坚持说世界不只是为方济各会会士而创造的，他是对的。

这就是争吵背后的故事。在这个特别的、实际的问题背后，有一个更大的、意义更重要的事件，当我们读争议的经过时，可以感受到这个事件带来的骚乱和震动。我们甚至可以这样说，从根本上说，圣方济各是一个如此伟大和有开创精神的人，他身上有种东西，可以让他成为一个新宗教的创立者。他的很多追随者都愿意在心里或多或少地把他当成一个宗教的创立者。他们愿意让方济各的精神像基督教的精神逃离以色列一样逃离基督教世界。就像以色列在基督教面前黯然失色一样，他们愿意让基督教的精神在方济各的精神面前黯然失色。方济各，那团纵横意大利的火焰，会成为烧毁古老基督教文明的大火的开端。这就是教宗需要解决的问题——究竟是基督教王国要吸收方济各还是方济各要吸收基督教。除却他的责任不说，他作了正确的决定，因为教会应该包容所有方济各会会士中间好的东西，而方济各会的会士却无法囊括教会里所有积极的因素。

还有一个考虑，虽然从故事的整体来看已经很清楚了，但是可能还没有引起足够的注意，尤其是对于那些看不到天主教的常识甚至比方济各会的热情更多的人。但是方济各会的热情却是出于那个值得他们如此敬仰的人。我已经提及了多次，阿西西的方济各是个诗人；也就是说，他是个能够表达自己个性的人。对于这种类型的人来说，他自身的局限性使他显得更为伟大。他是他自己，不仅仅是因为他有什么，一定程度上也是因为他没有什么。但是勾画这样一个人的肖像的线条不能被当成勾画全人类的尺度。圣方济各是这类天才中一个非常典型的例子，在他身上，甚至缺点也成了优点，因为那是他个性的一部分。说明这点的一个绝好的例子是他对于学习和学术的态度。他自己忽略了、并在一定程度上不鼓励拥有书本和从书本上学知识。从他自己的观点和他在世界上的工作来看，他绝对是对的。他要传递的整个信息的要点是如此简单，就连村里的傻瓜都能理解。他所持观点的要义是从一个全新的角度来看待全新的世界，他的要义因此而处处散发着清晨的气息。除了伟大的原初的事，创世和伊甸园的故事，第一个圣诞节和第一个复活节，世界没有历史。但是如果整个天主教也没有历史，这是众望所归或者可取的吗？

本书主要想指出的是，圣方济各行走在世间，就像上帝的宽恕行走在世间一样。我的意思是，方济各的出现标示着人类不仅与上帝和解，而且与自然和解的时刻。更为困难的是，人类甚至与自己达成了和解，因为他的出现标示着所有那些毒害了古代世界的陈腐的异教最终被剔除出社会体系。他打开了黑暗时代的大门，就像打开了炼狱之门一样,在那个炼狱里,人们就像沙漠的隐士或者蛮族战争中的英雄一样获得了洁净。事实上,他全部的功能就是告诉人们重新开始,并且在那个意义上,告诉他们忘记从前。如果他们要翻到新的一页,并用字母表上开始的几个大的字符书写新的一页,用中世纪刚开始时的那种风格简单地勾画并用鲜艳的色彩涂抹,很显然这是那种特别的、孩子一般的快乐的一部分。带着这样的快乐,他们用新的色彩盖住了人生中黑暗和血腥的往事。比如说,我前面已经提到了,在意大利首位诗人的诗歌里,我们找不到在异教结束以后徘徊了很久的异教神话的一丝痕迹。首位意大利诗人仿佛是世界上唯一一个没有听说过维吉尔的人。正是在这个特殊的意义上,他是意大利的第一位诗人。正是在这个意义上,他把夜莺称为夜莺的同时,拒绝让伊迪拉斯(Itylus)或普罗克尼(Procne)的故事①污染自己的诗歌,让它变得更悲伤。简而言之,人们都希望圣方济各从来没听说过维吉尔——当然这一点也的确是真的。但是我们真的会希望但丁也没听说过维吉尔吗?我们真的希望但丁也没读过异教的神话吗?有人曾很正确地说过,但丁对伊迪拉斯这种传说的使用是他更深层次的正统信仰的一部分。他使用的大量非基督教文学的片段,他对米诺斯(Minos)②和沙龙(Charon)③等伟大文学形象的塑造,暗示了所有历史背后的、从一开始就预示着基督教信仰的自然宗教。《上帝愤怒的日子》(*Dies Irae*)④里,既有大卫,又有西比尔⑤。圣方济各情愿烧掉所有关于西比尔的书,来换一片离他最近的树上的新鲜树叶——这一点是完全真实的,而且对于圣方济各来说,也完全没有什么不妥。但是除了方

---

① 根据希腊神话中的一则,雅典王与王后普罗克尼育有一子,取名伊迪拉斯。雅典王贪恋王后的妹妹菲洛米拉的美貌,把她奸污,并为了灭口,割下了她的舌头,把她囚禁在森林中的小屋。王后得知真相后,决定报复雅典王,为了使他绝后,她杀死了儿子伊迪拉斯,把他的肉做成菜肴呈给雅典王。普罗克尼死后变成一只燕子,伊迪拉斯变成了一只夜莺。
② 希腊神话中克里特岛的国王,死后变成了阴间的法官。
③ 希腊神话中驾小舟把人的灵魂摆渡到阴间去的船夫。
④ 《上帝愤怒的日子》是中世纪的一首拉丁文诗歌,其作者究竟是谁存在争议。传统上认为作者是方济各会会士瑟拉诺的托马斯(Thomas of Celano)。
⑤ Sybil 是古希腊的一个女预言家,据她说的预言是受神明启发,《荷马史诗》里曾经提到过她。

济各的《太阳之歌》以外，有《上帝愤怒的日子》这样的诗歌还是有好处的。

总之，按照以上论点，圣方济各的到来就像一个孩子出生在一个漆黑的屋子里，孩子会托起屋里的黑暗。这个孩子意识不到他自己处境的悲哀，并且用他的纯真战胜了悲哀。但是纯真的代价是无知。这个故事的本质是，孩子可以去拔青草，但他不知道青草下面埋着一具被谋杀了的人的尸体；或者他可以爬苹果树，但不知道有人曾把苹果树的枝子当成自杀的工具。这就是方济各精神的新鲜感带给世界的宽恕及和解。全世界不必都吸取这种精神中无知的成分。但是我认为方济各精神曾经尝试把自己强加给全世界。对于一些方济各会会士来说，方济各的诗歌应该取代圣本笃的散文。对于那个有象征意义的孩子来说，这种做法是合理的。对于这样的一个孩子来说，世界就像一所全新的幼儿园，里面的墙都刷成白色，他可以拿着粉笔，以孩子特有的方式在墙上画自己的画。他的画线条粗犷，色彩欢快，就像我们所有艺术的开始一样。对他来说，这样的一所幼儿园是人的想象力所能想出来的最壮丽的宫殿。但是在上帝的教会里，有很多间宫殿。

每一种异端都是一个使教会变狭窄的尝试。如果方济各运动变成了一个新的宗教，它一定是个狭隘的宗教。在它变成了异端的地方，它是狭隘的。它做了异端总是在做的事，它把自己的情绪和头脑对立起来。的确，这种情绪在最初的时候是伟大的圣方济各好的、荣耀的情绪，但它不是上帝或者人全部的情绪。事实上，当情绪变得偏执的时候，它作为情绪就已经退化了。一个后来被叫作属灵派小兄弟会的支派宣布他们是真正的圣方济各的儿子，他们退出了教宗提议的折中方案，奉行他们所谓的"阿西西的完全计划"。很快，这些松散的方济各会会士变得像自笞者①一样狂热。他们发动了新的、狂野的否决。他们否定了婚姻，

---

① Flagellant，又称鞭笞者，指为了赎罪而鞭打自己的宗教徒。

也就是说，他们否决了人类。以圣徒中最人性化的一位圣徒的名义，他们向人性宣战。他们并不是因为迫害而绝迹的，他们中的许多人最终被说服，回归了正统，他们中间不能被说服的那些也不能做出任何一点点能让人们联想起圣方济各的事。这些人的问题在于他们是神秘主义者，而且除了是神秘主义者以外什么也不是。他们是神秘主义者，而不是天主教徒；是神秘主义者，而不是基督徒；是神秘主义者，而不是人类。他们衰落的原因是，最确切地说，他们拒绝听从理性的声音。而圣方济各，不论他的旋转在很多人看来显得多么狂野，多么浪漫，他始终以一根看不见但坚不可摧的头发丝悬在理性上。

那位伟大的圣徒是有理性的。理性这个词本身发出的声音，就像撩拨竖琴上一根低沉的琴弦一样，把我们带回到一个比他所有的、像精灵一样古怪的一切更深刻的东西。他不仅仅是个古怪的人，因为他总是转向迷宫的中心。他走了树林里最古怪、最曲折的捷径，但他总是在往家走。他不但太过谦卑，以至于永远不想做一个异端的头领，而且他太人性化，以至于永远不想做个逃到地极的极端主义者。点缀着他所有的逃跑故事的幽默感阻止了他坠入自以为义的严肃。他总是乐于承认他的错误。但是当他的追随者在某些实际的事情上承认他有错误时，他们承认他的错是为了证明他是对的。而他真正的追随者的确证明了他是对的，并且超越了他自己的否定，胜利地拓展和阐释了他的真理。方济各会没有像有些组织一样，一旦它们真正的使命因为官僚主义的独裁或者内部的背叛受到阻挠，就变得陈腐或者半途而废。站在中间并且保持正统的那部分方济各会会士，后来为世界结下了丰硕的果实，其中有伟大的神秘主义者波纳文图拉和备受欢迎的传教士伯纳德，他们使整个意大利充满了上帝吟游诗人天使般的小丑。其中有雷蒙德·卢利，他有奇怪的学识和庞大的、大胆的归正世界的计划，他就像圣方济各一样个性鲜明。还有罗杰·培根（Roger Bacon），他是第一个自然主义者，他对光与水的实验有着属于自然历史开端的古雅，就连最唯物主义的科学家也称颂他是科学之父。他们不但是为世界做了伟大工作的伟人,也是保存了某种特别的精神和风采的人,我们可以在他们身上找到勇敢和简单明了的品格,并因此知道他们是圣方济各的儿子。

这是我们应该从圣方济各身上学到的最丰满、最有决定性的精神。我们应该为他所做的来感谢他。他首先是个伟大的给予者,他所关切的给予是最好的一种给予(giving),那就是感恩(thanksgiving)。如果说另一位伟人撰写了一部赞许的语法(grammar of assent)①,那么方济各可以说写了一部接受的语法,一部感恩的语法。他以最深的深度理解了感恩的理论,而感恩的深度是个无底洞。他知道,对上帝最深沉的赞美是对上帝无条件的赞美。他知道,如果我们认识到若非因为某种奇怪的怜悯,我们压根儿就不会存在,我们就能透彻地意识到单只存在这个事实就是一个极大的神迹。在我们与这么有力的一位历史创造者的关系中,一种伟大的真理在一遍又一遍地重复着。他所给予的是我们甚至连想都想不到的东西。他是如此伟大,我们所能做的只能是感谢。从他那里来的是整个世界的觉醒。从他那里来的还有一个黎明,在那个黎明中,所有的形态和颜色都以全新的面貌呈现。那些创造了基督教文明的强有力的人在历史上以他的仆人和效仿者的形象出现。在但丁之前,他已经把诗歌给了意大利;在圣路易之前,他已经是穷人的护民官;在乔托的绘画生涯之前,他已经勾画了场景。那位启发了整个欧洲绘画界的伟大的画家曾亲自到圣方济各那里寻求启发。据说,当圣方济各以他自己特有的、简单的风格导演"基督在伯利恒降生"的戏剧的时候,国王和天使都穿着中世纪风格的僵硬和装饰华丽的服饰,他还用金色的枝条来代表耶稣的光环。这时候,一个充满了方济各的荣耀的神迹发生了。那个神圣的婴孩是用刻着幼年耶稣像的木娃娃来代表的,据说,当方济各抱起

---

① 19世纪英国著名神学家约翰·亨利·纽曼(John Henry Newman)有一部著作 *An Essay in Aid of a Grammar of Assent*,通常译为《赞许的语法》。

那个木娃娃的时候，耶稣的像在他的怀里活了。他显然没有想到耶稣之外的东西，但是我们至少可以说有一种东西在他的怀里获得了新生，那就是我们叫作戏剧的东西。除了他对歌谣强烈的热爱以外，他自己也许没有体现这些艺术的精神。他是被体现的精神。他是在任何人以可见的形式看见这些事物之前就已经走在世界上的精神的存在和实体。他好像一团不知道来自哪里的火焰，更物质的人可以用他来点燃火炬，也可以点燃灯芯。他是中世纪文明的灵魂，甚至在它找到自己的躯体之前，他就已经是它的灵魂。另一种不同的精神的启示也在很大程度上来自于他；那就是中世纪和现代致力于"上帝是穷人的上帝"（Deus est Deus Pauperum）的改革力量。他对于人类抽象的热忱体现在中世纪一系列反对富人的傲慢和残忍的法律上，他的热忱也在很大的程度上激励着今天被统称为基督教社会主义，或者更贴切地说，天主教民主主义的运动。不论是从艺术还是从社会的角度，谁都不会说这些事物没有他就不会存在，但是严格地说，如果没有他，我们就不能想象这些事物；因为他曾经生活过，并且已经改变了世界。

  他的力量中超过一半源自他的软弱，有一天，这种软弱无力的感觉会降临在一个知道他带给历史某种启示的作者身上，而且这个作者只能用一些散漫的、贫乏的句子把他的一生记录下来。他能在一定程度上理解方济各所说的那笔无法偿还的、巨大的债务的意思。他会既感觉到想做无穷尽的事情的渴望，又感觉到已经做过的事情的徒劳。他会知道站在这样一个已经去世的人所成就的像洪水一般的丰功伟绩下面却无力贡献更多，是一种什么滋味；知道在时间和永恒之神殿[①]的那垂悬着令人窒息的拱廊之下却不能建造什么，是什么感受。然而，这支献在他灵龛前的小小蜡烛[②]顷刻间便熄灭了。

[①]　指方济各借其生命和教导而留下的永恒的遗产。
[②]　作者在此把自己的这本小书比作献在方济各灵龛前的蜡烛。

阿奎那传

中译本导言

拉尔夫·C.伍德

《阿奎那传》也是帮助中国读者了解其作者G.K.切斯特顿的人生和作品的一个好途径。在这本小书里,读者将会遇到被切斯特顿称为"史上最伟大的两三个人之一"的圣托马斯·阿奎那的同时,发现切斯特顿在此尽显他的文学和神学方面的才华。

切斯特顿与阿奎那的写作风格都印证了他们的信仰。正如耶稣基督是完全的神和完全的人一样,他们都致力于把要表达的信息和方式完全地融合成一个天衣无缝的整体。阿奎那融合形式和内容的方式是,采纳经院哲学式的推理①和刻意地使用枯燥乏味的语汇,他唯恐读者被华丽的词藻所吸引,而不能集中精力于他所探索和拥护的神圣真理的奥妙。而切斯特顿依据的原则恰恰相反,因为我们生活的时代比阿奎那的时代晚了许多。在这个时代,基督的福音很容易被忽略或摈弃。因此,切斯特顿力求使自己的文风像他写作的主题一样大胆和新颖。他想要刺激、唤醒读者去关注有史以来最令人震惊的事件:上帝通过以色列、基督和教会进入了人类的历史。因而,他使用了大量的双关、头韵、仿拟、滑稽剧、矛盾修辞、反语、怪诞等修辞手法,其中尤为突出的是悖

---

① 所讨论的话题以问题的形式引入,先给出反对者的回答,然后再亮出一个与之相反的回答,最后驳倒反对者的论据。经院哲学兴起于文化越来越多样化的时期,其思辨的方法很快被其他的学科所吸纳。因此,它对于我们的时代也有很大的现实意义。

论（paradox）。

　　英文中"悖论"一词的意思是指"相反的观点"，因此常用来指称"一种看似荒唐或自相矛盾的陈述和立场，一旦经过研究或解释，它可能被证明是确凿可靠的"。所有的悖论中最令人震惊的，无疑就是超越存在的上帝以道成肉身的形式存在。因为这个超级悖论是切斯特顿安身立命的根本，他也相信世界上充满了类似的悖论——它们中的大多数被人们忽略了。因此，切斯特顿用一个诙谐的悖论，把悖论定义成倒立着的真理，它挥动着双腿来吸引人们的注意。

　　托马斯·阿奎那是切斯特顿运用悖论之修辞法的绝好题材。这位来自那不勒斯附近的阿奎诺地区的圣徒，身材高大，步履缓慢，因此被比作一头牛。他上学的时候很少在课上开口说话，有时会面无表情地发呆，仿佛精神恍惚。因此，在外人看来他显得很"笨"——不仅沉默，而且愚钝。于是圣阿奎那有了一个极为吊诡的外号：笨牛。事实上，圣阿奎那即不笨，也不像牛一样迟钝。相反，他头脑灵敏，思维敏捷。不论是在东方还是西方，有哪个认真的思想家能够诚实地宣告，"我理解了我读过的每一页书"？然而与许多其他才华横溢的人不同，阿奎那是个神圣而谦卑的人。因此，切斯特顿不仅突出了阿奎那卓越的智慧，也表现了他的神圣。

　　切斯特顿在书的开头把阿奎那和13世纪最著名的圣徒阿西西的方济各作了对比。在他们的时代，中世纪两个全新的修会：多明我会和方济各会，掀起了基督教信仰和生命的巨大变革，阿奎那和方济各的生活与行为都处在这场变革的中心。成千上万的修士和修女从乡村的修道院出来，涌入迅速扩展的欧洲城市。他们的生活完全依赖别人的施舍。他们和穷人站在一起，放弃了大宗的地产和钱财的捐赠，以免修会变得富有和自给自足。他们的行乞，深刻地体现了耶稣福音中的贫穷和简单。这两个修会都在欧洲最著名的大学成立了研究中心，以便吸引当时最前沿的思想家，创建属于他们自己的学派。同时修会的修士们也承担布道者、告解神父和属灵导师的服侍。

切斯特顿明确地指出，方济各和阿奎那虽然在方法上有巨大的差异，但是他们都投身于同一个工作，那就是把自鸣得意的基督教王国还原为有生命力的基督教。即使如此，他们之间还是有差异的。尽管过于简单化，我们仍可以恰当地概括说：方济各会的修士主要致力于服侍**身体的慈善**，比如喂养饥饿的人，为衣不蔽体的人提供衣服，为无家可归的人提供居所以及照顾病人。而阿奎那及与他一起工作的多明我会修士则擅长服侍**心灵的慈善**，比如向无知的人传授知识，为信仰产生怀疑的人提供咨询，在异端面前捍卫信仰。因此，他们有"上帝的狗"的绰号（多明我修会为 Dominican，而"上帝的狗"的拉丁语为 *Dominicanes*，这是一个戏谑的双关语）。他们是名副其实的天国的猎犬，因为他们像猎犬一样守卫着基督教的精神内容和特性。

在 1933 年第一次出版这本书的时候，切斯特顿不知道整个世界——而不只是 1914 年到 1919 年间自相残杀的西方国家——正在准备吞没自己。这场自我残害的灾难主要起源于几个制造分裂的意识形态：法西斯主义、无政府主义、无神论、现代主义。因此，切斯特顿在宣称圣阿奎那是我们这个时代最需要的圣徒时，显得尤其有前瞻性。他敏锐地看到，每个时代都"被与其冲突最激烈的圣徒所改变"。1933 年，人们最迫切的需要是，在对复杂的伦理和政治问题作判断时，或者在思考物质上和精神上威胁人类生活的哲学和宗教困境时，恢复**理智**的中心地位。

切斯特顿曾把圣阿奎那在神学和哲学方面取得的成就称为"历史上最伟大的变革"——这个说法可能显得有些夸张——其意谓，在东西方文化的漫长历史中，从未有人将宗教信仰和世俗理性作协调与统一。切斯特顿还认为此两者在所有的文明中都互相冲突。简单地说，信徒往往以内省的方式追求神秘体验，而没有宗教信仰的人则遵循外向型理性主义的思想路径。前者最看重的是感觉和情绪，而后者则认为观察得来的数据超越其他任何形式的知识。切斯特顿的主要论点是，圣阿奎那通过展现两者间相互交织、相互依赖的关系，弥合了它们之间自古以来的裂痕。

切斯特顿说，因为这项前所未有的成就，阿奎那在七个多世纪以前就解决了"科学和宗教之间的纷争"！这项成就主要是在阿奎那对抗另一位13世纪的思想家布拉班特的西格尔（Siger of Brabant）时取得的。西格尔像我们这个时代的大多数人一样，将超自然的启示与自然的知识作了致命的分割。西格尔认为，真理是双重的，而非单一的，这一论断激怒了阿奎那，他随即反驳说，这样的观点既毁坏了信仰又毁坏了理性。没有理性的信仰是迷信，而没有信仰的理性，则是对理性的偶像崇拜。信仰和理性诚然是通向唯一真理的两种途径，但它们**相互补充**，而非**相互冲突**。

阿奎那正确地坚持这样一种立场，即上帝在道成肉身中自我认同的行为以及基督徒从这个关键事件中演绎和发展出来的教义，不能违背人类关于自然世界的发现，否则基督教就非真实的。然而他还认为，物质的数据一旦离开它们的起源及其所指向的目标，就无法被充分地理解及恰当地运用。阿奎那坚持认为，启示并不有损于理性，而是改造、完成及完善理性的——事实上，这成了阿奎那的名言。切斯特顿认为，纵观人类历史，阿奎那第一个向人们显明：宗教的合理性不亚于其可信性。

切斯特顿把阿奎那的巨大成就描绘成"常识"（common sense）。他的意思并非说阿奎那的成就仅限于这样的真理——每个人都能清楚地认识，并不经过辩论就能达成共识，且不会引起争议。这样的真理是不存在的。相反，人类的大多数冲突都可以追溯到真理本身会备受争议的特点。切斯特顿使用的"常识"一词，带有明显的亚里士多德主义和阿奎那主义的色彩，也就是说，他认为真理基于身体的**感觉**（senses），而身体的感觉是所有人最**普遍**（common）的经验。"理性中没有什么东西是在感觉中找不到的"，这是阿奎那的另一句名言。物质世界是所有知识的媒介，而所有的知识都可以通过身体的五个窗口得以感知。这五个窗口是：视觉、嗅觉、触觉、味觉、听觉。因此，这个主张和基督教最核心的主张之间存在着类比。切斯特顿说："所有教义中最具有挑战性的是上帝与人的联姻以及通过人与物质的结合。""令人震惊的道成肉身的教义"处在所有自然与人类之事的中心，因为上帝是灵（约4：24），在耶稣基督里则成为一个有肉身的人。

为什么切斯特顿认为阿奎那的著作在每个时代都有适切性？这并不难理解。阿奎那的著作对我们这个时代有巨大的现实意义。如我们所看到的，阿奎那不但不排斥现代科学，而且预见和肯定了现代科学的意义。他对亚里士多德的彻底革新，显示了基督徒愿意与所有非基督教文化（甚至是那些与福音相敌的文化）对话，向其学习，与之辩论，与之和解，不论这种文化是来自东方还是西方。阿奎那可以与所有愿意探索理性和自然的人进行对话。切斯特顿说，所有向往良善的人都应该受到他的吸引，因为他的视野既是**自由的**，又是**人文的**。这两个词指向最本质的事实：**人的自由**（使我们成为独一无二的有自由意志的创造物）和**人的尊严**（它是一种内在价值，我们不能把它减缩成功能或者用途）。

这两个断言显然是切斯特顿有关阿奎那的著作与我们这个时代最具关联性的地方。之前的一个世纪曾被称为血的时代、灰烬的时代和死亡的文化。东方人和西方人都否定了最基本的事实，即人的思想固有的自由以及人的身体固有的尊严。忽视这两点的结果是前所未有的恐怖：20世纪被屠戮的人比之前所有世纪的总和还要多——大约有1.8亿人惨遭杀害，而且大多数人是被自己的政府所处决的。

在阿奎那的时代，摩尼教徒诋毁人的心灵和身体。切斯特顿有时候称他们为"亚洲人"或者"东方人"。使用这类称呼的时候，切斯特顿指的并不是中国人或印度人，而是3世纪的古波斯帝国，特别是说亚兰语和叙利亚语地区的人。13世纪时，这个异端派别的拥护者扩张到法国南部和意大利北部，他们一般被叫作阿尔比派（**Albigenses**）或者卡撒派（Cathars）。这些极端的二元论者认为，物质世界为一个魔鬼般邪恶的黑暗之神所创造，而精神世界乃至善的光明之神的工作。

按照这种理论，人类的身体非但不神圣，而且是渎神的，甚至是邪恶的。丈夫离开妻子，妻子离开丈夫去加入卡撒派。切斯特顿把这些后期的摩尼教徒称为虚无主义者，因为他们试图把身体缩减成虚无。阿尔比派中最"属灵"的成员一概拒绝性事，他们不但诋毁婚姻带来的快乐，而且否认新生命的价值。如果他们不曾受到抵制，他们早就从根源上毁灭了人类的存在。但是他们发动的那场运动是很有力的，很多基督徒都被其吸引，在其引导下追求悲观和鄙视身体的禁欲主义生活。教会残酷地镇压了阿尔比派，这场圣战获得了阿奎那的全力支持，而切斯特顿并没有提及这个令人不安的故事。另一个遗憾是，切斯特顿认为圣奥古斯丁和奥古斯丁派的传统容易陷入摩尼教式的"灵化"泥淖。相反，希波的伟大主教是道成肉身的坚定支持者，阿奎那曾大量地引用他的作品，并对其大加赞扬。

另一方面，切斯特顿在强调圣阿奎那自己的禁欲主义的积极和乐观的特性这一点上是正确的。阿奎那所起的三个誓愿——贫穷、独身和顺从——从来不曾让他鄙视身体。相反，这些誓愿使他能把低级的身体的欲望所产生的能量，转化成高级的思想的目标，如切斯特顿所说："在他思想的熔炉里，欲望几乎退去。"因此，阿奎那从来不曾蔑视婚姻的圣礼，抑或性和新生命产生过程中的神圣。相反，他提供了一个新的途径，来颂赞所有圣洁之物。切斯特顿认为，他做到这一点是通过显示"今生只有一个目的，而这个目的是超越今生的"。

从这句话来看，圣阿奎那仿佛完全抵制各种现代科学所坚持的最基本的假设：进化论。我们这个时代的人几乎一致认为，地球上的生命经过了自然选择进行的成长和变化的缓慢过程，于是高级的存在从低级的存在发展了出来。阿奎那像他之前的奥古斯丁一样，并不为上帝创世所花费的极其漫长的时间所困扰。如切斯特顿自己在《回到正统》

(*Orthodoxy*, 1908) 一书中所表明的:"进化论所指的,如果只是一样称为'猿'的实存东西,非常缓慢地演变为一种称为'人'的实存东西,那么,就算对最正统的信仰而言,进化论也不会造成丁点儿的伤害。原因是一位具有位格的神做事根本可快可慢,特别是当其像基督教的神一样不在时间之内。"①

切斯特顿给出了阿奎那式的论点,即这种自然与进化的过程无法阐释自我。相反,它永远指向自我以外。我们通过五种感官认识的世界不是自我存在的,而是依赖外在力量的;不是完整的真实存在,而是部分的潜在存在;不是永恒的,而是短暂和走向消亡。切斯特顿用一个微妙的阿奎那式的短语说,世界的存在"隐含着一个更恒定、更完整的存在,这种存在在世界上找不到例证"。这就解释了切斯特顿为什么持这样一种观点:与其说阿奎那反对进化论,不如说他反对一种把宇宙当成纯物理因果关系产物的盲目的决定论。

切斯特顿还认为,假如阿奎那生活在亨利·柏格森(Henri Bergson)的时代,他也会反对后者较温和、并且据称较人道的进化论,也就是所谓的创造进化论(Creative Evolution)。柏格森认为,世界永无止境的变化和复杂性是由一种生命力(*élan vital*)所驱动的,而人类的创造力至少能部分地引导这种力量。但是如切斯特顿所说,伯格森不能明确地指出我们应该引导生命巨流朝向什么目的,因为它没有超越自身的源头或者终点。

阿奎那的主张与此形成鲜明对比。他认为存在(*Ens*)客观地超越自身,因而它的目的不是我们的思考或者愿望的产物。切斯特顿说:"此生的目的超越此生。"阿奎那关于万物来自上帝并且归于上帝的观点,非但没有贬低世界,反而更突显了世界的荣耀和奇妙。在圣阿奎那的帮助下,我们可以生活、动作、存留在一个神圣上帝指引下的宇宙,

---

① 切斯特顿《回到正统》,生活·读书·新知三联书店,2011 年,31 页。——译注

一个秩序良好的整体中，而不是一片自生、自在的混沌里。万物（从惰性的矿物质到天使的生命）都绝非某种偶然和荒谬力量的产物，或者某种没有源头和指向的过程的产物，而是受命走向其合宜的归宿。世上的事物形成了一条伟大的"存在之链"(Chain of Being)，切斯特顿称之为伟大的"较高和较低自由之等级"。

阿奎那承认，宇宙有很多缺陷，但宇宙有缺陷的原因在于它总是处在变化之中，因此它始终是不完全的，而不是因为它是一个无目的的结构。唯有上帝是全然**真确**、绝对**实在**和百分之百**完**全的。另外，上帝以他完全的自由，自由地赐给人类属于他们自己的自由。他拒绝阻止我们破坏他的创造。相反，他任由我们反叛，任凭我们滥用和败坏我们的自由，即使我们这样做的后果是使不论无辜还是犯罪的人都陷于巨大的灾难。然而，上帝不是一个无助地看着世界上的灾难蔓延、中立的神祇。正是因为上帝在他的**超越性**中距离世界无限遥远，所以他亦在其**临在性**中无限地接近世界，他甚至于比我们的气息距离我们自己更近。正如切斯特顿所说："上帝以他所有的力量每时每刻都永恒地在行动。"

论到上帝不朽的作为，无任何方式能与他在耶稣基督里的作为相比。这具体表现在两个方面：一是借着耶稣在世上未受到太多人赞誉的作为，上帝以内在的方式做工；二是借着耶稣在教会中持续的同在，上帝以外在的方式做工。因此，上帝以他无尽的耐心和智慧把宇宙带向它的终极归宿。在那里，万物都将和谐共存，所有的敌对都将和解，所有的反叛都将被挽回——在那超越此生的真正生命中。在阿奎那看来，这一巨大的转变发生的过程中，理智的合理秩序与意志同等重要。

对于圣阿奎那来说，每个透过上帝赐下的理性看世界的人，当其理性作用于五个感官时都能够看出，属地的生命超越自身向属灵生命进发，甚至向上帝自己在道成肉身中体现出来的三一生命进发。基督的福音和教会仍旧是真确的人类希望所在，而不是西方文化的落日余晖，因为阿奎那前所未有地把理性和上帝的启示协调起来，耶稣基督仍然被视为整个世界的光。切斯特顿和阿奎那都认为，基督是成了肉身的逻各斯（逻各斯在希腊语中有两层含义：理性和话语），他满有恩典地与所有人在思想和意志层面进行交流。他使我们能辨别是非，以恩慈化解仇恨，并行走在通向个人和社会转变的大道上。

献给
多萝西·柯林斯（Dorothy Collins）

若非您的帮助
我定会无助至极

导　言

　　本书的目的不外乎使一个本应该更受欢迎的伟大历史人物更受欢迎。如果读完这本书以后，以前对圣托马斯·阿奎那知之甚少的人愿意寻找更好的书，以便对这位圣徒作进一步的了解，本书的目的就达到了。但有时对目的的限定是必要的，而限定又是有后果的，所以从一开始，我们就应该弄清楚我的写作目的到底会带来什么样的后果。

　　首先，本书对托马斯作了一个简要介绍。它的读者对象是不同属于圣托马斯这个群体的人。他们对他感兴趣，就像我可能对孔子或穆罕默德感兴趣一样。但是，从另一方面说，呈现托马斯一生清晰的轮廓，不可避免地涉及与托马斯思想不同的思想体系。如果我主要为外国人写一部关于纳尔逊勋爵的传记，我可能会详细地介绍英国人耳熟能详的一些事实，而省略英国人感兴趣的一些细节。然而，如果要完全隐瞒他与法国人作战这个事实，就很难写出一部生动感人的《纳尔逊传》。同样地，如果要写一部《阿奎那传》，却隐瞒他与异端斗争的事实，也将是完全徒劳的。就连写书这个事实本身也可能会使写书的目的显得很尴尬。我只能表达这样的愿望或者信心——即使是那些认为我是异端的人，也不会因为我诚实地表明了自己的信念而批评我，更不会因为我诚实地表明我的主人公的信念而批评我。我在书中曾一两次提到我的这个信念：16世纪的教会分裂是13世纪悲观主义的爆发，也是奥古斯丁式的清教主义对亚里士多德式的自由主义的反击。如果不表达这个信念，我就不能把我的历史人物放到历史中去。总体而言，我要描绘的是一个历史人物在历史中的粗略画面，而不是几个历史人物的画面。

第二，在如此简略的传记里，除了指明托马斯有一套哲学以外，我简直不能对这位哲学家的哲学再多说些什么。我只能从他的哲学中抽出极少的例子作简要的介绍。最后，这部传记的篇幅也决定了我几乎不可能对他的神学作恰如其分的介绍。我认识的一位女士找了一本带有注释的托马斯作品选集，然后充满期待地选了题为"论上帝的简单性"一章开始阅读。然后她叹了一口气，放下书说："唉，如果这一篇说的是上帝的'简单性'的话，我真想不出他的'复杂性'是什么样的。"我绝没有不尊重她看的那本书的意思，但是我不会让我的读者看第一眼就带着叹息放下他们手上的这本书。在我看来，传记是哲学的导言，而哲学是神学的导言。我能够让我的读者耐心地读完故事的第一个阶段——传记。

第三，我已经决定不去理会那些时不时急于哗众取宠的批评家，他们把有关中世纪魔鬼学的内容章节拿过来，只是想用一种陌生的语言来吓唬当代的读者。我理所当然地认为，受过教育的人都知道，阿奎那和他同时代的人以及他们的后人，的确相信魔鬼以及其他一些类似的东西。但是我不认为这类事情在这里值得一提，因为它们不能使托马斯的形象变得更清晰——连新教和天主教的神学家在这一点上都已经达成了共识。圣托马斯并非因为这类观点而闻名于世。事实上，他对魔鬼的存在这类观点的态度是很温和的。我没有讨论这类事情，不是因为我有意隐瞒，而是它们与托马斯本人的关系不甚密切，也因此不关我的事。在这本小书里，我也找不到写这些东西的空间。

第一章
两个托钵修士

我首先要提及一位大名鼎鼎的人物。这人去过的地方，就连"天使博士"[①]的天使们也望而却步。前不久，我写了一本关于阿西西的圣方济各的小书，又过了一段时间（就像歌里唱的一样，"我不知道什么时候，以什么样的方式，更不知道为什么"），我答应写一本篇幅类似的，或者说一样短小的关于圣托马斯·阿奎那的小书。这个许诺之鲁莽有点方济各的风格，而以同样短小的篇幅来写阿奎那，从逻辑上说，与托马斯的风格相去甚远。你可以勾画一下方济各，但只可以做个介绍托马斯的计划，就像计划建造一个迷宫一样。然而从某种意义上说，不论对于写大书还是写小书，托马斯都是个合适的题材。关于他的一生，我们所知道的用几页纸就可以写完，因为他不像方济各那样隐匿在其逸事和传奇的迷雾中。但我们所知道或可以知道，或最终能够幸运地学到的他的作品，将来恐怕比过去所占据图书馆的空间更多。我们可以用概要的形式描绘方济各，而对于托马斯，主要是如何填写概要的内容。为号称"小个子穷人"的方济各作个缩影式的介绍至少有点中世纪的味道，因为他的名号本身就显得小巧。但以小报的形式写"西西里的笨牛"，就像把一头公牛塞到茶杯里一样困难。可是我们必须有这样的期待——我们能够为他的传记写一个梗概，因为似乎每个人都能写历史的梗概，或这样那样的梗概。只是在这里，梗概的对象尺寸超标，就如衣柜里找不到这位托钵修士能穿得下的衣服。

[①] 指托马斯·阿奎那。——译注

我说过，如此小的篇幅只适合大致轮廓式的介绍。但是，试想这两位托钵修士如果真的穿着修士袍并排走过一个小山丘，对比的视觉效果想必更加震撼，甚至有些滑稽。因为托马斯和方济各走在一起，可能就像堂·吉诃德和桑丘·潘沙①，或者福斯塔夫（Falstaff）和斯兰德大师（Master Slender）②一样。方济各身材瘦小，性格活泼。他就像一根线一样瘦弱，却像弓弦一样充满活力，行动起来就像离弦的箭。他的一生是一系列跳跃式的投身和奔跑——追赶一个乞丐，光着身子冲进树林，跳上一艘陌生的船，冲进穆斯林苏丹的帐篷，甚至曾想纵身跳进火中。从外形上看，他一定很像一片枯黄的树叶，在秋风中不停地飞舞；然而事实上，他就是那秋风。

   托马斯则是一个身材非常高大的人，他很胖，行动迟缓，不爱说话。他性格温和，很有气度，而不善于交际。他除了有着神圣的谦卑之外，还很腼腆，他除了偶尔小心翼翼地掩盖他出神的经验之外，他还心不在焉。方济各热情洋溢，甚至有时候显得有些急躁。有时候他会突然出现在教士们面前，令人以为他是疯子。托马斯则性情如此淡漠，以至于学校里的学生都认为他是个蠢材。当然，他宁愿被当成蠢材，也不愿意自己的梦想被那些活跃的蠢材们侵扰。将这两个人物外在的对比，进一步延伸到他们内在个性的方方面面。方济各的矛盾性格在于，他虽然热爱诗歌，却对书籍持怀疑态度。托马斯爱书如命，就像《坎特伯雷故事集》中那个书记员或学者一样。宁愿只拥有一百本亚里士多德哲学书，而不要这世界给予的任何财富。有一次，有人问他，他最感谢上帝的事是什么，他回答说："我理解了我读过的每一页书。"方济各写起诗来很生动，而其文献式的作品却显得很含糊；托马斯毕生致力于整理世俗的和基督教的文献，偶尔也会写一首圣诗，就像我们有时候度

---

① 文艺复兴时期西班牙作家塞万提斯的著作《堂·吉诃德》中的人物。——译注
② 莎士比亚的剧本《亨利四世》和《温莎的风流娘儿们》中的人物。——译注

假一样。他们从不同的角度看待相同的问题。方济各以为把心掏给穆斯林看就能让他们不再崇拜穆罕默德；托马斯却埋头作那些令人头痛欲裂的关于绝对和偶然的区分和推论，目的仅是让穆斯林别误解了亚里士多德。方济各是一个店主或中产阶级商人的儿子，他的一生都是对他父亲经商生活的反叛，然而他保留了一些商人特有的敏锐和灵活，把自己的市场经营得像忙碌的蜂房一样。通俗地说，虽然他热爱绿草地，却绝不让自己的脚下长草。他是美国的亿万富翁或者大亨们称为"活力四射"的那种人。现代机械师的典型特征是，即使在竭力想象一个有生命的东西时，也只能用死的东西来打比方。世界上有"活虫子"，却没有"活线"①这么个东西。方济各会真诚地同意，他就是只虫子，而且是一只活力四射的虫子。他最为反对"手到擒来，一蹴而就"（go-getting）的理想，但是，虽然他放弃了"擒来"（getting），却仍然坚持"手到"（going）——忙碌服侍。托马斯的家庭背景允许他享受安逸的生活，而且他也的确保留了安逸生活赋予人的沉静气质。他很勤奋地工作，但是没有人会把他当成一个急匆匆的人。他有一种无法定义的气质，是那种不需要工作却坚持工作的人所独有的。他出身于名门望族，在后来的生活中，即使沉静的气质不再是必需的，仍然作为一个习惯保留了下来。但是在他身上，这个习惯仅在最可亲的方面表现出来，比如他很自然地就对人有耐心、谦恭有礼，毫不牵强。每个圣徒在成为圣徒之前首先是一个人，所有类型的人都有可能成为圣徒，我们中的大多数人都根据各自不同的品位选择不同的类型。但是我承认，虽然方济各的浪漫光环在我心中并未褪色，然而随着年龄的增长，我开始慢慢地对托马斯充满了热爱，甚至在某些方面超过了方济各。托马斯几乎不自觉地住在他自己宽广的心胸和博大的思想里，就像住在一间大房子里一样。他虽然看起来有些心不在焉，实际上却像方济各一样热情好客。而方济各，这位离

---

① 英文为 a live wire，与"活力四射"为同一短语。——译注

世俗最远的圣徒，有时候在我看来，似乎太能干、太高效。

近些年，托马斯又重新出现在大学和沙龙的文化圈里，这种现象如果放在十年前，简直有点不可思议。人们对他的这种态度显然与二十年前方济各备受欢迎的原因不同。

圣徒是一剂良药，恰恰因为他是一种对症而下的解药。事实上，这就是圣徒在某种意义上可以被称为殉道者的原因。他之所以有时候被误认为是毒药，恰恰因为他是毒药的解药。他通过放大被社会所忽略的成分（不同时代的社会当然有不同的成分），而重新使社会回归神圣。但是，每个时代的人都在本能地寻找自己的圣徒。他不是人们想要的，却是人们所需要的。以前的德国皇帝曾严肃地把他那些身强力壮的臣民称为"你们是世上的盐"（太5∶13），他大概认为他们是肌肉最发达的，所以理所当然是最好的。但是，盐的调味和使牛肉保鲜的功用，不在于它像牛肉，却恰恰在于它与牛肉完全不同。基督没有告诉他的使徒，他们只是优秀的人，或者唯有他们是优秀的人，而是他们是独特的人——他们永远显得与世界格格不入。关于盐的这段经文，如同盐味一样尖锐、机智、严厉。原因是使徒们是独特的人，他们不能丧失自己的独特性。"盐若失了味，怎能叫它再咸呢？"（太5∶13）这个问题要比仅仅抱怨"最好的牛肉价钱太高"尖锐得多。如果世界变得太世俗，教会可以批评它；但如果教会变得太世俗，世俗的世界却不能纠正她。①

因此，历史的吊诡在于每一代人都被与其最相抵触的圣徒所归正。对于维多利亚时代的人来说，方济各有一种奇特的、近乎怪异的吸引力。因为19世纪的英国人最因为他们的商业贸易和所谓的"常识"（common sense），而感到一种肤浅的洋洋得意。不光是那个本身就洋洋得意的英国人马修·阿诺德（Matthew Arnold），就连因为洋洋得意而被阿诺德批评的自由派英国人，也通过乔托所描绘的那些圣徒的画面慢慢

---

① 此处隐含的意思是：教会是盐，世界是牛肉；如果教会失去了盐味，便不能去调和世界了。——译注

地发现了中世纪的奥秘。方济各的故事中有一些成分让人得以识破英国人最显著、也最愚蠢的特质，因而使英国人看到了他们掩埋得最深、也最人性化的一面：心灵中的温柔，头脑中诗意的朦胧，以及对自然景观和动物的热爱。方济各是唯一一位因为他自己的美德，而被英国人接受的中世纪天主教徒。接受他的原因，很大程度上是当代世界早已忽略了他那些特殊的美德和价值。英国的中产阶级能在他们最最鄙视的人——一个意大利的乞丐——身上，看到他们唯一的宣教士的样式。

于是，19世纪抓住了方济各式的浪漫，恰恰因为它忽略了浪漫；正如20世纪已经开始抓住托马斯的理性神学，是因为这个世纪忽略了理性。在一个过于一本正经的世界，基督教借着一个流浪汉回归了；而在一个变得太过疯狂的世界，基督教又以一个逻辑教师的形象回归了。在赫伯特·斯宾塞的时代，人们渴望找到治愈消化不良的药；到了爱因斯坦时代，人们开始要治愈眩晕的药。在前一种情况下，人们模糊地意识到，方济各在禁食很久以后才吟唱出著名的《太阳之歌》和对大地的赞美；而在后一种情况下，他们模糊地认为，即使他们想要理解爱因斯坦的理论，也必须先弄明白这种理解能有什么用。他们开始看到，正如18世纪自认为是理性的世纪，19世纪自恃为适度的世纪，20世纪除了不同寻常的愚蠢和无聊，还找不到更好的称谓。在这样的形势下，世界需要一位圣徒；更重要的是，世界需要一位哲学家。这两个例子说明了世界其实本能地知道自己需要什么。对那些最热情地高喊"地球是圆的"的维多利亚人而言，地球仍然是很平的，而唯有方济各在其上领受圣痕的阿尔维诺山（Alverno）高耸在平原上。但地球是一场地震，一场无休止的、显然无止境的地震，因为对现代人来说，牛顿已经和托勒密一起被抛弃了。对现代人来说，比山峰更险峻、更令人难以置信的是一块真正坚固的平地，一个头脑清醒的人的水准。这就是为什么两个圣徒吸引了两代人——浪漫的一代和怀疑的一代。但是在他们自己的时代，他们在做同样的工作——改变世界的工作。

另外，或许正如某些人所说，对这两位圣徒的比较是没有意义的，因为两位圣徒即使在梦幻中也不相称。他们既不是同一代人，也没有相同的历史背景。如果要从众多的托钵修士里选出两个来做"双子星座"的话，最好的一对可能是方济各和多明我。至于方济各和托马斯的关系，则最多是叔叔和侄子的关系。我的这两本传记可能看起来像"汤米，给叔叔让座"①的另类版。如果说方济各和多明我像一对双胞胎兄弟，那么托马斯和波纳文图拉就可以说是他们的伟大子孙了。但是，我有一个理由（实际上是两个理由）在这一章里把托马斯和方济各并列在一起，而不是把他和波纳文图拉放在一起。原因是，虽然托马斯和方济各看起来相距遥远，但是对这两个人物的比较实在是了解历史的一条捷径，并能最快地帮助我们切入阿奎那的人生和著作。因为大多数人的脑海中有一幅粗略而生动的方济各图画。因此，讲另一个故事最简捷的方法，就是指明这两个人几乎处处都能形成鲜明对比，然而他们实际上做的是同一件事。一个人在自己的头脑里做的事，而另一个人在世俗世界做。这件事就是伟大的中世纪运动。人们对这个运动的了解仍然很不充分。从一个建设性的角度上说，这场运动比宗教改革更重要。或者我应该说，他们所进行的就是一场宗教改革。

关于这场中世纪运动，必须先强调两个事实。这两个事实本身并不相互抵触，相反它们或许是两个相互抵触的问题的答案。首先，人们说了太多"中世纪是迷信、黑暗的时代"，"中世纪的经院哲学毫无用处"之类的话，然而事实上，中世纪运动在各个方面都向着光明和更大自由前进。第二，尽管后来人们又说了很多"它是进步的，是一次文艺复兴、现代思想的先驱"之类的话，然而，中世纪运动几乎可以说是一场正统的、由内而外出自神学热情的运动。它不是对世俗的妥协，或对

---

① "汤米，给叔叔让座"（*Tommy Make Room for Your Uncle*）是 T.S. 兰斯戴尔（Lansdale）在 1875 年写的一首歌。——译注

异教或异端的投降，也不仅仅是简单地对外部资源的借用，尽管它的确借用了外部资源。在向着光明前进的方面，中世纪运动就像一棵植物一样，凭着自己的力量在日光下抽枝发芽，而不是把日光关进牢笼。

简而言之，这就是真正意义上的教义发展（Development）。然而，似乎还有一种奇怪的无知，不仅是对专门知识的无知，就连"发展"这个词的自然含义都搞不清楚。天主教神学的批评者似乎认为，这里所谓的"发展"看起来与其说是一种演化（evolution），不如说是一种回避（evasion），或者充其量是一种改动。他们觉得中世纪的成功是屈服的成功。但这不是"发展"这个词的自然含义。当我们说一个孩子"发展"得很好的时候，我们指的是他身体长高了，长壮了，而不是说他踩在借来的枕头上或者高跷上显得更高了。当我们说一只小狗崽儿长成了狗的时候，我们不是说它越长越像猫，而是狗性越来越突出。发展是一个教义所有的可能性和所有的内涵的扩展，因为可能性变成现实以及隐含的内涵浮现出来是需要时间的。在这里我要说的是，中世纪神学的扩展，是对中世纪神学本身的充分理解。关于那伟大的多明我和方济各的时代，首先认识到这一点是至关重要的。因为他们的倾向虽然在多种意义上是人文主义或者说是自然主义的，但首先是至高教义的发展，是教义中的教义（dogma of all dogmas）真正意义上的发展。正是在这个意义上，方济各写下了备受欢迎的诗歌，连同托马斯的理性主义的文章最生动地成为中世纪运动的一部分。这种发展依赖外在的事物，但是依赖的方式就像每一个有活力的、生长的事物对外在环境的依赖一样。也就是说，发展消化和转化了外在事物，但是保留了自己的样式，而不是被外在的事物所同化。一个佛教徒或共产主义者可能会同时梦见两个事物相互吞噬来达到完美的统一，但有活力的事物不是这样的。方济各满足于把自己称为"上帝的吟游诗人"，然而他却不满足于吟游诗人的上帝。托马斯不是使基督与亚里士多德一致，而是使亚里士多德与基督一致。

是的，托马斯和方济各的对比是胖子和瘦子的对比，高个子和矮个子的对比，大学士和流浪汉的对比，贵族和学徒的对比，爱书人和恨书人的对比，最温和的教授和最狂野的传教士的对比——这些对比虽然强烈到了有喜剧效果的程度，然而中世纪历史的伟大事实是，这两位伟人做的是同一件伟大的工作，虽然一个是在书房里，一个是在大街上。他们没有给基督教带来诸如异教或异端之类的新东西。恰恰相反，他们把基督教带入了基督教世界。但他们是顶着某些历史趋势的压力进行变革的，这些趋势在基督教会的许多伟大的学派和权威那里已经固化成习惯。他们使用的工具和武器在许多人看来是与异端或异教相关的。方济各使用的是自然，而托马斯使用的是亚里士多德。对一些人来说，他们一个使用的是异教神祇，另一个使用的是一位异教哲人。他们所做的，特别是托马斯所做的，将是本书主要叙述的内容。但我们不妨从一开始就把他和一位更受欢迎的圣徒相比较，这样我们就能以一种受欢迎的形式切入主题。若说这两位圣徒把我们从梦魇一般的精神世界中拯救出来，这种说法或许听起来太矛盾。若我说方济各凭着对动物的热爱而把我们从佛教中拯救出来；或托马斯因着他对希腊哲学的热爱而拯救我们脱离柏拉图主义，这一看法或许容易招致误解。但用最简单的方式把真理表达出来就是最好的，因为他们都通过把上帝再次带到地上的方式，从而肯定了道成肉身的教义。

  这个类比，虽然乍看起来不够贴切，但它或许真的是介绍托马斯哲学最简捷的方法。如我们后面要详细讨论的，在大公教会最初的几个世纪，天主教的灵性操练或者神秘主义的操练占主导地位。之所以出现这种情况，是与奥古斯丁分不开的。奥古斯丁曾经是个柏拉图主义者，并且也许始终是个柏拉图主义者。其他的因素还有被认为是亚略巴古的狄奥尼修斯（Dionysius the Areopagite）之作品中的超验主义、罗马帝国后期的东方主义潮流、亚洲式政教不分的拜占庭帝国。所有这些因素都压制了我们现在可以大致称为西方主义的因素，尽管它也可以被称为基督教的因素，因为它的常识是对道成肉身的通晓和崇敬。无论如何，我们现在只需要这样说就够了——神学家在一定程度上成了僵化的柏拉图主义者，他们把捍卫某种不可知的、不可触摸的真理作为自己的使命，仿佛他们的智慧在真实的世界没有任何根基一样。于是托马斯所做的第一件事，就是对这些纯粹的超验主义者说了这样一番话：

> 否认你们头上戴着耀眼的钻石，远远不是一个托钵修士要做的。这些钻石都是以最完美的数学形状设计，闪耀着纯粹的天堂般的光芒。甚至在你开始思考之前，更不用说是看见或者听见或者感觉到任何东西之前，这些钻石就已经在那里了。但我毫不羞耻地说，我是通过感官找到我的理性的。我所想的在很大程度上依赖于我所看见、闻到、尝到和摸到的。我的理性也有责任把这些感知到的事实都当作是真实的。简单地说，带着谦卑的态度，我不相信上帝的本意是人只能运用那些特别的、高高在上的、抽象的材质。我相信理性和感性之间有一个中间地带。在这个地带，通过感性获得的知识成了理性的加工对象；在这个地带，理性作为上帝在人身上的代表，能够统治感性。的确，人是低于天使的，但人是高于其他动物和周围所有的物质客体的。的确，人也可以成为客体，甚至成为一个糟糕的客体。但是人做了人所能做的；如果一个古代的名叫亚里士多德的异教徒能帮我做到我想做的，我将满怀谦卑地感激他。

这就是所谓的诉诸阿奎那和亚里士多德，也可以叫作诉诸理性和感性的权威。将要显明的是，托马斯在这一点上与方济各形成一种有趣的比照——方济各不仅聆听天使的声音，也聆听鸟的叫声。在我们开始探讨托马斯极为学术性的方面之前，我们可以注意到在他的身上，正如在方济各身上一样，有一种相当合乎道德的基本要素。那是一种好的、直白的谦卑；甘愿承认人在某些方面与动物类似，正如方济各曾把自己的身体比作驴一样。我们甚至可以说，两位伟人在细微之处也能形成对比——如果说方济各像那头把基督驮进耶路撒冷的普通驴子，那么托马斯就像一头牛，与《启示录》里的那头怪兽相似，它极有可能出自亚述神话——一头长了翅膀的牛。但是需要再次指出，我们不能让形成鲜明对比的东西，阻挡我们看见他们共有的东西，或者忘了他们两个都足以谦卑到耐心地在伯利恒的马厩里做牛或做驴的程度。

当然，正如我们将要看到的，除了重视经由五官而得的常识之外，托马斯的哲学里还有很多其他更新奇、更复杂的观点。但是在这里，故事的主旨是，对感官的重视不仅是托马斯的教义，更是基督教的教义。在这一点上，现代学者写了很多废话，而且因无法领悟真正要旨而暴露了缺乏独创性及其他问题。他们从一开始就在未经任何论证的情况下，假定任何形式的解放必然使人远离宗教，趋向非宗教，他们盲目地忘了宗教本身的突出特征是什么。

托马斯是人类历史上最伟大的思想解放者之一，想要长期掩盖这个事实是不可能的。十七八世纪那些闹宗派分裂的人，从本质上讲是蒙昧主义者，他们捍卫的是一个蒙昧主义的神话，即经院神学家托马斯是蒙昧主义者。这种说法到了19世纪就已经开始显得苍白了，到了20世纪，所有人都知道这是无稽之谈。这种说法与他们的神学或者他的神学包含多少真理无关，仅与当时的历史情况有关。当争吵开始平息的时候，真理就显现出来了。简单说几点基本的事实。托马斯是一个非常伟大的人，因为他调和了宗教和理性的关系。他朝着实验科学的方向扩展了神学。他坚持说感官是灵魂的窗户，理性具有天赋的权利，以事实为粮。此外，信仰的责任是消化异教哲学所提出的最尖刻、最实际的难题。因此，就像拿破仑灵活地运用军事战略一样，托马斯与他的对手相比，与他的继任者和替代者相比，更具有解放思想和启蒙精神。那些因为其他原因接受了改教神学的人，仍将面临这个事实——经院派神学家托马斯才是真正的改革者。后来的所谓宗教改革派与他相比只能称为反动派。我用这个词的用意，并不是从我的出发点提出批评，而是从普通的、现代的、进步的出发点看到一个事实。比如，他们把人的思想钉死在希伯来圣经的字面义上，并满足于停留在这个层面，而托马斯却可以说上帝已经把恩泽赐给了古希腊的哲学家。托马斯坚持工作的社会责任，而改教者只关心信仰的属灵责任。托马斯主义哲学的生命力正在于教导人们可以相信理性，而路德神学却认为理性是完全不可信的。

当事实最终被当作事实来对待的时候，我们所面临的危险是所有不稳定的反对意见突然滑向相反的极端。那些一直在诋毁我们的经院派神学家、并且把他称为教条主义者的人，突然改变方向，开始仰慕他，说他是稀释教条的、伟大的现代思想家。他们匆忙地开始把褪了色的花环摆在他的塑像前，把他当作一个超前于他时代的人——当然，对这些人来说，超前于他的时代就意味着符合我们时代的标准。然后无缘无故强加给他一个"罪名"，说他是现代思想的创造者。他们会发现他的吸引力，并匆忙地假定他跟他们有些相像，因为他有吸引力。在一定程度上，他们的这种做法还是可以原谅的，因为这一套做法早就被用在方济各身上了。但是对于方济各来说，他们不能越过这个界限。没有人能否认，就连像勒南和马修·阿诺德一样的自由派思想家也不能否认，方济各是一个虔诚的基督徒，他所做的一切都可以归于效法基督的动机。但是方济各有解放宗教、使宗教变得人性化的效果，虽然这个效果在人的想象力上比在人的理性上更明显。但是没有人会说，方济各在松动基督教的原则，因为他使基督教的原则变得更坚固是不争的事实，就像他腰间的那根绳子紧紧地把修士袍束在身上一样。也没有人会说他为科学怀疑论敞开了大门，为异教人文主义铺平了道路，或者说他只是把人带向将来的文艺复兴精神，而且还把基督教信仰和理性主义调和起来。没有哪一个传记作者会声称，当人们说方济各顺手翻开福音书读到关于贫穷的伟大经文时，他实际上不过是出于对异教文字和知识的尊重而采用"维吉尔撞运法"随意打开《埃涅阿斯纪》。没有历史学家会说方济各写

《太阳之歌》时，模仿的是荷马写给阿波罗的赞歌，或者他热爱鸟类是因为他认真地学习了所有的罗马占卜术。

简而言之，大多数人，不论是基督徒还是异教徒，都会同意方济各的精神气质是基督徒的精神气质，是一种由内而外的、发自内心的基督教信仰的外在表现。如我所说的，没有人会说方济各主要是从奥维德那里受了启发。同样地，说托马斯主要从亚里士多德的哲学受了启发是一样荒谬的。他的一生，尤其是他的青少年时代，他的童年和对职业的选择，都显明了他首先是敬虔的，在意识到必须为天主教的崇拜辩护之前，他早就已经深深地爱戴天主教的崇拜方式。但是还有一个特殊的细节能把托马斯和方济各联系在一起。奇怪的是，当他们赋予感官和简单的自然界事物以神圣的含义时，当方济各谦卑地在野兽中间游走，托马斯勇敢地与异教徒辩论时，人们似乎忘了他们事实上所效仿的是同一位主，不是亚里士多德，更不是奥维德。

误解了这一点的人，也就误解了宗教的真正意义，即视宗教为一种迷信。而且，他们也就误解了被他们称为迷信的宗教。我说的是全部福音书中的那个神—人（God-Man，即耶稣）的故事。有的人甚至误解了方济各对福音书简单的、纯洁的信仰。他们会说，既然方济各从花或者鸟那里都能学到一些东西，那么可以说他提前指向了反基督教的文艺复兴。然而事实就摆在他们面前。首先，方济各是向后指的，他指向的是新约；其次，如果非要说方济各向前指的话，他指向的是托马斯的《神学大全》里的亚里士多德式的现实主义。这些人模糊地臆想，如果某种宗教有人性化的特点，就必然是异教。他们没有看到《使徒信经》里包含着最有力的人性化的宗教和最令人难以置信的教义。当方济各思索田间的百合花和天空中的秃鹫时，他变得越来越像基督，而不是越来越像菩萨。当托马斯坚持说上帝和上帝的影像通过物质与物质世界相关联的时候，他也变得越来越像基督，而不是越来越像亚里士多德。这两位圣徒是最严格意义上的人文主义者，因为他们坚持认为人类在神圣的计划中有作用。他们不是走向现代主义和普遍的怀疑主义的人文主义者，相反，他们的人文主义坚持的是现在常被称为迷信的超人文主义。他们巩固的是令人难以置信的道成肉身的教义，而这一点正是怀疑主义者最难接受的，因为对他们而言，基督教所坚称的基督的神性是最令人难以接受的。

这就是我当前要说的重点，即这两位圣徒通过变得更理性或者更自然，而成为更正统的基督徒。而且只有通过成为更正统的基督徒，他们才能变得更理性或者更自然。换句话说，能够被叫作解放神学的神学必须是由内而外的，其出发点必须是天主教最原初的奥秘。但是自由与自由主义没有什么关系，事实上，两者不能并存。① 这一点非常有说服力，我愿意拿托马斯的两个特别的观点来作进一步的说明。在描绘后来的托马斯学派的轮廓之前，在这里可以指出以下几点。

比如，托马斯的一个独特观点是：在研究人性的时候，我们必须把人当作一个整体。没有身体的人不能称之为人，没有灵魂的人也不能称之为人。尸体不能构成一个人，鬼魂也不能构成一个人。奥古斯丁学派甚至安瑟伦学派在很大程度上忽略了这一点。他们把人的灵魂当作人的唯一必要条件，而身体只是在一段时间内披上的一层可以忽略不计的皮肉。即使在这一点上，他们因为更强调精神而变得不太正统。他们的思想游荡在东方沙漠的边缘，把沙漠变成轮回之地。在那里，一个实质性的灵魂可以掠过一百个无关紧要的身体，它甚至能够依附在野兽或者鸟的身体上。托马斯勇敢地强调，一个人的身体是他的身体，正如他的灵魂是他的灵魂，人只能是两者之间的平衡与联合。在某种意义上，这种说法有些自然主义的倾向，很贴近现代人对物质的尊重。沃尔特·惠特曼或者 D. H. 劳伦斯也许会为身体唱一首赞歌，即对物质的尊重可以被

---

① 我在这里说的自由主义是严格意义上的神学的自由主义，就像纽曼或者其他神学家所定义的一样。我稍后会说明，在政治意义上，托马斯在他的那个时代，更倾向于自由主义。——作者注

称为人文主义甚至现代主义。事实上，对物质的看重也可以是与现代主义格格不入的唯物主义。从现代思想的角度看，物质与最古怪、最物质的事物联系在一起，并因而是奇迹中的奇迹。它尤其与现代主义者所不能接受的、最令人震惊的身体复活的教义联系在一起。

再者，托马斯关于启示的教义颇具理性主义色彩；但从另一方面说，却又具有明确的民主性和普遍性。托马斯关于启示的论证丝毫不违背理性。恰恰相反，他似乎倾向于承认，如果理性推理的过程真的符合理性的原则，并有足够时间的话，真理是可以通过理性推理的过程获得的。事实上，他个性中的一个因素——我在别的地方曾经称之为乐观主义（我找不到其他更合适的词）——使他相信所有人最终都愿意聆听理性的声音。也就是说，他确信，到了论证结束的时候，人能够被论证说服。然而他的常识也告诉他，论证是没有止境的。如果我跟一个人很要好，每天晚上彼此辩论，并持续四十年的话，我可能会说服这个人同意物质作为思想的源头是没有意义的。但是早在这个人临终被我说服之前，就有成千上万的唯物主义者诞生了，没有人能把所有的事向所有的人讲明。托马斯认为，普通劳作者和头脑简单的人，他们的灵魂和思想家、真理追求者的灵魂是同样重要的。他也的确曾经思考过，怎样才能使所有人有足够时间、以足够的推理来找到真理。他整段话的语调既充满了对科学研究的尊敬，又充满了对普通人的同情。他关于启示的论证不是与理性相对的论证，而是关于启示本身的论证。他从中得出的结论是，人类一定是以一种超自然的方式获得了最高的道德真理，否则大多数人根本就无从获得。他的论证既是理性的，又是自然的，他的推理是关乎超自然的上帝的，但是就像他的其他论证一样，其中很难发现不是他自己所作的推理。当我们看到这一点时，我们发现他的推理，其实与方济各本人所渴望的一样简单，就是关于一个从天上而来的信息，一个来自天际的故事，一个真实的神话。

这一点在关于自由意志的论证中表现得尤为明显。如果说托马斯有所偏爱的话,他所偏爱的可以被称为"从属的统治权或自治权"。笼统地说,他是个坚定的地方自治主义者。我们甚至可以说,他总是在维护有依赖性的事物相对的独立性。他坚持说这样的事物在它自己的领地有自己的权利。他坚持维护"自治"的人拥有的理性甚至他们的感性。"我在我父亲的家里是女儿,在自己的家里是女主人。"正是在这个意义上,他强调人有一定的尊严,尽管这种尊严很容易在纯粹的有神论关于上帝的叙述中被遗忘。没有人会说托马斯想把人从上帝那里分隔出来,但是他的确想把人和上帝区分开来。托马斯对人的尊严和自由的坚持,被视作崇高的人文主义和自由主义精神,因而得到现代人的赞赏。但是我们不要忘了,托马斯的立足点是很多现代自由主义人士要否认的自由意志,或者人在伦理上的责任。天堂和地狱以及人灵魂的奥秘,都与人的自由密切相关。这是区分而不是分隔;但人的确能让自己与上帝分隔,这种分隔在某种意义上可以说是最大限度的区分。

再者,正像我们以后必须提到的,从形而上学的角度上说,自由意志的问题实际上是古老的"多"和"一"的哲学问题。事物是如此不同,以至于无法对其进行分类?还是事物如此地具有一致性,以至于无法对其作出恰当的区分?我在这里并不是要假装我能一下子解决这些问题,但是我们可以大致说,托马斯坚定地走到了多样性的一边,认为事物的真实性与万物的统一性同样重要。在这个问题以及与其类似的问题上,他常常与那些伟大的、给过他重大启发的古希腊哲学家背道而驰。他更是完全背弃了从一定意义上说是他的对手的东方哲学家。他似乎相当肯定地认为,粉笔与奶酪、猪与鹈鹕之间的区别不仅仅是幻象,或者是我们混沌的头脑在强光面前晕眩的产物,而确实是与我们所感觉到的真实的区别相一致的。可以说,托马斯对不同事物之间关系的理解仅仅是常识,因为根据常识,猪就是猪。就此而言,托马斯关于事物之间区别的理解,与亚里士多德朴实的常识有关;或者与一个个人的、甚至非宗教的常识有关。但在此要注意,天和地的极点是相交的。托马斯对事物存在的理解也与基督教的创造论有关，他关注的是一个创造了猪的创造者，而非一个允许猪进化出来的宇宙。

在所有这些例子中，我们看到从开始就提出来一再重复的论点。托马斯之于形而上学的发展，就像方济各之于伦理和道德的发展一样，是一种扩展和解放，更是基督教神学由内而外的生长，而不是基督教神学在异教或者人文因素影响下的萎缩。方济各会的人有做托钵修士的自由，进而突破了只能在修道院里做修士的束缚；方济各因此成了更好的基督徒，更好的天主教徒，甚至成了更好的禁欲主义者。同样，托马斯派的人也有做亚里士多德主义者的自由，并因而突破了只能做奥古斯丁主义者的束缚；托马斯因此成了更好的神学家，更正统的神学家。借助亚里士多德哲学，他恢复了最受鄙视的教义，即上帝与人类的婚姻，或者说上帝与物质的关联。如果我们意识不到托马斯为13世纪带来的新事物，就意识不到13世纪的伟大。在这个意义上，13世纪实在是比我们所谓的文艺复兴自由和勇敢得多，因为文艺复兴不过是在死去的事物里发现的旧事物的复活。在这个意义上，中世纪不是"复兴"（Renaissance），而是"新兴"（Nascence）。因为它没有把自己的庙宇建造在坟墓上，更没有从阴间召唤已死的鬼魂。它的建筑就像现代的工程一样新颖——事实上，当时的建筑可能仍然是最具有现代气息的。只有到了文艺复兴时期，才有了仿古风格的建筑。在这个意义上，文艺复兴或许可以说是一种倒退。不管我们对哥特式建筑或者托马斯关于福音的阐释作何评论，我们都不能说它们是一种倒退。托马斯对福音的阐释是一种新的动向，它有着与哥特式建筑一样巨大的推动力，它的力量在于使万物更新的上帝。

总之，托马斯使基督教世界更多吸收了亚里士多德主义，从而使基督教世界更具基督教的特征。这不是一个悖论，而是不言自明的事实。只有那些可能知道"亚里士多德主义"的含义，却忘记了"基督徒"的含义的人才会看不到这一点。与一个犹太教徒、穆斯林、佛教徒、自然神论者或者绝大多数其他教徒相比,"基督徒"意味着一个人相信上帝或者来自上帝的圣洁是与物质联系在一起的,或者说上帝进入了感官的世界。有一些现代学者因为意识不到这么简单的一个事实,甚至认为对亚里士多德的接受是对阿拉伯人的妥协,像一个相信现代主义的牧师对不可知论者妥协一样。他们也可以说,托马斯把亚里士多德从阿威罗伊[①]那里拯救出来,是向阿拉伯人的妥协,就像十字军是对阿拉伯人的妥协一样。十字军力图收复耶路撒冷,是因为基督的身体曾被埋在那里,不论他们的信念正确与否,他们认为那是基督教的圣地。而托马斯力图恢复的,从本质上讲是基督的身体本身,是成了天和地之间中介的圣体。他希望恢复人对身体和身体上的所有感官的尊重,不论他的信念正确与否,他相信这是基督教的一部分。这一点可能看起来没有柏拉图主义者的思想那么崇高,但或许正因如此,它是属于基督教的。或者可以说,托马斯跟随亚里士多德的时候,他走的是低端路线。上帝在约瑟的木工作坊里行走的时候,走的不也是这样的路线吗?

最后,这两位伟人因为他们的变革而与同时代的人相分离。1215年,西班牙人多明我·古兹曼(Dominic Guzman)成立了一个与方济各会类似的修会。这个修会和方济各会几乎在同一个时间成立,简直是奇迹般的巧合。多明我成立修会的首要目的是向阿尔比派异端宣讲天主教哲学。阿尔比派的哲学是摩尼教诸多形式中的一种,本书稍后会对它进行比较详细的介绍。它根源于东方邈远的神秘主义及其在伦理上的超然态度。因此,不可避免的是,多明我会的会士大多是哲学家,而方济各会的会士则大多是诗人。因此,加上其他一些原因,多明我和他的追随者在近代英国几乎不为人知。他们最终卷入一场宗教战争,这场战争是由神学上的争论引起的。在上个世纪左右,我们国家的氛围中有种东

---

① Averrhoe (1126—1198), 伊斯兰哲学家。他将伊斯兰传统学说和希腊哲学融为一体,并评注过亚里士多德的作品。

西，使得神学论点甚至比宗教战争更难以理解。最终的结果在某些方面是有点奇怪的，因为多明我（甚至更甚于方济各），以才智的独立和道德行为的严苛标准而闻名于世——这一点特别被新教徒当作新教的标志。这是一个关于多明我的故事。假设他是一个清教徒，他的故事肯定会传播得更广。在这个故事中，教宗指着金碧辉煌的教廷说："彼得再也不能说'金银我都没有'了。"多明我回答说："是啊，但现在他也不能说'起来行走'了"（参徒3：6）。

流行的方济各故事还可以另一种方式作为一种现代和中世纪之间的桥梁。其原因恰恰是我们刚才提到的事实：方济各和多明我在历史上并肩站在一起，做同样的工作，但是他们却被英国流行的传统以最奇怪和惊人的方式分割开来。在他们自己的世界里，他们像一对双子星一样，闪耀着同样的属天光芒，有时候看起来像是戴着同一个光环的两个圣徒，有时候在圣像里，他们被描绘成一起骑在名为"神圣的贫穷"这匹马上的两位骑士。然而在我们的世界里，他们却被描绘成像圣乔治①和恶龙一样水火不容。人们仍然把多明我当成一个设计出拇指夹刑罚以折磨异教徒的审判者，方济各却被当成一个连老鼠夹都痛恨的人文主义者。看来，方济各的名字因为他的诸多逸事应该和方济各·汤普森②并列在一起；或者我们可以找到一个人，因为他长期同情和看顾穷人，可以担当得起多明我·普拉特③这个名字。似乎他应该叫托尔克马达·汤普森④。

彼时的联盟被当成了此时的死敌，这个矛盾背后肯定存在错误。以常识视之，这一事实显而易见。假设英国的自由派发现在中国的边远地

---

① St. George（约260—303），天主教著名圣徒，经常以屠龙英雄的形象出现在西方文学、雕塑和绘画等领域。——译注
② Francis Thompson（1859—1907），英国诗人、作家、禁欲主义者，一度成为流浪汉。
③ Dominic Plater（1875—1921）是20世纪初英国天主教社会运动的领袖之一。他因建立和指导天主教社会工作协会的工作而闻名于世。——译注
④ Torquemada Thompson是作者自造的名字。托尔克马达（Torquemada，1420—1498），西班牙多明我会修士，曾担任西班牙首任宗教总裁判官，下令用火刑处死许多异端分子。——译注

区，科博登①被普遍当成一个残忍的魔鬼，而布赖特②却被当成一个无瑕的圣徒，他们一定会觉得什么地方出了差错。假设美国的福音派发现在法国或者意大利，或者在慕迪和孙基③所无法到达的其他地方，慕迪被当成天使，而孙基则被当成魔鬼，他们会猜测肯定在什么地方发生了误解，一定是后来的某种划分切断了历史进程的主流。以上的对比听起来似乎稀奇古怪，不着边际，事实上，人们出于对科博登和布赖特漠视工厂法案带来的残酷后果的愤怒，而把他俩称为"虐童者"，甚至有的人把科博登和布赖特关于地狱的讲道称为地狱般的表演。所有这一切都是观点的问题，但这两个人持有同样的观点。如果把他们完全分隔开，必然会发生错误。同理，关于多明我的传奇故事必然也存在一个大错误。那些对多明我稍微有点了解的人都知道，他是个传教士，而不是个残酷的迫害者。他对宗教的贡献是玫瑰经，而不是绞刑架。如果我们把他的胜利当成迫害的胜利，而不是说服的胜利，他的全部事业就失去了意义。他的确相信，有时候某些人遭受迫害是他们应得的。他也相信，世俗权威有时候可以合理地镇压某些宗教活动所引起的社会动乱。其实每个人都相信迫害的力量，只是没有达到腓特烈二世④信奉的程度而已。据说他是第一个对异端处以火刑的人，但无论如何，他认为作为国王，自己有权力，也有义务处罚异端。批判多明我所做的工作仅仅是迫害异端，就像批评马修神父⑤使用暴力一样荒谬——众所周知，马修用温和的方法说服数以万计的醉鬼转变成禁欲者，但是他也接受，有时候醉鬼可以被警察带走的法律条文。对多明我的苛责恰恰违背了整个故事

---

① Richard Cobden（1804—1854），英国反谷物法同盟的政治家。——译注
② John Bright（1811—1889），英国演讲家和政治家。与科博登一样，他是反谷物法同盟的组织者之一。二人同为曼彻斯特经济学派的主要代表。——译注
③ Dwight Lyman Moody（1837—1899），美国福音派传教士，他于1870年结识了伊拉·孙基（Ira Sankey），并共同发起了福音主义运动。——译注
④ Frederick II（1194—1250），神圣罗马帝国皇帝，西西里国王，曾参加十字军东征。他掌握多种语言，创办了那不勒斯大学和诗歌学校，并写有诗集。——译注
⑤ Father Matthew（1790—1856），爱尔兰神父，主张绝对禁酒者。——译注

的本意，因为他有着在不施加强迫的条件下使人转变的天赋。方济各和多明我真正的区别在于，多明我碰巧面临一次巨大的战役，要使异端皈依，而方济各所承担的使人归信的任务则要微妙细致得多。人们常说，我们需要一个像多明我一样的人来使异端归向基督教，我们更需要一个像方济各一样的人来使基督徒朝着基督教的方向转变。但是，我们不能忘记，多明我所面临的问题是使所有的人——不论是生活在城市还是乡村——重新归回到基督教。因为他们背离了正统，被各种奇怪和畸形的新宗教所迷惑。他仅凭布道和谈话就使大批被迷惑的人归正信仰，这个事实本身就是一个巨大的胜利。方济各被称为有人情味的人，因为他试图使撒拉逊人①皈依却失败了；而多明我被叫作偏执狂，是因为他试图皈依阿尔比派并取得了成功。然而，我们恰巧处于历史的一个奇怪的拐角或角落里。从这个角落，我们可以看见阿西西小城和翁布里亚山脉，但是我们却看不见十字军东征时法国南部的战场，也看不见米雷发生的神迹，还有多明我创造的更大的神迹。②而比利牛斯山脚和地中海沿岸见证了这一切，从而给人以信心，胜过对亚洲敌人的绝望。

但是，多明我和方济各之间还存在着更早、更为本质的联系，而这一点与本书的目的直接相关。他们流芳后世，恰因为时人所不齿，至少并不受欢迎。他们做了一个人可以做的最不受欢迎的事——发动了一场受人欢迎的运动。一个敢于直接吸引公众注意力的人必定树敌众多——公众往往是他的第一个敌人。当穷人们开始逐渐理解他是在帮助而不是伤害他们的时候，上层阶级开始排斥他，决定阻挡而不是帮助他。有钱人，甚至博学之士，有时候不无道理地感觉到这一新变革将改变整个世界，不仅包括属世之物和世俗智慧，或许在某种程度上也包括这个世界自身的真智慧。这种感觉并非不自然；我们可以从一些例子中看到这一

---

① Saracens，指当时位于亚洲和北非的穆斯林。——译注
② 指 1213 年，教宗英诺森三世为镇压阿尔比派异端，于法国南部米雷地区发动了一次战役。天主教军队在敌我悬殊的情况下，接受多明我的建议念诵玫瑰经，最终以少胜多，取得胜利。——译注

点。比如说方济各对书籍和学术鲁莽的排斥态度，或者后来的托钵修士倾向于向教宗申诉而轻视当地主教和教会行政官员。简而言之，多明我和方济各发动了一场"革命"，就像法国大革命一样，是既受欢迎又不受欢迎的。但是到了现在，我们已经感受不到法国大革命刚发生的时候带给人们的新鲜感了。《马赛进行曲》刚开始的时候，听起来像火山爆发或地震交响曲，世界上的国王无不为之颤抖，有些人甚至以为天都要塌了。但是现在，这首曲子成了外交宴会上的曲目之一，国家领导人微笑着会见军事领袖。要说它的革命性，就连《家，甜美的家》(Home! Sweet Home)① 都不如。再者，就像现代的革命者常说雅各宾派的革命性不够一样，现代人也说托钵修士欠缺革命性。他们会说当时的变革不彻底，然而当时的人会说变革太过火。就托钵修士例子来说，当时的政府高层，甚至教会高层，都为那群在大众中间布道的狂野之人深感不安。我们现在因为年代久远，很难感受到当时那些令人不安的、甚至令人不齿的事件带来的震撼了。变革的成果以体制的形式被固定下来，使旧社会重现朝气与活力的反叛也已作古。过去的时代充满了新事物、分裂、革新和叛乱，似乎对我们而言也成了传统的一部分。

但是，如果我们希望生动地呈现过去的革新和挑战引起的震动，并且展现变革所特有的生涩、粗糙、混乱；如果我们希望在当今再现托钵修士当时的变革，我们可以找到一个相关的事实来展示它。这个事实将会告诉我们，当时那个安定的基督教王国竟然感觉托钵修士的变革是世界末日！一支新的无名军队由乞丐组成，脚下的道路都为他们的进军而震颤。一首带有神秘气息的儿歌表达了某种危机气氛："听，听，狗叫了；乞丐进村了。"当时，有很多市镇针对他们采取了防御措施。当那些乞丐经过的时候，许多农场和有钱人家的看门狗朝他们狂吠，但是乞

---

① 指19世纪盛行于欧美的流行歌曲，至今传唱不衰。据说美国内战期间，北方军因这首歌表达强烈的思乡之情而禁止在军队中传唱，以免引起士兵逃跑。——译注

丐唱诗的声音遮盖了恶狗的叫声，当时甚至出现了一个双关语，人们把多明我会的托钵修士称为"上帝的狗"[1]。但是，如果我们要衡量当时的变革有多真实，与过去的断裂何等决绝，可以从托马斯·阿奎那生活中的一件事说起。

---

[1] Domini canes 直译为"主（上帝）的杖"，与"多明我的狗"拼写类似。——译注

第二章
逃跑的"修道院院长"

托马斯·阿奎那,以一种令人称奇的和颇具象征意义的方式,出自他那个时代的文明世界的中心——控制着整个基督教王国的权力中枢。他与基督教世界的核心人物,甚至与那些破坏基督教的人都密切相关。整个世界有关宗教的争吵,对他来说,就像是在家里吵架一样。他出身于贵族世家,与王室沾亲,他的堂兄曾是神圣罗马帝国的皇帝。若不是扔掉盾牌,他本应该去驻守欧洲一半的疆土。他有意大利、法国和德国的血统,是个纯粹的欧洲人。在这方面,他继承了造就诺曼人的那种能量。诺曼人四处劫掠时阵形奇特,有如万箭齐发,不断击打着欧洲大地直到地极。他们中的一支跟随威廉公爵顶着大风雪向北逃到切斯特(Chester),另一支沿着希腊人和迦太基人的足迹穿过西西里岛来到锡拉库萨(Syracuse,即叙拉古)。托马斯的另一半血统把他与莱茵河和多瑙河流域的一些君王联系在一起,后者都自称继承了查理曼的王冠。那位被湍急的河水淹死的红胡子巴巴罗萨[①]是他的叔祖父;被称为"世界的奇葩"的腓特烈二世是他的堂兄。但是他更热衷于意大利境内那些围着窄窄城墙的小国以及数以千计的祭坛。虽然与皇室有着千丝万缕的联系,然而他更愿意与教宗保持着牢固的关系。他明白罗马的含义以及在什么意义上她仍然统治着世界。他不可能相信,当时的德国皇帝,就像早些时候的希腊皇帝一样,能够既鄙视罗

[①] Red Barbarossa(1123—1190),即腓特烈一世,神圣罗马帝国皇帝。在第三次十字军东征时于小亚细亚河中坠马溺亡。——译注

马,又号称自己是天主教徒。贵族身份使他联系广泛,见多识广,加上拥有使得不同人群之间可以互相了解的能力,托马斯自然被赋予充任国家使节或翻译官的某些特征。他多方游历,不但在巴黎和德国的大学小有名气,而且几乎可以确定他去过英国,很可能访问过牛津和伦敦。据说,如果我们沿着泰晤士河一直走到仍然叫"黑托钵修士"(Blackfriars)的火车站,我们可能正走在他和他的多明我会伙伴走过的路上。随着他的游历,他的知识也在不断地增长。他认真地带着公正的态度研读甚至是反基督教人士的文学作品,这在当时是不寻常的。他努力去理解穆斯林带有阿拉伯特色的亚里士多德主义,并针对有关如何对待犹太人的问题写下了一篇非常温和而中肯的文章。他总是试图从内部去理解一切的事物。生于皇室宗亲和高门府第显然是他的幸运。他对他们的看法可以从他的下一段历史中看出来。

如果借用当前一本书的名字的话,托马斯是个名副其实的"国际人士"。但是我们不能忘了,托马斯生活在现代任何一本书和任何一个人所无法想象的国际化的时代和世界中。如果我没记错的话,现代人称之为"国际人士"的第一人是科博登,但他实际上不仅是个民族主义者,而且是个狭隘的民族主义者。他是个生活讲究的人,我甚至很难想象他会搬到米德赫斯特(Midhurst)或者曼彻斯特以外的地方去。他的确有国际化的政策,并热衷于各国之间的旅行,而他始终是一个民族主义者——其原因恰恰因为他是个正常人;民族主义对于19世纪来说,是个正常现象。但13世纪却不是这样。如果某个人像科博登一样有国际影响力,那么这个人可能有多重的民族性。当时的国家、城市和故乡的名称,并不像现在这样代表着严格的区分。阿奎那在学生时代的绰号是"西西里的笨牛",尽管他的出生地是在那不勒斯附近,但是这一点也不影响巴黎把他当成一个地地道道的巴黎人,因为他是巴黎大学的荣耀,巴黎大学在他生前就提议他死后可以葬在校园里。再举一个例子作为中世纪和现代的对比。想想看,我们今天如果说听了一场德国教授作的报告意味着什么，再想想，最伟大的德国学者大阿尔伯特①却是巴黎大学引以为荣的教授之一，阿奎那也曾在巴黎支持过他。而到了现代，一个德国教授因为在巴黎讲学而享誉欧洲几乎是不可能的。

因此，如果当时的基督教世界有战争的话，作战的将是整个基督教世界。当时的世界战争跟我们现在所说的世界和平有些相似之处——它不是两个国家之间的战争，而是两个国际世界或者两个世界性的国家之间的战争，即天主教会和神圣罗马帝国。基督教世界的政治危机先是以灾难的形式影响了阿奎那，到了后来又以很多间接的方式影响了他。政治危机包含很多因素：十字军东征；阿尔比派悲观主义死灰复燃——尽管圣多明我已经在理论上、西门·蒙特福特②在军事上战胜了他们；开始尝试设立宗教法庭；另外还有许多其他的因素。但是从大体上来说，托马斯生活的年代是教宗和皇帝决斗的年代，德国皇帝把自己称为神圣罗马皇帝，他们建立了霍亨斯陶芬王朝。但是具体来看，托马斯生活的岁月从头到尾处在一位特定皇帝的影响之下。这位皇帝尽管有德国血统，实际上却更像个意大利人——他就是伟大的、被称为"世界奇葩"的腓特烈二世。顺便提一下，可以说拉丁语是这个时代最有活力的一种语言，但是在翻译一些拉丁词汇时常常遇到困难。我好像在哪里读到过，谈腓特烈二世绰号的拉丁文其实比"世界的奇葩"（the Wonder of the World）表达更为强烈。中世纪的人给他的绰号是"世界的惊奇"（*Stupor Mundi*），更准确地说是"世界的惊愕"（the Stupefaction of the World）。类似的困难还出现在后来的人对哲学术语的翻译上。比如，把 *Ens* 这个词翻译成"存在"（being），其实就有些问题。但是当前，括号里的注释（指腓特烈的绰号）还有

---

① Albertus Magnus（约 1200—1280），多明我会神父。有人认为他是中世纪德国最伟大的哲学家和神学家。他也是第一个将亚里士多德的学说与基督教哲学综合到一起的中世纪学者。——译注
② Simon de Montfort（1165—1218），法国贵族，领导第四次十字军东征镇压法国南部异端阿尔比派。后在围攻图卢兹时战死。——译注

一个用途,也就是说,或许腓特烈真的使世界目瞪口呆。一方面,他在宗教上对反对派的打击的确是令人震惊的和强有力的,托马斯·阿奎那的传记几乎可以从腓特烈采取的宗教措施开始写起。这位德国皇帝还可以从另一个意义上被称为"令人惊愕的",因为他的聪明才智使他的现代仰慕者显得很愚蠢。

腓特烈可以说是当时首屈一指的大人物,他同时也是个相当严酷和阴郁的人物。在他堂弟(指阿奎那)的童年时期,他纵横天下,驰骋疆场。但是我们可以在他的绰号上停顿一下,加一个括号。这有两个原因:一是他浪漫的美名,即使在现代的历史学家中间也广受赞扬,并部分地掩盖了当时真正的历史背景;二是我们当前讨论的传统直接影响了阿奎那的人生轨迹。19世纪对腓特烈有这样一个评论——奇怪的是,很多现代人还愿意把这个评论称为"现代评论",我想这个评论是由麦考莱(Macaulay)作出的。他说,腓特烈是"十字军时代的政客,隐修士时代的哲学家"。这个评论隐含的对比假定一个十字军军人不易成为政客,一个隐修士也不易成为哲学家。但这里的特殊情况是,我们很容易举出腓特烈二世时代的两个伟人,他们足以推翻这句话所作的假定和对比。圣路易[①]虽然是个十字军军人,并且是个不太成功的十字军军人,但他是个比腓特烈二世还要成功的政客。通过实际的政治斗争,他推广、巩固并且圣化了欧洲最强大的政府,以及法兰西王朝的中央集权。后来,这个王朝成为欧洲唯一一个历经五百年而长盛不衰的王朝。相比之下,腓特烈二世的政权却在教宗、共和党人、一大批神父和平民的面前土崩瓦解。他想要建立的神圣罗马帝国充其量只能称为理想,就连梦想都算不上。这个所谓的帝国显然无法与法国的路易建立的王朝相提并论。或者,从他们的下一代举个例子的话,历史上最严格

---

① St. Louis(1214—1270),即路易九世,法国国王,曾参加过两次十字军东征。在其统治时期,法兰西王国的政治和经济称霸欧洲。——译注

意义上的政客之一，我们国家的爱德华一世①，也参加过十字军东征。

对比的另一半更不能成立，并跟我们当前的讨论有更紧密的联系。腓特烈二世不是个隐修士时代的哲学家。准确地说，他是个绅士，也是阿奎那的时代中对哲学略有涉猎的绅士。他无疑是个悟性很高、很聪明的绅士，但是如果他写了关于存在和变化的评论，或者在什么意义上存在与存在的本源相连的评论，我相信这些评论不会吸引牛津大学的学生和巴黎文士的注意力，更不用说纽约和芝加哥那些研读托马斯著作的小组了。我在这里说腓特烈不是像托马斯那样的哲学家，并无对这位皇帝不敬的意思。而托马斯的确生活在隐修士的时代，隐修士的世界——在麦考莱看来，那是一个不能产生哲学的世界。

我们没有必要花太多时间探讨这种维多利亚时代偏见的成因——现在依然有人认为成因很复杂。这种偏见主要出自一种狭隘、孤立的概念，即如果跟随中世纪世界的运行方式，就没有人能建立起现代世界中最好的部分。维多利亚时期的人认为，只有历史上的异端帮助了人类发展；只有那些几乎使中世纪文明化为乌有的人，才能帮助我们建立现代文明。从这些概念出发，产生了一系列的笑话：如富丽堂皇的大教堂一定是一群秘密的共济会成员建造的；但丁的《神曲》一定是暗指加里波第②的政治期望的密码。但这样的概述从性质上说是不可能的，从事实上说是不真实的。中世纪实际上是特别着眼于社会、整体思考的时期，在某些方面比起现代的个人主义思考有过之而无不及。这一点或许可以从"政客"这个词瞥见一斑。对于麦考莱那个时代的人来说，"政客"指的永远是维护自己狭隘民族利益的人，如黎塞流③维护法国，查

---

① Edward I（1239—1307），英格兰国王。曾与路易九世一同参加第八次十字军东征。在位期间征服了威尔士。——译注
② Garibaldi（1807—1882），意大利将领，政治家。19 世纪中叶意大利统一运动中的中心人物，被称为意大利的国父之一。——译注
③ Richelieu（1585—1642），法国国王路易十三的宰相，天主教枢机主教。当政期间镇压国内农民起义，巩固了中央集权制度。对外通过一系列外交努力，为法国赢得了相当大的利益。——译注

塔姆①维护英国，俾斯麦维护普鲁士。但是，如果有一个人想要维护所有这些国家的利益，联合所有这些国家来抵御来自蒙古的侵犯，那么这个可怜的家伙当然称不上是真正的政客，他只能是个十字军战士。

从这个意义上说，把腓特烈二世称为十字军战士是公平的，把他称为"反十字军战士"也是公平的。他显然是个具有国际视野的政客，事实上，他属于比较特殊的一类政客——我们甚至可以把他称为"国际化士兵"。国际化的人总是不喜欢这类"国际化士兵"，他们讨厌查理曼②、查理五世③和拿破仑，以及所有努力要创造一个世界国家（Word State）的人，尽管那个世界国家是他们所日夜呼求的。腓特烈虽然态度更加模糊，但是人们对他的怀疑却比其他人物少。人们认为他理当是神圣罗马帝国的首领，却又批评他，说他想做那个"非常不神圣"的罗马帝国的皇帝。但即便他是敌基督，他仍然是基督教世界统一性的见证。

然而，那个时代还有一个奇怪的特征——虽然它是国际化的，但仍然是内在的和亲密的。从现代意义上说，战争是可能的，不是因为更多的人彼此不同意，而是因为更多的人同意进行战争。在现代的诸多强制体制下，如强制教育和强制征兵，仍然有大片的和平土壤，在这块土壤上，人们同意进行战争。在当时的那个年代，人们甚至无法对战争达成共识，和平却四处绽放。和平被宿怨所打断，然后宿怨又以谅解的形式中止。个人意愿先是被卷入一团混乱之中，又被抽出来。哪怕在一个很小的市镇上，也能看到互相对立的极端思想。我们可以看到伟大的但丁对他的故乡爱恨交织，在两极之间挣扎。这种个人思想的复杂性在我们这里要讲的故事中，也能大致地表现出来。如果有人想知道个人化行为

---

① Chatham（1708—1778），即威廉·皮特，第一代查塔姆伯爵，英国辉格党政治家，首相。曾凭七年战争（1756—1763）声名大噪。——译注
② 查理曼（约742—814），即查理大帝，法兰克王国加洛林王朝国王，其统治领地几乎囊括整个西欧。——译注
③ Charles V（1500—1558），西班牙国王，神圣罗马帝国皇帝，哈布斯堡王朝争霸时期的中心人物。通过继承、联姻、战争等手段拥有广大领地。——译注

的含义，他应该看看伟大的阿奎那家族的故事，这座小镇的城堡离那不勒斯不远。我们在这里只能粗略地讲述这一逸事的五六个阶段。先是兰德尔夫·阿奎那（Landulf of Aquino），那个时代典型的绅士，穿着铠甲，骑着马跟在国王的战旗后面。他曾参与过进攻一间修道院，因为这间修道院被认为是皇帝的敌人——她是教宗的堡垒。后来我们看到，这位封建主又把自己的儿子送到这所修道院里，大概是听从了教宗的友好建议。再后来，他的另一个儿子，完全凭着自己的意志反抗皇帝，投奔教宗的军队。为此，他在被皇帝俘获后迅速遭到处决。我要是对阿奎那的这位为了支持教宗而献出生命的兄长知道得更多就好了，但是就现在我们所知道的看来，他这么做是为了维护民众的利益。他或许不是圣徒，但是他有殉道者的一些特质。同时，这个家族的另外两个兄弟，仍然热切地支持刚处决了他们兄弟的皇帝。他们甚至因为不同意托马斯对基督教发起的新社会运动的同情，不惜绑架了他——他们的亲弟弟。这就是典型的中世纪家庭的复杂性。它不是一场国家之间的战争，而是扩大了的、家庭内部的争吵。

我们在这里讨论腓特烈二世的历史地位，比如他作为他那个时代及其文化的典型，他的穷兵黩武，关心哲学和与教廷争吵，目的并不止于历史事件本身。他可能是我们所关注之舞台上第一个出场的人物，因为他数次特别行动中的某一次，促成了阿奎那在他的冒险事业中第一次采取行动，或者是顽固地拒绝采取行动。我们的故事也展示了像阿奎那伯爵这样一个大家庭内部不寻常的纠葛——他们跟教会既密切相关，又时常爆发争执。腓特烈二世玩弄了一系列政治和军事手段，既烧死异端，又与撒拉逊人结盟，最终像一只捕食的鹰一样对一间很大而且富有的修道院——蒙特卡西诺的本笃修道院——发动了一次袭击，将其洗劫一空。

离蒙特卡西诺修道院几英里不远有一处悬崖，像一根柱子一样矗立在亚平宁山脉。悬崖旁边有一座名为"干石"的城堡，它就像鸟巢一样哺育着皇室阿奎那家族的雏鹰们。这里住着兰德尔夫·阿奎那伯爵，他是托马斯·阿奎那和其他七个儿子的父亲。在涉及军事事务方面，他无疑与他的家族站在一起，显然与修道院的毁灭有一定的关系。令人摸不着头脑的是，后来，兰德尔夫伯爵觉得，把他的儿子托马斯送进修道院，准备将来做修道院院长，这不失为明智之举。他的这种行为被视作本质上是向教会作出带有感激的道歉，也是一种解决家庭内部困难的办法。

兰德尔夫伯爵心里早就清楚，他的第七个儿子托马斯成不了什么大器，除了当个修士，没什么别的出路。生于1226年的托马斯从小就不像只捕食的雄鹰，就连狩猎等贵族青年喜爱的活动也从未激起他的兴趣。他身材高大，不善言辞，很少张嘴说话，偶尔会冒出一句"上帝是什么？"之类的问题。唯一一处适合这种人的地方是教会或者修道院；如果他真的去修道院的话，应该不会遇到什么困难。对于兰德尔夫伯爵这样地位尊贵的人来说，为他的儿子安排进个修道院是轻而易举的。但尽管儿子进了修道院，他还是希望他能在修道院里有个什么正式的职位，好与家族地位相称。于是托马斯顺利地进了修道院，这也恰好是他自己想要的。或许有朝一日他能当上修道院的院长。然而有意思的事情发生了。

根据一些有争议的记载，一天，年轻的托马斯走进他父亲的城堡，平静地对他说，他决定做一个乞讨的托钵修士，成为西班牙人多明我新成立的修会中的一员。当时的情形就如同一个乡绅的长子回到家，若无其事地对他的父亲宣布他娶了一个吉卜赛女郎一样。或者好比是托利公爵（Tory Duke）的继承人正式宣告他明天将加入共产主义者组织的饥饿游行。通过这些类比，我们可以衡量由多明我和方济各发起的变革带来的新兴修会，与传统修会之间的差别有多大。托马斯一开始似乎只想做个修士（Monk），修道院的大门悄悄地为他敞开，他穿过修道院长长的走廊，一步一步走向戴着主教冠冕的修道院院长的宝座。所以，当他跟他的家人说他想做托钵修士（Friar）的时候，他们像野兽一样向他扑去。他的两个哥哥在路上逮住他，把他的修士袍撕成两半，像关疯子一样把他囚禁在一座塔里。

想描绘出这一家庭内部激烈争吵的过程是不太容易的，至于最终整个家族如何在托马斯坚定的意志面前败下阵来就更不清楚了。但是根据一些流传下来的小故事，托马斯的母亲虽然一开始也反对他的决定，但是很快就改变心意，与托马斯站在一起。而且不光他的近亲卷入此事，我们甚至可以说，与他的家族关系密切的欧洲统治阶层，也介入了这个令他们深感遗憾的年轻人制造的混乱中，甚至有人请求教宗适当地干预。有人曾经提议，虽然托马斯可以穿多明我会的修士袍，但是他的言行仍然应该像个本笃会的修道院院长。虽然在很多人看来，这是个不错的折中办法，但是对于有着中世纪特有的"死脑筋"的托马斯·阿奎那并不奏效。他坚定地表示，他要在多明我会当一名修士，而不愿置身于衣着光鲜的舞池中。折中手段无果而终。

托马斯·阿奎那要做托钵修士。在他同时代的人看来，这是令人难以置信的；甚至在我们现代人看来，也至少是怪事一桩。他至死不渝地坚持要做托钵修士。他不愿意做修道院院长，也不愿意做普通的修士，就连在多明我会内部，他也不愿意担任任何性质的"官职"，不打算成为一名杰出的或重要的修士。他只想做一名普通的托钵修士。这就好比拿破仑坚持一生只做一名普通士兵一样。这位身材有些臃肿、安静而有修养、受过良好教育的年轻人，坚持要通过权威的认可和正式的宣誓仪式来当上托钵修士。更有意思的是，他实际上所做的远远超过他当尽的职责。他看起来根本不像个"乞丐"，也根本不可能成为一个好"乞丐"。在他的身上，一点也找不到他那些伟大前辈们所具有的流浪者气质。他一点也不像那位四处游走的吟游诗人方济各，或者四处传播福音的多明我。但是他坚持置身于托钵修士的行列中，并愿意做他们所要求的任何事情。他可能跟那些怀有崇高理想、自愿参加革命的贵族青年，或者与那些自愿以普通兵的身份参加世界大战的一流诗人和学者相媲美。方济各和多明我的勇气和坚定激发他更深地意识到何为公义。虽然他自始至终是个很理智甚至在人前很谨慎的人，却从未动摇过他年轻时所作的当托钵修士的决定；同样没有动摇过的还有他抛弃了之前的雄心壮志，只当层次最低的托钵修士。

如我们已经看到的，托马斯要当托钵修士的决定在当时是令人震惊的，甚至是骇人听闻的。多明我会的首领非常清楚托马斯所遇到的阻力。他的权宜之计是吩咐这个年轻的追随者跟着其他几个托钵修士一起去巴黎，暂时离开意大利。于是他请求托马斯。这个决定似乎预示了他迈向圣师的第一步。巴黎在某种意义上是托马斯精神旅程的目的地，因为他在巴黎为托钵修士作了有力的辩护，并跟反对亚里士多德的人进行了激烈的辩论。然而，第一次巴黎之行很快就意外地中断了。托马斯和他的托钵修士弟兄走到罗马以北一个附近有喷水池的路口时，被一伙猎人追上了。他们像土匪一样掳走了托马斯，其实他们是托马斯的兄长。托马斯有很多兄长，但是可能只有其中的两个参与了这次行动。托马斯排行第七，计划生育的拥护者可能会悲叹埋怨他的父母，因为他们在生下他的兄长之后，又生下了这位遭其兄长绑架的哲学家。总之这件事是非常奇怪的。有谁会去绑架一个乞讨的托钵修士呢？绑架者的动机中既有喜剧性，又有悲剧性的因素。基督教徒常常会在心里把各种事情的重要性做一个排行，而做一个"实际"的人常常是排行的标准；然而对于托马斯来说，最"实际"的东西恰恰是理论。

于是，托马斯的两个兄长像警察押犯人一样把他押回了家。这一幕在某种意义上再现了该隐和亚伯的故事。发生在阿奎那家族里的这件事的确很有象征意义，它让我们看到中世纪的确既神秘，又令人疑惑，既可以解释为光明，又可以解释成黑暗。这两位受过极好教育的贵族青年，发起怒来的时候，那种傲慢嚣张简直跟围着图腾跳舞的蛮族没什么两样。在那个时刻，他们把家族荣耀以外的一切都置之不顾。这种精神比起对部族的维护,或者所谓的"狭隘的民族主义"更为狭隘。而他们所押解的这位兄弟,虽然与他们是一母所出(很可能跟他们长得有几分相似呢),但比现代民主社会对兄弟情谊的理解更广阔。因为在他看来,兄弟情谊不能只局限在一个民族,而是应该扩展到全世界。他对爱和谦卑的信念比现代人的温和态度更为深刻,他对绝对贫穷的誓愿有力地冲击了富人统治及其一切世俗骄傲。从同一座意大利城堡里走出来两个野蛮人和一位圣徒,这位圣徒比现代的圣徒更加热爱和平。托马斯的性情与他的兄弟截然不同,这令无数人困惑不已。这就是中世纪之谜——它不是一个时代,而是两个时代。当我们观察其中某些人的思想时,可能会觉得看到的是石器时代;而观察另外一些人的时候,会以为看到的是黄金时代,是真正现代意义上的乌托邦。然而,什么时候都会有好人和坏人,中世纪也有心思敏锐的好人与头脑简单的坏人。他们可能会生活在同一个屋檐下,一块儿长大,然后他们之间会有纷争,就像阿奎那的兄弟在路边绑架了那个新的托钵修士,并把他强制带回家,锁在山上的城堡里一样。

当托马斯的兄弟们要从他身上强行脱下修士袍的时候,他像他勇猛的前辈们一样坚决反抗。他似乎成功了,因为接下来,他们再也没有强迫他脱下修士袍。他以一贯的沉稳接受了被囚禁的事实,而且对究竟在地牢里还是在托钵修士的小隔间里研究哲学并不太在意。从现有的记载来看,他似乎在大多数时间里像一尊石像一样被抬来抬去。在他被囚期间,只有一个故事提到了他的愤怒——很可能他从来没有这么愤怒过。他的同时代人可能更容易理解这种愤怒,因为这件事不但关乎心理感受,而更是关乎道德。在阿奎那的一生中,他第一次也是最后一次,发怒了。他发疯一样地冲出了那座囚塔,那也是他平日研究学术和沉思的地方。因为他的兄弟们将一个妖娆的妓女领进他的房间,想制造这一突如其来的诱惑将他当场抓获,或者至少给他制造一些绯闻。即使在道德标准不如他高的人看来,他的兄弟们的伎俩也是下流卑鄙的,因此托马斯的怒火也是可以理解的。即使从最起码的层面来看,他们彼此都知道,这样做是对他的羞辱——他们甚至认为托马斯会做出如此下贱的事,从而背叛他所起的神圣誓言。托马斯极为敏感,一心要做最谦卑的人,他认为那就是上帝对他的感召。在这一瞬间,我们看到这位身躯笨重的人采取了行动,他的行动可以说是积极的,甚至是充满热忱的。他从椅子上跳起来,抄起火中的一块烙铁,像拿着一把剑一样挥舞起来。那个妓女尖叫着跑掉了,或许在她看来,她看见的是一个身材高大的、像魔鬼一样的疯子,挥舞着烧得通红的剑,即便差一点就把房子点着了也毫不在乎。但是事实上他所做的,却只是把她赶出房间,转身关上门。然后,仿佛是在某种强大力量的驱使下,他按照当时特有的习俗,将燃烧的木头按在门上,烫出了一个黑色的大十字架。然后他把木头扔回火里,重新坐到书桌前。这是一把哲学的座椅,是他每日沉思时所坐的"宝座",而且从此他再也没有离开过。

第三章
亚里士多德革命

士瓦本人阿尔伯特被称为"大阿尔伯特"（Albert the Great）是名副其实的。他是现代科学的创始人。他使炼金术士转变成化学家，使占星术士转变成天文学家——从这个意义上说，他为现代科学的诞生做了前所未有的准备工作。然而奇怪的是，他虽然是第一个天文学家，人们却把他当作最后一个占星术士。严肃的历史学家逐渐放弃了这一荒谬的观点，即中世纪的教会以巫师的罪名迫害所有科学家。世界有时候迫害科学家，因为把他们当成了巫师；有时候疯狂地追随他们，也是因为把他们当成了巫师。只有教会把他们当作科学家，而且仅仅当作科学家。许多热衷于探索的教士在制作透镜和反光镜的时候，却被那些粗鲁无知的邻居当成了巫师——如果隔壁碰巧住的是异教徒，或者清教徒，或者基督复临安息日会信徒（Seventh-Day Adventist），他们很可能会受到同样的指控。但是如果他把自己交给教廷来裁决，那么得到理解的可能性比直接把自己交给世俗大得多。教宗从未把大阿尔伯特当作占星术士，而欧洲北部的半异教部落却把他当作魔法师来崇拜。如果把当时的部落换成今天的工业城镇，或者廉价的解梦书籍和聒噪的各种小册子的读者，或者报纸上的预言家，那么阿尔伯特一定还会被当成魔法师。确实，就那个时代而言，阿尔伯特关于材料和机械方面的知识是很了不起的。尽管在许多其他学科中，中世纪的认识的确存在比较大的局限，但是这与中世纪的宗教没有关系——亚里士多德和伟大的古希腊文明不是也有很多局限吗？然而问题不是他们掌握了多少知识，而是他们对知识的态度。大多数的学者，虽然有时候会说独角兽有一只角，或者火蜥蜴生活在火里，但他们的用意一般是作逻辑上的说明，而不是讲述生活中的一个事实。他们实际上是在说，一只独角兽有一只角，两只独角兽的角跟一头牛的角一样多。虽然独角兽是虚构的，但是他们的这种说法在逻辑上是正确的。然而对于中世纪的阿尔伯特，就像对于古代的亚里士多德一样，的确在一定程度上对问题的意义要作一定的强调，比如："独角兽真的只有一只角吗？火蜥蜴真的有一束火焰吗？"无疑，当中世纪的社会和地理知识开始允许人们去探索火蜥蜴的火焰，考察独角兽所生活的沙漠时，他们必然会修改许多科学认识。因此，我们就不难理解，他们为何把牛顿当成胡言乱语的科学家，并认为空间是有限的，原子这种东西是子虚乌有的。

大阿尔伯特，这位伟大的德国人，其最著名的身份是巴黎大学教授，但是在此之前他曾执教于科隆大学。在这座美丽的天主教城市，他的身边聚集了无数热爱不寻常生活的人。那是中世纪的学生生活。他们来自不同民族——这一点足以说明中世纪的民族观不同于现代民族观。虽然西班牙学生和苏格兰学生，或者佛兰芒学生和法国学生会在某个早晨出于纯粹的爱国原则大吵一架，甚至会互扔石块，动刀动枪，但是他们仍然来到同一所学校，学习同一种哲学。一种哲学尽管可能无法阻止争吵，但是对结束争吵绝对会有帮助。在这群来自世界各地的学生面前，这位科学之父展开他那充满奇特智慧的卷轴，开始讲解恒星和彗星，鱼和鸟。他发展了亚里士多德的哲学，正如我们看到的那样，他身上带有少许亚里士多德的实验精神，其实在这一点上，他完全是独创的。只是他并不关心自己对于人类和道德深层事物的看法是否原创，也没有刻意传递一种精致的基督教亚里士多德主义，以此标新立异。他甚至准备就唯名论者（Nominalists）和唯实论者（Realists）在形而上学议题上的不同立场作出折中妥协。他绝不会独自坚称一场伟大的斗争已经到来，其目的是为了赢得一种平衡且有人性的基督教。但是它一旦来临了，他便义无反顾地站在它的一边。阿尔伯特学识渊博，被称为"通晓万事的博士"，其实他却是一位专家。然而，广为流传的故事不会完全是无稽之谈，如果懂科学的人是魔法师，那么他的确是一位魔法师。这位科学家与其说是一位神父，不如说是魔法师，因为他愿意"控制元素"，而不愿把它交给比元素更基本的圣灵。

学生们蜂拥般进入阿尔伯特的教室，当中一个因为身材高大而格外显眼，然而他绝对不愿意处在显眼的位置。在辩论的时候，他显得那么笨拙，以至于他的同学开始赋予"笨拙"一词在当代美国英语中的含义。而在当时的欧洲，"笨拙"本是"枯燥乏味"的意思。很显然，过了不久，他的大个子也成了别人取笑的材料。他们叫他"笨牛"。他不仅是嘲笑和模仿的对象，更是同情的对象。有一个好心的学生特别同情他，甚至开始帮他做功课，在一个小本子上像列字母表一样，帮他把逻辑的基本要素列出来。笨学生非常礼貌地感谢了他；好心的学生快活地继续讲解，直讲到一段自己不能肯定的内容时，才发现自己的理解实际上是错的。而那个笨学生带着一脸尴尬的神情，非常不安地指出了一个解决方法，而他的这个方法碰巧是对的。心地善良的学生瞪大了双眼，仿佛在看一头怪物，一个智慧与无知的神秘混合物，于是，关于他的奇怪传言在学校不胫而走。

这头笨牛的一位敬虔的传记作者曾说过，在与托马斯的交谈快要结束的时候，托马斯"对真理的热爱终于战胜了他的谦卑"。这句话如果得到恰当理解，的确是真实的。但是在次要的心理和社交意义上，这句话并没有表达出当时托马斯头脑里的所有复杂意念。所有关于托马斯的逸事，都很生动地描绘了他是什么类型的人，以上这个故事就是一个很好的例子。这些为数不多的逸事几乎都包含了一个细节——托马斯不知道怎么把他精深的智慧运用在生活细节中，正如有良好教养的人到了表现自己的时候，往往会有一种特别的腼腆。有时候，他们甚至宁愿被误解，也不愿意作长篇大论的解释。正如詹姆士·巴里爵士，虽然他从来没有一个叫亨利的兄弟，但是当关于他的"亨利兄弟"的流言风传的时候，他宁愿默认有这么一个兄弟，也不愿意警告制造流言的人。很多关于托马斯的逸事表达的都是这样一个主题，即这个非同寻常的人拥有非同寻常的谦卑。还有一些逸事描绘了托马斯"对真理的热爱"。如果我们要谈论托马斯，这个要素是不可或缺的。不论他是多么地异想天开或者沉浸在理论中，他从来不缺乏常识。当别人给他上课并教了错误的东西时，他会坚持地说："哦，这个必须要停止。"

从我们所掌握的资料来看，大阿尔伯特——这位伟大的教授和年轻人的老师——是第一个发现托马斯的潜质的。他给托马斯安排了一些小活儿，如为文章作注释等。他说服托马斯打破腼腆，至少应该参加一次辩论。他是一个非常精明的老人，除了研究火蜥蜴和独角兽以外，还研究许多其他动物的习性。他甚至研究了所有怪物中最奇怪的一种——人类。他了解被称为怪物的一类人的特征。作为一个精明的校长，他明白那个笨学生不总是笨学生。他饶有兴趣地去了解被他的同学们称为"笨牛"的那个学生。他得到这个绰号一点也不奇怪，但是这个绰号不能抹杀一些很奇怪而又很有象征性的味道，正是这种味道引起了阿尔伯特的注意。总的来说，托马斯是个奇怪的、固执地坚守沉默的学生。有一天，伟大的阿尔伯特终于打破沉默，对那些看起来很聪明和有前途的学生说："你们叫他笨牛，但是我告诉你们，这头笨牛的吼声有一天将响彻全世界。"

对大阿尔伯特来说，正如对亚里士多德或者奥古斯丁或者其他的老师来说，托马斯总是愿意带着最真诚的谦卑，承认他们的思想给过他启发。然而，他自己的思想是在阿尔伯特和其他亚里士多德主义者的基础上的发展，也是在奥古斯丁和其他奥古斯丁主义者的基础上的发展。阿尔伯特曾经引导学生直接研究自然现象，这一点直接启发了托马斯对那种叫作"人"的怪物作更精细、更灵活的解析。这两位伟人成了亲密的朋友，他们的友谊在中世纪主要的斗争中举足轻重。如我们将要看到的，对亚里士多德的回归几乎与对多明我和方济各的祝圣同样具有革命意义，而托马斯注定在这两场变革中都起着至关重要的作用。

阿奎那家族最终放弃了对托马斯这只丑小鸭的报复性囚禁，接受了这个托钵修士是个无可救药的败家子这一事实。有一些生动的故事记载了托马斯是如何逃脱的。据说，这个败家子趁他那些不是败家子的兄弟们争吵时钻了空子。他们以跟他争吵开始，而以彼此之间争吵结束。当他还被囚禁在高塔里的时候，我们不是很清楚家庭中的哪些成员最终决定支持他。我们知道的是，他很喜欢他的姐妹们，因此有可能是她们策划帮助他逃跑。据说，她们从塔顶上扔下一根绳子，绳子的一头拴了一个筐子。托马斯坐在筐子里，她们把他吊了下去。不用说，那应该是只巨大的筐子，因为普遍的筐子要容纳他那个体形可不容易。无论如何，他终于逃脱了。当时这仅是他一个人的故事。世界还在迫害托钵修士，就算在逃往罗马的路上也不肯放过他们。幸运的是，托马斯博学而正统，并备受尊敬的大阿尔伯特庇护。但是，就连这位圣徒也很快就遭到来自教会内部反托钵修士力量的威胁。阿尔伯特被召到罗马接受"博士"头衔，但是所有人都知道，这场游戏中的一招一式都有挑战的意味。阿尔伯特提出一个奇怪的请求——希望能带着他的"笨牛"一起去罗马。就像普通的托钵修士或虔诚的流浪汉一样，他们启程了。一路上，他们住在能够找到的修道院里，最后来到巴黎的圣雅各修道院，在那里，托马斯遇到另一位托钵修士，他们成了朋友。

也许是因为迫害威胁着所有的托钵修士，方济各会会士波纳文图拉和多明我会会士托马斯建立起了伟大的友谊，当时的人们甚至把他们比作大卫和约拿单。他们的友谊至少说明，方济各会和多明我会是两派敌对力量这种说法是过于简单化的。波纳文图拉被称为神秘主义者的始祖。据说，神秘主义者认为，灵魂最后的完全或喜悦是一种感觉而非思想。他们的座右铭常常是"先体验后理解"，而托马斯也认为人获得拯救的过程是"先体验后理解"，但是他持守的神学把感性当作人类的基本特征。可以说，波纳文图拉把"体验"放在最后的阶段，而托马斯则把"体验"放在最前面。也可以说,托马斯主义者先描绘例如苹果的味道这种具体的东西,并在此基础上对神性作一定的思考,而神秘主义者则先绞尽脑汁地进行理性思考,最后才说对上帝的感觉中有点苹果的味道。也许,托马斯和波纳文图拉共同的敌人会说,托马斯是以苹果的味道开始,而波纳文图拉则以苹果的味道结束。但是,我要说的是,以当时人特有的世界观来看,这两种看似相反的方法都是正确的。神秘主义者波纳文图拉正确地指出,人和上帝的关系从本质上来说是一个爱情故事,符合所有爱情故事的结构和样式。而理性主义者托马斯也正确地指出,理性在上帝的王国里是至高的,人对真理的渴求可能会更为持久,甚至会吞没相形之下所有较为乏味的欲望。

托马斯和波纳文图拉有可能是正确的,虽然当时其他人几乎都认为,他们俩都是错的。就像任何一个时代一样,试图做正确之事的人常常被指责犯了错误。在当时的混乱形势之下,谁也不知道哪一派会最终胜出——是伊斯兰教、摩尼教还是两面派的皇帝,是十字军抑或是基督教的修会。但有人强烈地感觉到,所有的一切都在破灭,所有新近的尝试和过分的行为都反映出社会的衰落。这些人认为,这一衰落至少有两个明显的标志:一是亚里士多德如幽灵般地出现在东方,阿拉伯人像敬拜神明一样崇拜他;另一个是新出现的托钵修士所享有的自由。他们不像原来的修士隐居在修道院的高墙之内,而是四处游走,世界上几乎各个角落都有他们的影子。人们觉得,他们就像从火炉里蹿出来的火花,而火炉里的火焰是来自上帝那不同寻常的爱。这些托钵修士向世人疾呼要追求完美的品行,看起来将会打破普通人平静的生活,而且也有可能带来一些危险。人们对托钵修士累积的怨怒终于爆发了。圣阿摩尔的威廉(William de St. Amour)强烈反对托钵修士发起的这场运动,他写了一本著名的书:《末后时代的危险》(*The Perils of the Latter Times*)。这本书让法国国王和教宗感受到托钵修士运动带来的挑战,于是他们设立了一个问讯机构。这样,托马斯和波纳文图拉,这两个风格迥异的朋友,各自带着他们那具有颠覆性的宇宙观,一起来到罗马维护托钵修士的自由。

到了罗马,托马斯不仅为他年轻时立下的誓愿作辩护,还为自由和贫苦人作了辩护。这次胜利可能是他事业的顶峰,因为他扭转了他那个时代整个后退的大方向。有些权威人士曾经指出,要不是托马斯,可能整个托钵修士运动早已被破坏了。这场辩护取得胜利之后,他从一个生性害羞的蹩脚学生变成了一个历史性的公众人物。此后,人们把他和托钵修士运动联系在一起。托马斯与反对这场运动的人进行了坚决的斗争,其实,这些人的立场与托马斯一家其他人的立场并无二致。虽然托马斯因所作的辩护而出名,但我们不能忘却,真正做事的人和追名逐利的人是有区别的。托马斯当时还没有写出伟大的哲学和神学著作,但是,即使不如他那样敏锐的人也已看出,他必将写出伟大的作品。大致而言,当时的危险在于正统神学带来的危险,因为人们很容易把旧有的一套当成正统,从而硬把亚里士多德哲学定为有罪。在托马斯之前,对亚里士多德哲学的肤浅批判就已经零星出现了,而且,一些狭隘的奥古斯丁主义者不断地向教宗和主要的评判官施加压力,由于穆斯林运动和拜占庭文化在历史和地理上的接近,危险就自然出现了。阿拉伯人抢在拉丁语世界的人之前得到了希腊哲学家的手稿——尽管拉丁人才是希腊文化的嫡传。一些并非正统的穆斯林哲士将亚里士多德的哲学改装成一种泛神论哲学,这就使得正统的基督徒更加难以接受亚里士多德。这第二场争议比第一场需要更多解释。正如我在本书导言里已经提到过的,大多数现代人已经知道方济各是一个在许多方面勇于解放思想的人。无论人们对中世纪怎么看,托钵修士运动是一场在相对意义上很受欢迎的运动,旨在培养兄弟般的情谊和追求自由。不难想见,多明我会在这个意义上与方济各会是一致的。现在,没有人愿意为封建保守的修道院院长和固守成规的修士辩护,去反对胆大妄为的革新者方济各和托马斯了。因此,我们现在或许可以简要地概括一下托钵修士运动引发的激烈辩论——尽管它在当时震撼了整个基督教王国。然而,要弄清关于亚里士多德的争论则更为困难，因为现代人对此存有误解，而要阐述并消除误解则需费更多笔墨。

或许，历史上从来没有发生过一种叫"革命"的事件，相反，所发生的总是"反革命"。人类总是在反叛上一波的反叛者，或者为此前的反叛忏悔。这一点可见诸当代一些最普通的流行风尚——如果赶时髦的人还未看到此前的反叛同时是对过去所有时代的叛逆。涂着口红、喝着鸡尾酒的时髦女孩，是在反叛 80 年代穿着笔挺立领衬衫，主张绝对戒酒主义的女权主义者。而这些女权主义者是对跳着慵懒的华尔兹、吟诵着拜伦诗句的维多利亚时代早期女郎的反叛；这些女郎又是对清教徒母亲的反叛——对这些清教徒母亲来说，华尔兹舞会是放荡的纵酒宴乐，而拜伦就是布尔什维克。如果我们再追溯一下清教徒母亲的历史，就会发现其实她们代表着对英国教会保王党派松懈的信仰生活的反叛，而英国教会又是对天主教文明的反叛，天主教文明又是对古代异教文明的反叛。除了疯子，没有人会假称以上所列状况是一种进步，因为显然它们一会儿这样，一会儿那样。但不论孰对孰错，有一点肯定是错的，那就是现代人的错误习惯，即仅从现代结果来看待它们。他们这样做只看到了故事的结尾，而不知道反叛的是什么，因为他们不知道反叛的对象是什么时候出现的。他们只热衷于结局，却对起源一无所知，也就因此对那一现象本身一无所知。小变革和大变革的区别，在于大变革里包含着人们推动的剧变，其结果是，人们从此就像进入一个新世界一样。大变革里的新事物能够激励人们很长时间——通常是太长时间。这是因为，重大变革以强有力的反叛开始，激励人的智慧走向新的方向，并且沿着这个方向越走越远，使得重大变革得以延续下去。一个绝好的例子就是亚里士多德思想的复兴和再次遭人冷落。到了中世纪末期，亚里士多德主义最终变得很陈腐。只有非常新奇和有力的变革才能导致这一思想最终变得那样陈腐。

现代人用最黑暗的蒙昧主义遮蔽了历史，竟妄自得出这一结论——

在文艺复兴和宗教改革之前，历史上没有发生过任何有意义的事。这种观点显然无比荒谬。这个错误首先是错误地认识柏拉图主义。现代人发现，16世纪（这当然是他们追溯历史的上限）的宫廷里有一些王子，包括反教廷的艺术家和学者，他们宣称亚里士多德哲学很无趣，于是开始秘密地沉溺于柏拉图主义。对中世纪历史一无所知的现代人马上就掉进了陷阱，认为亚里士多德的思想是晦涩难懂的老古董和黑暗中世纪的"专制政党"，而柏拉图的思想则是个全新的、没有被基督教徒品尝过其美好滋味的文明宠儿。比如，诺克斯神父（Fr. Knox）就曾提过门肯先生（Mr. H. L.Mencken）在这一点上令人吃惊的无知见解。当然，事实与此恰恰相反。总之，柏拉图主义才是老牌的"正统"哲学，而亚里士多德主义是一个很现代的变革。而领导这场变革的人就是本书的主人公。

事实上，历史上的天主教会一开始就拥抱柏拉图主义，因而变得太像柏拉图主义者。柏拉图主义成长于希腊文明中，而早期重要的希腊神学家也受此风影响。其实，早期教父比文艺复兴时代的学者更像新柏拉图主义者，而后者充其量只能叫"新新柏拉图主义者"。对克里索斯托（Chrysostom）和巴西尔（Basil）而言，运用逻各斯的概念想问题是再普通和正常不过的事。他们也从智慧的角度进行思考——智慧是所有哲学家的目标。他们如此行，就像今天世界上任何一位宗教徒谈论社会问题、社会进步或者经济危机一样正常。奥古斯丁走的是一种自然的思想演变路线——他在加入摩尼教之前是柏拉图主义者，在成为基督徒之前当然是个摩尼教徒。正是他作为摩尼教徒的经历，让我们看到"过于"信奉柏拉图主义的危险。

从文艺复兴到19世纪，现代人对古人表现出近乎疯狂的热爱。在评价中世纪的时候，他们认为基督徒仅仅是异教徒的学生，即在思想上是柏拉图的学生，在理性和科学上是亚里士多德的学生，但事实并非如此。在某些问题上，现代人又几乎一致认为，天主教的教义要比柏拉图主义或者亚里士多德主义早好几个世纪。比如，我们可以从占星术那令人生厌的顽强生命力上清楚地看到这一点。在这个问题上，哲学家们热衷于迷信，而基督教的圣徒和所有如此盲目的人都反对迷信。但即便是伟大的圣徒，也很难摆脱迷信。一些人对阿奎那的亚里士多德主义持怀疑态度，他们通常会指出两点；这两点放在一起就会显得古怪滑稽。其中一点宣称星辰是位格性的存在，并且掌管着我们的生活；另一点是一种一般性的理论，认为人与人之间有一个共同的思想，显然，这种观念与永生相悖，也就是说，与个体性的概念相悖。这两点在过去支配了古代人的生活，如今在现代人的生活中依然阴魂不散。占星术出现在星期天的报纸上，而另一条教义则摇身一变，名为共产主义，或者叫全人类共同的灵魂（Soul of the Hive）。

需要指出的是，千万不要误解，当我们称赞亚里士多德主义变革带来的实际价值，还有阿奎那在领导这一变革中所表现出来的独创性之时，我们不是说在他之前的经院主义哲学家不是真正的哲学家，或者说他们没有认真地学习过古代哲学。如果说有过不利于哲学发展的断裂，那它不是发生在托马斯之前，也不是在中世纪早期，而是在托马斯之后，即现代历史早期。从毕达哥拉斯和柏拉图延续下来的思想传统，不曾因为罗马被洗劫、匈奴王阿提拉的胜利或是黑暗时代中蛮族的入侵而中断或丧失。相反，这一传统是在发明印刷术、发现美洲，建立皇家学会以及文艺复兴和现代世界所带来的启蒙之后丧失的。此后，这根从古代世界垂下来的长线就被迫不及待地掐断了。这根线好比一种人类不同寻常的爱好，即思考的习惯。有事实为证。我们在后来的印刷书籍里发现，只有到了18世纪或者17世纪末，新哲学家的名字才开始出现。这些所谓的哲学家充其量只能叫"新哲学家"。但是在罗马帝国衰落时期，在黑暗世纪和中世纪早期，人们虽然容易忽略与柏拉图哲学相对立的思想，却始终不曾忽略哲学。在这个意义上，像大多数其他有创造力的人一样，托马斯有一个很长而清晰的"家谱"。他本人经常引用奥古斯丁、安瑟伦、阿尔伯特这些权威，尽管他们与他的观点不一致，他仍然愿意引用他们的观点，尊敬他们。

一位博学的安立甘教徒曾似乎略带讽刺地对我说："我不知道为什么人们都好像把阿奎那当成经院哲学的开端，但我更愿意把他看成是经院哲学的终结。"不论这句话是否出于讽刺，我们至少可以断定，托马斯本人如果听到这句话，他的反应一定是温文尔雅的。很可能他会很自然地用托马斯主义的语言说，一个事物的终结并不意味着它的毁灭，而是意味着它的实现。没有一个托马斯主义者会抗议这一说法，即托马斯主义是哲学的终点——在上帝是我们存在的终点这层意义上的"终点"。因为那并不意味着我们不再存在，而是说我们像永恒的哲学（*philosophia perennis*）一样成为永恒。从另一方面讲，我这位聪明的安立甘朋友在一定意义上是完全正确的，因为此前的教义哲学家们为托马斯所引导的亚里士多德主义变革做了铺垫和准备。这场变革本来就不是突然出现，完全不可预见的。《都柏林评论》上一位有才华的作者不久前曾指出，形而上学从亚里士多德开始，到了托马斯的时代已经经历了漫长的发展过程。如果说，在某些方面，与中世纪哲学的精细准确相比，古希腊哲学家所提出的一些原始理念到了中世纪被发展成精深的哲学体系，那么，我们称那位古代马其顿斯塔基拉城的天才①只不过是哲学的粗糙奠基人，这并不算失敬。这种说法可能有些夸张，但其中还是有些道理。不论怎样，即便是在亚里士多德哲学中——更何况是在柏拉图哲学中——就已经有一整套精深的哲学体系。尽管这种哲学后来变得像分头发丝一样细，但即使是分头发丝，也是非常精细地分，而且需要用科学的工具去分。

使得"亚里士多德主义革命"真正具有革命性的是这一事实，即这场变革是真正宗教性的。这一点非常重要，若在本书最开头说明一下就好了。这场变革是基督教世界内部最具基督教色彩的变革。托马斯，就

---

① 指亚里士多德。斯塔基拉城（Stagira）是亚里士多德的出生地。——译注

像方济各一样，下意识里感觉基督徒对教义和训导的把握正在下滑。原因可以说是一千多年来的一成不变造成的，因此，信仰需要用新的亮光去呈现，需要从新的角度去看待。但托马斯的动机不外乎是使人更容易明白信仰的真理，从而得救。的确，大致说来，在过去很长一段时间里，基督教神学有些太过柏拉图主义，以致不能为更多民众所理解。它需要一些亚里士多德式的精明和朴实，来使得信仰更符合宗教常识。在托马斯与奥古斯丁主义者的斗争中，这一动机和方法都得到了充分显明。

首先我们必须记住，希腊文明在希腊帝国结束后影响犹在，而且至少是从罗马帝国的中心——希腊城市拜占庭，而不再是罗马——汲取资源。此种影响是拜占庭式的——不管是好的方面还是坏的方面。希腊文明像拜占庭的艺术一样，严肃，很数学化，而且还有一点可怕；又像拜占庭的礼节一样，带有东方色彩，稍显颓废。我们从克里斯托弗·道森（Christopher Dawson）的著作中得到很多启发，在他看来，拜占庭文明逐渐固化成一种亚洲式的神权政治，比如借此中国皇帝就被认为是真龙天子。然而即便是没有学问的人也能看出其中的区别。东方的基督教把所有的一切都拉平，就如圣像中圣徒的脸被拉平一样。这样一来，它就变成了一种模式而不是画面，而且在艺术表现形式上大大地冲击了塑像。因此我们看到，非常奇怪的是东方的基督教使用十字架作为标记，而西方则使用耶稣受难像。希腊人因闪闪发光的象征符号逐渐丧失人性，而哥特人却因一件折磨人的刑具变得人性化。只有在西方，才能找到描绘东方故事的现实主义绘画。因此，基督教神学中的希腊元素变得越来越像榨干了的柏拉图主义，成为一种图表式的、抽象的宗教。我们或许可以说这是一种神圣的抽象，但是这种抽象却没有充分反映出那个伟大的事实，即道成肉身。这一事实在本质上几乎与抽象之物截然对立。他们的逻各斯是"道"，但这"道"却没有成为肉身。通过许多微妙的方式，往往规避了教义方面的定义，这一抽象的精神从神权政治扩散到整个基督教世界。罗马帝国平整的大道，最终成了为穆罕默德预备的便利通道。因为伊斯兰教徒是反对圣像崇拜者（Iconoclasts）最终要实现的结果。然而远在这之前，就出现过一种趋势，即把十字架仅当作像月牙一样的饰物，或者把十字架变成像希腊钥匙或者佛轮一样的图标。但这种模式的世界是消极的，希腊钥匙没有打开任何一扇门，而佛轮总是在转圈，却从未向前移动。

部分原因是受到这些消极因素的影响，部分是出于一种必要和崇高的、旨在效仿殉道者的禁欲主义，早期的基督教过于反对物质，有点过于接近摩尼教的神秘主义。然而，所谓的圣贤对身体的忽略，远比禁欲主义者对身体的折磨更加危险。诚然，奥古斯丁对基督教贡献良多，但从某种微妙的意义上讲，作为柏拉图主义者的奥古斯丁，比作为摩尼教徒的奥古斯丁更加危险，因为从前者出发，可能会在不知不觉间沦为异端，即分裂了三位一体的实质。这种思想仅仅把上帝想象成一种净化的灵，或者一个施行救赎的救主，而对上帝是造物主这一点却没有充分的认识。这正是像阿奎那这样的人认为应该用亚里士多德来纠正柏拉图的原因。亚里士多德按照所见之物的原貌来理解它们，正如阿奎那按照它们被造的本来面目来接受上帝的创造物一样。在托马斯所有的著作里，都提到了受造物的积极意义。从人的角度看，是他通过引用异教哲学中的一些成分，拯救了基督教神学中人性化的元素。而实际上，如他已经强调的，人性的元素也是基督教的元素。

对亚里士多德主义危险性的恐惧如同一阵风一样，扫过教会高层，很可能这是一股来自沙漠干燥的风。实际上，教会真正恐惧的是穆罕默德，而不是亚里士多德。讽刺的是，把亚里士多德和穆罕默德调和在一起，比把亚里士多德和基督调和在一起困难得多。没有人能把多神论简化为一个简单的信条。它同时既是太抽象的，又是太复杂的。世上既有相信人格化上帝的头脑简单的信徒，又有比信奉人格化上帝的信徒头脑更简单的无神论者。但是没有人仅仅因为头脑简单，就把一个无神的宇宙当成一个神。比起伊斯兰教，基督教更能接纳宇宙性的或者抽象的概念——至少在一定的程度上是这样。基督徒至少能承认，亚里士多德关于位格上帝中非位格因素的分析是正确的。因此，如果要对穆斯林哲学家作一个粗线条的评价，我们可以说，人一旦成了好哲学家，就会变成坏穆斯林。自然地，很多主教和教会的博士都担心，托马斯主义者可能会因为成了好哲学家而变成坏基督徒。然而，有许多严格意义上的柏拉图和奥古斯丁主义者，他们坚决否认自己是好哲学家。夹在两种不和谐的情感——对柏拉图的热爱和对穆罕默德的恐惧——之间、带有亚里士多德主义色彩的文化，其前景在基督教世界里一度非常黯淡。教会高层接连颁布了好几项绝罚。在迫害的阴影下——其实迫害经常发生，很少有人愿意成为暴风骤雨袭击的对象。在这极少的人当中，有两位多明我会会士毫不动摇地坚守亚里士多德主义的立场——那就是大阿尔伯特和托马斯·阿奎那。

哲学论战总是存在着混乱无序。多数派变成少数派，然后又成为多数派，就像变魔术一样。要确定各方力量发生转变的年份总是很困难的，因为论战就像一个旋涡一样。年份仿佛是部分重叠，使危机变得模糊难明。但有一个转变的重要时刻是可以找到的，这一转变就是从两位多明我会会士完全孤军奋战到最终整个教会都加入他们的队伍。该时刻即两人被带到一位有敌意但并非不公正的法官那里。巴黎主教斯蒂文·坦姆皮尔（Stephen Tempier）显然是一位典型的老派狂热教士。他认为称赞亚里士多德存在危险，即会导致人们去崇拜阿波罗。他在社会问题上也是一位老派的保守人士，曾经强烈地厌恶四处传福音的托钵修士所掀起的变革。然而，他是一个诚实的人，而托马斯·阿奎那的唯一要求就是跟一个诚实的人对话。他周围有许多"名声不太好的"亚里士多德主义变革者。其中有来自布拉班特的诡辩家西格尔（Siger），他所有的关于亚里士多德的知识，都是从阿拉伯人那里学来的。就阿拉伯的不可知论者如何可以同时是基督徒，他有一套聪明的理论。还有很多这一类的年轻人，他们为阿伯拉尔（Abelard）摇旗呐喊，充满了13世纪的年轻朝气，而且完全陶醉在古希腊斯塔基拉城（指亚里士多德）的酒中。站在他们对面的是高高在上的清教徒式的奥古斯丁主义者，他们很乐意把理性主义者阿尔伯特、托马斯，以及暧昧不明的穆斯林形而上学家等同起来。

看来这次成功是托马斯个人的成功。据说在他死后，有位主教把他的一些观点列入绝罚的范畴，但托马斯在世时从没有收回他提出的任何一个观点。从总体上说，阿奎那说服了他的批评者，他跟他们一样，都是好基督徒。这次危机过后，虽然修会之间的争吵依然不时发生，但重要的是，在这场危机中，像阿奎那这样不善辞令的人，竟然说服了一个像坦姆皮尔这样的人。此前，很少人认为亚里士多德主义者可以是好基督徒，但现在许多人改变了看法。还有一个因素促成了这个转变。它听起来有点像圣经的翻译故事，以及所谓天主教会不允许人读圣经之类的说法。在这一系列的争辩背后，教宗对亚里士多德的态度实际上比巴黎主教的态度温和得多。阿奎那的朋友们也在辛勤工作，重新翻译亚里士多德的著作。他们高质量的翻译在很多方面显露出过去翻译的问题——异端所做的有问题的翻译的确是有意为之。随着这项工作最终完成，我们可以说伟大的希腊哲学终于进入了基督教王国的体系。这个过程或许可以半开玩笑地叫作亚里士多德的洗礼。

我们都听说过科学家的谦卑——其中有的人是真谦卑，有的人却以自己的谦卑为傲。这本小书的篇幅决定了我们不能总是一再去证明阿奎那的确有科学家的谦卑，就是那种特殊类型的圣徒的谦卑。的确，他本人没有做过任何具体的物理实验，也从无在这一学科的细节上有过贡献。我们甚至可以说，他落后于上一代的人，尤其是在科学实验方面，远不及他的导师大阿尔伯特。但是，尽管如此，他一生都是科学自由的拥护者。他所订立的原则——若被人真正理解的话——可能是保护科学免受莫须有罪名迫害的最好工具。比如，在有关圣经的启示问题方面，他首先指出之前四个世纪里那些忙于派别争斗的人忘记了一个重要事实——圣经的含义远非不言自明，相反，我们常常需要借助其他真理来理解圣经。如果经文的字面义与一个明显的事实相抵触的话，有时候我们只能说字面义是行不通的。但前提是，该事实必须是一个明显的事实。不幸的是，19世纪的科学家太急于得出结论说，任何关于自然的猜测都是明显的事实，就像17世纪那些忙于派别争斗的人急于宣布任何关于经文的猜测都是显而易见的解释一样。因此，关于如何看待圣经的一家之言，还有如何解释世界的各种不成熟理论，彼此对立，纷纷攘攘，在维多利亚时期尤甚。这两股力量都是出于无知和鲁莽，但这次蹩脚的争吵，通常被称为科学和宗教的碰撞。

然而，托马斯像科学家一般的谦卑在这里生动地表现了出来。他愿意处在最低的位置，去研究最低等的事物。他没有像现代的专家一样研究虫子，仿佛虫子就是整个世界；但是他愿意以研究有关虫子的事实为开端来研究有关世界的事实。托马斯的亚里士多德主义表明，对最简单的事实进行研究可以通向对最高真理的研究。对他来说，这个过程是逻辑上的而不是生物学上的，与哲学而不是与自然科学相关，也不会改变他最初所相信的基本信念。但是，通过他就圣经、科学和其他问题的看法，他给了探索者某种宪章——这比他自身更具有实践意义。他实际上是在说，如果他们能够真正地证实所发现的，那么对圣经的传统阐释会为这些新发现让路。他的语言实在是再直白不过了。如果形势完全取决于他的话，就不会有科学与宗教的争斗了。他尽自己最大的努力划定自然科学和宗教的领域，并在其中为它们划了一条界线。

常常有一种带着欢呼的论调，声称基督教失败了，它的意思是基督教从未获得过帝王一般横扫一切的权势——而这是所有伟大革命的特点，虽然到头来它们又相继失败了。从来没有过一个时刻，我们可以说这个时刻里人人都是基督徒，但是可能有几个月，我们可以说人人都是保皇党人，或者共和主义者，或者共产主义者。但是如果头脑清醒的历史学家想要明白基督教究竟在何种意义上取得了成功的话，他至少在伦理道德的层面上找不到一个比托马斯更好的例子。托马斯支持尘封在地下的古希腊理性主义，而在他之前，理性主义被异端挖掘出来仅是为了消遣之用。在严格的意义上，有新思想的人以新的方式进行理性探索，以至于人们忘了庙里那些死了的魔鬼和宫殿里那些死了的封建主头上的诅咒；人们甚至忘了他们与之殊死抗争的阿拉伯人的嚣张气焰。因为使他们重归理性，或者使他们自己的思想重新清醒起来的人不是个诡辩家，而是个圣徒。亚里士多德曾描绘过高尚的人——这种人很伟大，而且知道自己的伟大。若没有亚里士多德所造就的那位比他更伟大的人，亚里士多德本人可能永远不会恢复其伟大，而那一位虽然很伟大，却以为自己很渺小。

托马斯厚重的写作风格具有一定的历史意义。首先，它非常直接——我认为这种风格对托马斯同时代的人有相当大的影响。托马斯有时候被称为一个怀疑主义者，事实是，虽然有人认为他是怀疑主义者，但是他们仍然选择接受他，因为他显然是个圣徒。当他作为一个固执的亚里士多德主义者坚定地站出来时，人们觉得他几乎与阿拉伯的异端无异。我坚定地相信，他之所以没有因此受到迫害，保护他的正是他的直白、善良的品行，以及对真理的热爱。那些准备好要与骄傲的异端斗争的人，在一座谦卑的高山前停下了脚步；或者与高山相比，托马斯更像高山前面那条低沉的幽谷。考虑到中世纪的习俗，我们知道不是所有的变革者都能够像托马斯一样谦卑。其他人，从阿伯拉尔到布拉班特的西格尔，在长期的历史进程中仍然不失一丝炫耀的成分。相反，没有人会以为托马斯在炫耀。托马斯不加修饰的写作风格反而使他更具有说服力。他本可以既表达智慧又显得诙谐，但他如此真挚，以至于他在表达智慧时没有夹带诙谐。

胜利过后，危险的时刻就来临了。对于结盟的人总是如此，更何况阿奎那是腹背受敌。他主要的目的是为了维护信仰，反对那些污蔑亚里士多德学说的人；因此，他勇敢地支持使用亚里士多德的哲学。他很清楚，无神论者和无政府主义者会因为亚里士多德主义的胜利而在背后欢呼雀跃，但他们的欢欣恰恰与他的目的相悖，因为他支持亚里士多德的目的是维护基督教信仰。但是，无神论者的存在，就像阿拉伯人和亚里士多德主义的异教徒一样，从来不曾打破阿奎那心中那份不同寻常的平静。他胜利地维护亚里士多德之后面临的真正危险，是从布拉班特的西格尔事件中显现出来的。对想了解基督教奇特历史的人来说，这是一个很值得研究的问题。这件事有一个奇怪之处，当然也是信仰的独特之处，尽管其现代敌人没有注意到这一点，而且其现代朋友也极少注意到。这件事是由关于敌基督的传奇故事引起的，敌基督又被称为基督的替身。当时的一个寓言说魔鬼是学上帝学得最像的——最假的假象在外表上看起来与真相最相似。当刺痛感接近真理的神经时，基督教的良知就会痛苦地喊叫。于是布拉班特的西格尔，紧随一些阿拉伯的亚里士多德主义者，提出了一套理论。如果这件事放在现在，报纸马上就会宣布他们的理论与托马斯的理论是一样的。然而西格尔的理论深深地刺痛了托马斯，唤起他进行了一生中最后一次，也是最强烈的一次抗议。他在哲学和科学领域广泛地赢得了这场斗争，为信仰和理性的探索清理了场地。他为天主教徒提供了一个至关重要的见解，以至于如果抛弃这个见解就会带来灾难性的后果。这个见解就是，科学家应该继续自由地做实验和探索，只要他们不认为科学探索是无谬误的和有终极意义的——因为这与其自身主张的原则相矛盾。同时，教会应该继续发展和定义超自然的事物，只要她不声称有权改变信仰的根基，因为这也与其自身主张的原则相矛盾。在托马斯表达了上述观点之后，西格尔站出来说了一些与托马斯看起来非常类似，然而事实上非常不同的话（就像敌基督所做的），就连当时那些特别被上帝使用的人也被他蒙蔽了。

布拉班特的西格尔说的是：教会在神学上一定是正确的，然而在科学上有可能是错误的。存在两种真理：一种是超自然世界的真理，一种是自然世界的真理，二者是相互抵触的。当我们是自然主义者时，我们可以认为基督教整个儿是在胡说；但是，当我们想起我们是基督徒时，即便基督教是胡说，我们还是要承认它是真理。换言之，西格尔把人的头脑分成两个，像古老战争传说中的两方一样彼此相争。他认为人有两个头脑，一个是用来相信的，而另一个则完全不能相信。在很多人看来，这至少是对托马斯主义的拙劣模仿。而事实上，这是对托马斯主义的破坏。西格尔的理论不是说发现同一个真理有两种不同方式，而是假装有两个真理。有意思的是，听到这个理论以后，笨牛像发疯的野牛一样发怒了。他站起来回答西格尔，气得脸都仿佛变形了，而且措辞的风格（如同一个人说话的声调一样）也突然改变了。对于那些不同意他观点的敌人，他也从来没有这样愤怒过。但是像西格尔一样的敌人，实际上是最拙劣的背叛者——他们在试图迫使他同意他们的观点。

那些抱怨神学家所作的区分过细的人，简直找不到比他们自己更愚蠢的人了。事实上，一个"过细"的区分可能本身就是自相矛盾的。这一点在上述这一事例上尤为明显。托马斯认为，一个真理可以通过两种不同的途径达到——正因为他确信只有一个真理。因为信仰就是那个唯一的真理，所以自然科学的发现不可能从根本上与信仰相抵触。因为信仰就是那个唯一的真理，所以真正从信仰衍生出来的发现不可能从根本上与自然世界的事实相抵触。事实上，这显示了他对他所相信的宗教极其大胆的信任；尽管有些人认为这一点有待商榷，但刚举的这个例子是它充分的证据。那些在19世纪所谓的与信仰相悖的科学事实，到了20世纪都被证明是伪命题。就连唯物主义者也抛弃了唯物主义；那些曾经大讲心理学上的决定论的人，现在开始向我们传授物质的非决定论了。但不论托马斯的信心是对是错，它都是对唯一一个不能自相矛盾之真理特别的、绝对的信心。然后，以西格尔为代表的最后一批敌人冒了出来，告诉托马斯他们完全同意他的观点——有两个相互矛盾的真理。或者用中世纪的话来说，真理是一顶帽子下面的两张脸；而这些有两张脸的诡辩家胆敢宣称这顶帽子是多明我会的帽子。

所以，在这最后一场战斗中，托马斯第一次像一把战斧一样地作战。尽管托马斯对他众多的敌人有着近乎不受任何情感影响的非凡耐心，但是这一次他的言语里透露出一股不耐烦。"请看一下我们对错误的批判。这个观点不是建立在信仰的基础上，而是建立在那些哲学家自己的推理和宣言的基础上。如果有人非要以自己所谓的智慧为骄傲，并企图挑战我们已经成文的观点，请他不要躲在某个角落里，或者在小孩子的面前偷偷地这样做。因为小孩子没有能力在这么难的问题上作出恰当的判断。如果他有胆量的话，请他站出来作公开的回答。他会发现，我是反对他的，而且不单是微不足道的我，许多以追求真理为己任的人都会反对他。我们会与他的谬误作坚决的斗争，或者纠正他的无知。"

笨牛吼叫了——就像一只被围困但依然凶猛，甚至气势压倒了围困者的野兽。我们已经提到为什么在这次与西格尔的争吵中，托马斯爆发出如此猛烈的激情。这是因为他们利用他对反对派的胜利，偷偷背叛了他。这一刻，他显示了他的愤怒和热情——除了他年轻时发过一次怒之外，他几乎从来不会这样。而且他又一次拿起一块燃烧的木头，与敌人作战。但是，即使是针对这一次的愤怒，我们也应该为了提醒那些因为比这小得多的事而愤怒的人，而在大理石上刻上一句话来纪念他。如果真的要刻下一句话，那么这句话就必然如同滚烫的岩浆一样奔涌而出。如果历史上有一句话能够概括托马斯·阿奎那，这句话必然是关于他自己的论证的话："这不是建立在信仰的基础上，而是建立在这些哲学家自己的推理和宣言的基础上。"难道所有有思想的、正统的教会博士会像愤怒中的托马斯一样有理性吗？难道所有为基督教辩护的人不应该记住这个座右铭，在他们提出任何论证之前，先把这句话用大字写在墙上吗？即使在最愤怒的时候，托马斯仍然明白，什么是为许多维护正统教义的人所不易理解的。指控一个无神论者是个无神论者，或者批评否认永生的人否认永生的错误，是无益的。人也不应该以为可以强迫反对者承认自己的错误——基于别人的原则而不是反对者自己的原则来证明他的错误。在托马斯树立了伟大的榜样之后，这个早就应该确立下来的原则终于被确立下来了。那就是，我们要么干脆不与人争辩，要么按照他的原则而不是我们自己的原则来争辩。如果选择不争辩的话，我们可以根据自己对道德的理解采取其他一些可以接受的行动，而不去争辩；但是如果选择争辩的话，我们必须"以那些哲学家自己的推理和宣言"为前提进行争辩。托马斯的朋友——伟大的法国国王圣路易，在一句话中也表达了这一点，虽然浅薄的人经常引述这句话，并把它当作狂热主义的代表。他说，我要么像一个真正的哲学家一样与一个无神论者争辩，要么"直接拿一把刀刺过去，刺得越深越好"。一个真正的哲学家（哪怕是对立派别的）也不得不承认圣路易的这句话非常有哲理。

于是，在他的神学战役最后一场有争议的危机中，托马斯·阿奎那给他的朋友和敌人不仅在神学上上了一课，而且在争议的原则上上了一课。但那实际上是他最后一次争辩。其实他有很强烈的参与争辩的愿望，这种愿望有人有，有人没有；在有这种愿望的人当中，有罪人，也有圣徒。但是，在经历了这场与西格尔伟大的胜利决斗之后，他突然非常向往一种沉默和安静的生活。关于这种愿望，他对他的一个朋友说了一句奇怪的话，在恰当的时候我们会提起。他回到了极其简单的修道院生活，并且仅仅渴望永久的静修。然而教宗给他写了一封信，请求他承担进一步的外交或者理论争辩的使命。他顺从地踏上了去罗马的旅程。但是没走多远，他就去世了。

第四章
对摩尼教的思考

有一件看似普通的逸事像一道闪电一样,从里到外把托马斯·阿奎那照亮了。这件事不但显示出托马斯的确是个不同寻常的人物,甚至像个喜剧演员,也显明了他所生活的时代色彩和社会背景;而且更重要的是,这件事在顷刻间使他的思想变得明朗起来。其实那是一件小事。有一天,他不情愿地从他长时间的工作——或者说长时间的娱乐——中拿出几分钟休息一下。对他来说,思考是个不同寻常的爱好,在其中他可以同时找到工作和娱乐。对一些人来说,思考甚至比喝酒更让人沉醉。他拒绝了几乎所有来自宫廷的社交活动邀请,不是因为他是个不友好的人,而是因为他沉醉于贯穿他一生的阐释和争辩的宏伟计划中。但是,有一次,他得到了法国国王路易九世(更以伟大的圣路易著称)的邀请。不知出于何种原因,他所属的多明我会的带领人认为他应该接受这个邀请。于是,作为一个在睡梦中——或者说在恍惚的沉思状态中——都服从上级的托钵修士,他马上就答应了。

这是一个与传统的圣徒传记截然不同的故事。传统的圣徒传记很容易把所有圣徒描述成一个模式,而事实上,没有人比圣徒的风格更为迥异的,就连杀人犯之间能发现的共同点,可能也要比圣徒之间的共同点多一些。除了他们共同的圣洁以外,再也找不出比圣托马斯和圣路易更为不同的两个圣徒。路易是个天生的骑士和国王,但是他属于那类心智简单的人,这一点加上他的勇气和积极性,使他很自然就能直接去履行各项宫廷责任。对他来说,神圣和健康之间从来就没有矛盾,问题只能出在行动上。他从来没有作过很多理论上的思考。但是,即使是在理论上，当他思考的时候，他也是那种思维习惯极其实际的人。他在神学上没有说过错话，他似乎天生就是正统的天主教徒。有一则古老的异教谚语说，国王就是哲学家，或者哲学家就是国王。但是这个寓言有一个错误，而这一错误又与某个唯有基督教才能解明的奥秘有关。因为虽然一个国王有可能很想成为圣徒，但是一个圣徒却不可能很想成为国王。一个好人几乎从来不会梦想成为伟大的国王，但是，教会的开明使之从不禁止一个国王梦想成为好人。但是路易有着军人特有的直率，他丝毫不介意当国王，就像他不介意当上尉或上校或者军队里的任何一级军官一样。而像托马斯这样的人必定不想当国王，也不想与国王的荣耀和他身边的政治有任何关系。他的谦卑以及某种下意识里的一丝不苟和对虚空的厌恶——通常在那些博学的闲暇之士身上能够发现，使他尽量避免与宫廷的复杂生活有任何关联。他一生都不遗余力地回避政治生活。在他生活的那个时代，力量最强大，而且在一定意义上最有挑战性的政治象征，莫过于巴黎的法国国王的权势了。

巴黎在当时是真正的"北极光"，是北方的"日出之地"。我们必须意识到，离罗马最近的地区深受异教、悲观主义和东方宗教的影响，其中伊斯兰教的影响最大。在普罗旺斯和整个南部地区，许多人热衷于虚无主义或消极的神秘主义。来自法国北部的长矛和利剑则扫除了一切非基督教的东西。在法国北部，也涌现出了像长矛利剑一样熠熠生辉的宏伟建筑，那就是哥特式建筑的尖塔。虽然现在变成了灰色的哥特式建筑，但是当时，白色的塔尖直冲云霄，加上金色和其他鲜艳的颜色映衬，一定是另一番景象。这种新的建筑风格简直就像童话故事中的飞船一样令人吃惊。路易留下的新巴黎一定像白色的百合花和壮丽的战旗一样光彩夺目。但这些只是一个伟大的新事物的开始：一个新的法国的诞生。它即将平息托马斯故乡的皇帝与教宗之间的纷争。但是托马斯很不情愿地来到了这个国家，或者，如果我们说得好听一些，他闷闷不乐地来到了法国。当他进入巴黎时，有人从小山上指给他看新的、雄伟的哥特式建筑，然后有人说了一句："要是我能拥有这些该多好啊！"托马斯听了只是咕哝道："我宁愿拥有那篇克里索斯托的手稿。"

后来，不知道他们怎么把那个闷闷不乐的、耽于思考的人带到了皇宫宴会厅里。我们知道的是，托马斯对所有向他说话的人都很友好，但是他说话很少，后来就很快地被世界上最优美的喧嚣声遗忘，即被法语交谈的喧嚣声遗忘。那些法国人当时说了些什么我们无从知道，但是他们完全忘了那个身材高大的意大利人的存在，或者也有可能是他完全忘了他们的存在。就连法国人交谈的时候，也会出现突然的沉默；于是沉默就发生了。当时，那个穿着白黑相间修士袍的人，又高又胖，一言不发，也没有任何动作，就像在哀哭的小丑——这些都勾勒出大街上行乞的托钵修士的仪态，与宫殿里朝霞般五彩斑斓的骑士风格相比，显得格格不入。随处可见的三角盾牌、三角旗、尖尖的长矛、十字军的三角剑、尖顶窗户和锥形风帽，所有这些的确意味着中世纪法国鲜活的精神达到了顶点。但人们外衣的颜色是灰色的，而且形式各异，比较单调；因为本身就代表着顶点的路易曾对他的朝臣们说过："要避免虚荣，但是每个人都应该按所处阶层的礼仪穿着得体，这样他的妻子才会更容易爱他。"

突然一声震响，桌子上的高脚杯跳了起来。整张桌子都震颤了。原来是那个托钵修士举起石头一样的大手砸在桌子上，在场的所有人都吓了一跳，只听见他像在说梦话一样大喊："这样就能解决摩尼教的问题了！"

这是在国王的宫殿，即使那个国王是个圣徒，也要求别人守规矩。在场的人都惊呆了，所有的人都以为那个来自意大利的胖修士一定是往路易国王身上扔了一个盘子，或者打歪了他的王冠。客人们都战战兢兢地朝那个位置望去，那是卡佩王朝坐了一千多年的王座。有人可能准备好了要把那个穿着黑衣服的、像乞丐一样的人扔出窗外。但是路易，看起来好像头脑简单，却不仅仅有荣耀和慈爱，还有法国式的幽默和谦恭有礼。他转过身来，小声地盼咐秘书带上纸和笔到那个心不在焉的论证者身边，记下他刚刚想出来的论证。因为那一定是个好论证，如果不记下来以后可能会忘掉。我直到现在才把这则逸事写出来，是因为它给了我们关于一个伟大的中世纪人物的最生动的剪影。实际上，它给了我们两个中世纪伟人的剪影。但这件事也是一个预表或转折点，因为它让我们看到他脑海中到底有什么东西在作祟——托马斯脑子里的种种思想，因为一个哲学或者心理学上的洞见突然明朗起来。即使是在路易的宫殿里，他仍然不能放下摩尼教的阴云，这是有缘由的。

此书的目的是简要地介绍托马斯这个人物。稍后我会用几页纸简单介绍一下托马斯和他的哲学及神学之间的关系。但我在这里要谈的事比他的哲学更笼统，也更人性化。在具体介绍他的哲学之前，让我先介绍一点基本知识，即托马斯对道德的态度，或他的性格气质，或在社会和人际关系方面他的人生目标；因为他比我们更了解，人的一生只能有一个目标，而目标应该是高于人生本身的。如果我们用图画的形式简要地描绘托马斯的人生目标及一切事工目标，或许我们可以说，他的目标就是给摩尼教重重的一击，从根本上摧毁摩尼教。

对于没有研究神学史的人来说，这一点可能令人费解，而对研究神学史的人来说，可能更加费解。事实上，这一点好像跟历史或者神学都没什么关系。在历史上，多明我和蒙特福特的西门已经基本上解决了摩尼教的问题。在神学上，像托马斯这样的百科全书式的人物对付过摩尼教以外成百上千种异端。然而，对摩尼教的批评的确代表着托马斯在神学上的主要立场，以及他所带来的基督教历史的转折。

虽然本章内容的范围比其他章节模糊，但我觉得还是应该写这一章，因为本章将涉及现代人眼中托马斯及其神学信条方面存在的一个错误，这个错误也是现代人开始理解托马斯时的障碍。这个错误大致是这样的。托马斯，像其他的修士，尤其像很多其他圣徒一样，过着禁欲和与世隔绝的生活。比如说，如果他愿意的话，他完全可以过上锦衣玉食的生活,但他却选择了长期的禁食。这是他所信奉的宗教中一个突出的特点,因为他的宗教代表着反自然的力量,即信徒们愿意通过分担他们的救主所受的苦难来感谢他的救赎。托马斯的宗教预备人成为传教士、殉道士,或者类似的理想主义者。对于生活在现代工业社会的人来说,除了托马斯所属的那一群体,社会上这样的人很少,于是现代人就觉得那一群体的人都是一个模式。一个市议员是不可能禁食四十天的,一个政治家不可能宣告特拉普派①的缄口誓言,一个人也不可能过严格的独身生活。因此人们断定,天主教就是禁欲主义,而禁欲主义就是悲观主义。于是他们感到自己有义务解释为什么天主教徒非常尊崇这种宗教里的英雄主义精神,他们迫不及待地指出这种精神的背后是东方秘传宗教对所有自然事物的憎恶,或者对普通生活感到厌恶的态度。我在一份"上流社会"的报刊上读过一篇书评,评论丽柏卡·韦斯特(Rebecca West)女士写的一本关于奥古斯丁的书。这篇文章令人吃惊地声称,天主教会认为性在本质上是罪。该书提到奥古斯丁把所有的性行为都当成犯罪。如果性是罪,为什么婚礼是七大圣礼之一?为什么天主教徒鼓励生育而他们的敌人却主张避孕?让批评天主教的人自己好好去想想吧!我要考虑的不是这方面,而是另一方面。

一般的现代批评者,他们只看见权威式教会里有这种禁欲主义,却看不见许多布里克斯顿(Brixton)和布莱顿(Brighton)的居民中间也有这种禁欲主义。于是他就会说:"这就是权威的后果,没有权威的宗教比有权威的宗教好。"但是事实上,布里克斯顿和布莱顿以外的经验会表明这种看法是错误的。我们很少能发现一个禁食的市议员或者一个特拉普派的政治家,但是看见悬挂在钩子上的修女更是少之又少。在海德公园,看见天主教证明学会(Catholic Evidence Guild)的成员在开始演讲之前先用刀子划伤自己的几率也是极小的。一个到牧区去拜访的人

---

① Trappist,天主教西多会的一个派别,强调缄口苦修。

几乎不可能看见教区神父一边躺在地上，胸口点着火，一边给信徒提供信仰上的指导。但是这些做法在亚洲各地都曾经出现过，那里的宗教狂热分子仅是出于宗教热情就作出如此疯狂之举。而他们一般没有直接的权威指导，也绝没有权威强制他们这样做。简而言之，人类的真正知识会告诉所有人，宗教的确是很可怕的东西。它的确是一团怒火，很多时候，权威的作用不是煽动怒火，而是抑制怒火蔓延。禁欲主义作为与欲望的斗争，本身就是一种欲望。它可以成为一种奇怪的、令人难以控制的野心，但是它可以得到合理的约束。而天主教会的权威对禁欲主义的约束，远远优于异教或者清教徒无权威的体制。同时，虽然禁欲主义可以说是天主教的一个重要组成部分，但它始终完全是一个从属的问题。它不是天主教神学的主要问题，而仅是从天主教伦理学衍生出来的一个问题。当我们开始讨论主要的天主教哲学问题时，我们就可以充分意识到，一个禁食的修士和一个把自己挂在钩子上的印度教苦行僧，他们所相信的是完全不可调和的理念。

如果一个人意识不到天主教神学的基要部分是对生命的称颂，对存在的赞扬，对上帝作为造物主的颂赞，这个人就永远不可能理解天主教神学，也不可能理解托马斯的神学。其他一切都是在这些赞扬的基础上延伸出来的，目的是解释一些复杂的问题，如原罪和上帝对圣徒的呼召等等。理解上存在的困难在于，天主教的思想乘着两架飞机翱翔——一个是创造，另一个是堕落。与之最接近的一个类比是，假如英国被侵占了，那么肯特郡可能会颁布比较严厉的军事法令——因为敌人在肯特郡登陆了，而赫里福德可能就相对比较自由。但是两者之间的区别不会影响爱国的英国人对赫里福德或肯特郡的感情。肯特郡在战略上的谨慎也不会影响人们对它的爱戴。因为对英国的爱还存在，而这两个地区都要通过纪律来抵抗侵略。胜利之后，英国人在这两个地方都可以享受自由。同理，不论一个极端的天主教禁欲主义者是否明智，他（她）的用意都是对堕落之后的罪恶谨慎的表现，而绝不是对创造物的善有所怀疑。在这一点上，天主教的禁欲主义者不但在行为上与把自己挂在钩子上的苦修者不同，而且与苦修者的宇宙论不同，因为苦修者的整个宇宙就是悬挂着他的钩子。在许多东方宗教里，禁欲主义的确就是悲观主义。禁欲者因为对生活的憎恨而把自己折磨致死，但是他的用意不是控制自然，而是尽可能地与自然作对。虽然东方的多数宗教没有像钩子上的苦修者那么极端，但是它们对生活的拒绝的确在很大程度上是他们禁欲的动机。一个著名的例子是历史上基督教诞生之初的大敌：摩尼教。

所谓的摩尼教神学有很多不同的形式。摩尼教用一类奇特的、表达恒久变化的概念攻击真正永恒不变的上帝。它有点像把自己变成蛇或者云的魔法师的传奇故事。整个教派都有亚洲特有的形而上学和道德伦理色彩，而亚洲正是摩尼教的发源地。摩尼教虽然形式各异，但是有一个共同点：认为自然是恶的，或者说恶源于自然。这个教派最本质的概念是：恶的根源在于自然，所以恶有权在自然界存在。这样，错误就有了存在的"正当"理由。刚才已经提及，这个概念有很多表现形式。有时候，摩尼教体现为二元论，认为恶和善力量均等，彼此不能称对方为篡夺者。更常见的一种形式是认为魔鬼创造了物质世界，如果有善的非物质（如天使）存在的话，一定只与精神世界有关。后来，摩尼教以加尔文主义的形式重新出现于世。加尔文主义虽然认为上帝的确创造了世界，但在某种特殊的意义上，是既创造了善，又创造了恶；上帝既创造了邪恶的自由意志，又创造了邪恶的世界。根据这种观点，如果一个人自己选择下地狱，他非但没有阻挠，反而实现了上帝的意志。在古代的诺斯替主义和近代的加尔文主义中，我们可以看出，摩尼教虽然表面上呈现出不同形式，但在实质上是一致的。古代的摩尼教认为撒但做了通常被归于上帝的工作（创造物质世界），现代的加尔文主义者说，上帝做了一般被归于撒但的工作（如让人入地狱）。前者回头看创世的起初，看到魔鬼学上帝的样子，欺骗了亚当和夏娃；而后者向前看末世，看到上帝像魔鬼一样咒诅人。但是这两者共同的概念是，世界的创造者主要是恶的创造者，不论我们把他叫作上帝，还是叫作魔鬼。

因为现代人当中有很多隐形的摩尼教徒（这一点稍后会提及），有的人可能会同意我的观点，有的人可能会迷惑不解，还有的人会不明白为什么我们要反对摩尼教。如果要理解中世纪的争论，我们必须要提到一处天主教的教义。这一教义对中世纪和现代同样适用："神看着一切所造的都甚好。"（创1会:31）这节经文包含的微妙含义，是悲观主义者所不能理解或者注意不到的。经文的意思是，没有本质上是恶的创造物，只有对创造物的不当使用。或者我们可以这样说，没有恶的东西，只有恶的用意，尤其是恶的企图。只有加尔文主义者才能相信通往地狱的路是由"好的心意"铺成的。其实，好的心意恰恰不能铺在通向地狱的路上。但是人对好的东西有可能会有不好的想法；而好东西，比如世界和人的肉体，被坏的心意扭曲了，而扭曲人心意的邪恶力量就是魔鬼。但即便是这样，魔鬼也不能把受造物从本质上变成恶的。从受造第一天开始，受造物始终是善的。唯有上帝的创造物可以是物质的，整个物质世界的创造都是上帝的工作，而地狱则是纯精神领域的。

这种错误的观点有很多种表现形式。但是像许多其他的错误一样，摩尼教也有两种基本的表现形式：一种是比较极端的，在教会之外攻击教会的；另一种是比较微妙的，在教会内部腐蚀教会的。教会在任何时候总是难免受到这两种形式的侵害。比如在维多利亚时代，达尔文主义在贸易或者种族方面的"物竞天择"是无神论者在19世纪所施加的最激烈的攻击；20世纪的布尔什维克无神论运动与之类似。达尔文主义者不顾廉耻地大肆炫耀物质财富，丝毫不掩饰对一些道德低下的富豪的艳羡，而这些富豪聚敛财富的方法无非是使用伎俩囤积小麦，再高价出售。他们模仿科学家的口吻谈论"不适者"[①]。(这些所谓的科学家想杀死"不适者"，可他们连完整的句子都说不出来——到底是"不适"于

[①] 达尔文主义主张"适者生存"（survival of the fittest），切斯特顿在此造出 unfit（不适者）一词。

什么？①）所有这一切就像黑弥撒②一样公开地、不遮掩地反对基督教。但是，确有一些缺乏头脑和世俗的天主教徒使用达尔文主义的行话来维护资本主义，虚弱无力地抵制社会主义。至少他们在教宗颁布《论劳动者的权利》以阻止这些胡说八道之前，一直在使用达尔文主义者的论据。邪恶总是既在教会内部又在教会外部。一般来说，外面的比较狂野，内部的比较温和。比如在17世纪，外部有加尔文主义，内部有詹森主义。13世纪也是同样的情况，外部有阿尔比派的威胁，而内部的潜在威胁是奥古斯丁派的传统主义。因为奥古斯丁主义者只愿意从奥古斯丁那里学习教义，而奥古斯丁学说的一部分来自柏拉图。柏拉图在很多问题上是正确的，但并非完全正确。我们知道，在数学上，如果一条线不完全朝着一个点，那么线越延伸，就离这个点越远。经过了一千多年的延伸，柏拉图主义的错误跟摩尼教很接近了。

  流行的错误几乎总是接近正确的。他们总是几乎接近一个最终的事实，而那些试图纠正他们的人自己常常也是错误的。比如这样一件看似奇怪的事，"柏拉图之爱"在没有什么文化的人那里，比在有学问的人那里更纯净。但是甚至那些意识到希腊文明的错误的人，也有可能意识到扭曲来自纯净的某种错误形式。摩尼教最根本的谎言是，纯净就是清心寡欲。这一点与托马斯截然相反，因为托马斯总是把纯净和丰富多产联系在一起——不论是自然意义上的，还是超自然意义上的丰富。但是，如我所说的，奇怪的是，在普通人的口头语言中，的确可以找到比如山姆和苏珊之间的爱是"很柏拉图的"之类的说法。的确，撇开普通人的语言对柏拉图主义的"扭曲"，纯正的柏拉图主义的确主张人最好没有身体，然后他们的头才可能飞起来，在半空中相遇，以一种纯智性的方式联姻——就像某些图画中所描绘的天使的样子。正是这种"柏拉

---

① 切斯特顿在此玩文字游戏。"杀死"的英文为finish off，而"说不出完整句子"是cannot even finish his own sentence。
② 即崇拜撒但的仪式。

图之爱"激怒了可怜的劳伦斯（D. H. Lawrence），让他开始胡说八道。但他可能不知道，天主教关于婚姻的教义也会说他所说的大部分内容只是没有说胡话。无论如何，我要说明的是，所谓"柏拉图之爱"的概念在历史上的确影响了早期的基督教神学家，导致他们既扭曲了人与人之间的情爱，也影响了对上帝之爱的理解。中世纪那些表面上愤怒地批评阿尔比派主张禁欲的人，实际上也愿意在绝望中放弃人的身体，而其中一些人在绝望中放弃了一切。

事实上，这件事充分显明了那些反对所谓的"教义和信条"之人的愚蠢。因为正是教义和信条拯救了世人的健康心智。这些人正在以一种把直觉和感觉当作基础的宗教来替代基督教。如果在真正的黑暗世纪真的有一种以感觉为依据的宗教的话，那必然是一种建立在黑暗的和自杀式感觉基础上的宗教。批评禁欲主义者的人可能正确地认为，西方隐修士的感受真的跟东方的苦行僧差不多。但是前者仍然不能完全像后者一样思考，因为他是正统的天主教徒。使他的思想保持健康和人性化的因素，简单地说，就是教义。他不能否认，一位至善的上帝创造了正常的、自然的世界。他不能说一个魔鬼创造了世界，因为他不是个摩尼教徒。在那个时代，很多热衷于独身生活的人蜂拥到沙漠或者修道院里，假如他们像现代人那样仅仅考虑个人的理想，或者他们对婚姻的个人化理解，就可能会把婚姻定为罪。但是，幸运的是，他们必须接受教会的权威，而教会明确地说，婚姻不是罪。一个现代的、情绪化的宗教可能随时把天主教变成摩尼教，但是当宗教的情感使人发疯的时候，神学迫使他们保持清醒。

从这个意义上说，托马斯正是作为一个正统的神学家挺身而出，提醒人们教会关于创世的教义，因为当时的许多人只想着破坏。如果中世纪的批评家不理解中世纪的核心事实，那么他们即使是从中世纪的文献中找出一百个听起来像悲观主义的词句，也是徒劳无益的，因为中世纪的人不关心当时是不是中世纪，他们不接受情绪的权威。因为情绪一旦成了权威，必然是忧郁哀伤的，而他们的确很关心正统的教义，而正统的教义不是一种情绪。正是因为托马斯能够证明，他对造物主及其创造之喜悦的颂赞比悲观主义营造的氛围更为正统，他才征服了教会和世界，促使人们接受真理的检验。除了这些巨大的、非个人的因素以外，我们或许可以认为也有个人的因素。像大多数伟大的宗教导师一样，托马斯本人刚巧适合做上帝交给他的工作。如果我们愿意的话，可以认为他的才能是天生的；我们甚至可以说，他的才能是和个人性情有关的。

任何一个试图使人们了解中世纪哲学家的人，都必须使用非常现代和非哲学的语言。这并不是在嘲笑现代人，而是因为现代人针对心情和情绪做了太多的工作，尤其是在艺术方面。艺术家发展出了一整套松散的词汇，用来讨论氛围，而不是实际的态度或者立场。如我在别处提到过的，就连现代的哲学家也更像现代的诗人。他们力图在真理上留下个人化的印记，经常透过色彩斑斓的透镜来看待生活。如果说叔本华的透镜是蓝色的，威廉·詹姆斯的透镜是玫瑰色的，这种说法其实比称叔本华为悲观主义者，称詹姆斯为实用主义者有更深刻的含义。虽然现代人倾向于过度强调情绪的重要性，然而对情绪的探讨是有意义的——正如尽管中世纪后期过于强调逻辑的重要性，然而逻辑是有价值的。但是我们当前的目的是为现代人解释中世纪人的生活，我们必须时常用到关于情绪的现代语言。否则中世纪人们的个性就会因为现代人的偏见和无知而被忽略。托马斯·阿奎那的所有作品里都有一种类似明光的东西，实际上对他来说是相当基本的。然而他甚至意识不到，或者被他当作无关的个人品质而忽略；用现代人略显庸俗的新闻用语来说，他可能认为这种东西没有意义。

然而，在这种情况下，唯一一个有用的词可能是乐观主义精神。我知道这个词在20世纪甚至比在19世纪更加被人轻视。过去，人们只有在探讨战争形势的时候才会用到"乐观主义者"这个词；今天，人们也会在讨论贸易形势的时候偶尔提及；明天，人们可能会说对世界乒乓球锦标赛持乐观态度。但是维多利亚时期的人用这个词的时候，含义要更深厚一些。比如他们会说勃朗宁、史蒂文森、沃尔特·惠特曼是乐观主义者。如果我们把"乐观主义"这个词的含义在此三人基础上进一步加深，就基本上可以用来形容托马斯·阿奎那了。他的确以坚定的信念为基础，相信生命的力量，与史蒂文森称为"生命的可生活性原理"（theorem of the livableness of life）有几分相像。阿奎那关于生活的信念，其起点是对存在的现实性的理解。假如病态的文艺复兴学者会说"存在还是死亡，这是个问题"的话，那位伟大的中世纪博士一定会用雷霆般的声音回答："存在，这就是答案。"这一点是很重要的。因为有些人会想当然地认为文艺复兴是人类开始相信生活的起点；而事实是，文艺复兴时才开始出现了不信任生活的几个人。中世纪的人不惜采取限制措施，甚至很严格的限制措施，来限制人类普遍的对生活的渴望，甚至对生活的疯狂热情。这些限制措施经常以狂热和极端的方式表现出来，试图抑制人类最基本的、最自然的一种愿望——求生的愿望。只是到了近代，求死的愿望才成了他们真正需要对付的威胁。亚洲的阿尔比派让人们感到了恐惧，但是一直到现在，人们也不会认为它是正常的。

但是我们如果把托马斯这位伟大的基督教哲学家和才智或许与他相当的人相比，对比的效果是非常生动的。他没有与这些人进行过直接的辩论，也没有见过，甚至没听说过他们中的大多数人。在他与波纳文图拉甚至阿威罗伊辩论的时候，可能背后真正与他讨论问题的人只有柏拉图和奥古斯丁。但是我们必须到别处去找他的真正对手，也即天主教理论仅有的真正对手。那就是伟大的异教体系，其中有些很古老，有些很现代，比如佛教很古老而尼采很现代。当我们在这个巨大的、世界范围的背景下看托马斯时，我们不由得注意到他是仅有的乐观主义神学家，而天主教是唯一的乐观主义神学。其他一些神学体系使其教义溶解，并使信条和与其对立的教义相融合，所以从中或许能找到更加温和的成分，但是唯有天主教体系是完全站在生命一边的。

宗教比较学这一学科的确容许我们对宗教进行比较——也进行对比。五十年以前，这个学科的目标是证明所有的宗教都是大致相同的。有时也证明所有的宗教都有一定的价值，同时也都没有价值。从那时候开始，这门学科突然变成了科学，既发现了高山，又发现了幽谷。诚然，真心信仰不同宗教的人彼此互相尊重是一件极好的事，但是互相尊重的人会发现彼此之间的区别，而那些不在真正意义上尊重别的宗教的人，才会认为区别是无所谓的。我们越是尊重佛陀对世界难能可贵的弃绝，就会越清楚地看到，佛教关于救赎的概念几乎与基督教的救赎概念完全相反。基督徒想离开世界，退到宇宙中去，而佛教徒比起离开这个世界，更愿意离开整个宇宙。佛教徒希望消解自己的存在，而基督徒要回到自己存在的根源——创造者那里。基督徒认为十字架是生命之树，或许恰恰是因为这一思想有违常理，才使人们有借口把它们并列在一起，仿佛二者具有同等重要性。在一定的意义上，二者的确是平行对等的，就像山峰与幽谷，又如土丘与空洞。但是在另一种意义上，崇高的绝望可以说是为神圣的、大胆的救赎提供了一种替代。的确，一个很明智、很有思想的人可能认为在两者之间作选择是很困难的。事实上，世界上能够像基督教和佛教一样完全相反的事物并不多。如果不愿意登上基督这座高山，就会坠入佛陀的幽谷。

同样，在其他宗教里也能发现类似的对比，虽然不像佛教和基督教这样鲜明，很多民间的宗教都坠入了轮回的旋涡。几乎所有的宗教都回到一个回归的概念。这就是释迦牟尼所谓的悲伤的轮回。的确，这一概念到了尼采那里便成了"欣喜的智慧"（Joyful Wisdom）。如果尼采觉得纯粹的重复便是他所说的"欣喜的智慧"，那我倒想知道尼采所谓的"悲伤的智慧"是什么意思。但是事实上，所谓的智慧与他"迸发"的时刻无关，而仅与他的"崩裂"有关。"崩裂"发生的时候，他的精神几乎完全崩溃，并且随之走到了生命的终点。他生命的最后时光，真的是与他年轻时展现出来的那种自由而狂野的创造力大相径庭。至少他曾经迸发过，但是他也崩裂了——倒在了那个轮子上。

从轮回中解放出来，并且高高矗立在轮回之上的是托马斯的信仰。它比东方的形而上学以及壮丽而浮华的民间宗教更有分量，也更均衡。唯有它充满生命力地、生动地宣告生命是一个有活力的过程，有一个伟大的开始和伟大的终结。生命以创世时上帝的欣喜开始，最后以人类最终的幸福终结。开始的时候，上帝的众子唱圣诗高声赞美他，结束的时候，世界万物神秘地连接在一起，就像古代世界的舞蹈一样和谐而优美，因为他"喜悦住在世人之间"（箴 8 ：31）。

上述简介的遗憾之处在于，对哲学的描述显得单薄，而对神学的描述显得贫乏甚至很空洞，而且其效果可能并不比对此神圣话题尊敬地保持沉默更好。但是这本小书不断重复的任务之一，是说明哲学的确是依赖神学的，而神学的确是依赖神学家的神圣品行的。换句话说，我的这本小书必须重复在第一章里就提到的一个事实——托马斯在思想上的创见是基督教的、大公教会的创见，而且只能这样理解。阿奎那为亚里士多德施行了洗礼，而亚里士多德不可能给托马斯施洗；使那位伟大的异教哲学家从死人中复活并返回到人间，纯粹是基督教的奇迹。这一点可以从三个方面进行证明（托马斯本人可能也会这样说），我在这里仅做简要的叙述。

首先，在托马斯的一生中，正是他庞大的正统基督教神学体系，才能支撑住他那些曾经被视为非正统神学的主张。基督教之爱能够遮掩许多罪。从这个意义上说，正统能够遮掩许多异端思想。正是因为他的正统信仰有如此强大的个人性说服力，人们才给了他那不带个人色彩的亚里士多德主义一个机会。他闻不到柴火的味道，因为他先闻到了纵火犯的味道，而且马上本能地认识到，纵火犯的目标是对天主教的基要真理进行攻击。有一句现代的俗语叫"擅长到对什么都不擅长"。但是托马斯在神学上可以说是什么都擅长，他可以在别人认为最疯狂、最大胆的臆想中发现真理，而其他人若那样做，只会一无所得。不论他是否为亚里士多德施了洗，可以说他一定是亚里士多德的教父。他是亚里士多德的支持者，他相信这个古希腊人对基督教无害，而整个世界都相信了他的话。

第二，托马斯的哲学让亚里士多德从死里复活，因为托马斯的哲学主张、基督教信仰为研究各种事实提供了新的动机。托马斯的哲学从思想最根基的部分开始，从感官和被理性当作自明之理的部分开始。非基督教的哲学家可能会嘲笑他，他们嘲笑他的研究是奴隶式的劳作。但是对物质的重视，在一些非基督教哲学家看来可能只是愤世嫉俗，在基督徒看来却是一种谦卑。托马斯愿意把记录物质的、直接的事实，以及感官作为研究的起点，正如他愿意以刷盘子和洗碗作为他在修道院的生活起点一样。他的亚里士多德主义的要点在于，即使对具体事物的研究被当作奴隶式的劳作，他也一定不会因为做上帝仆人的仆人（*servus servorum Dei*）而感到羞耻。在非基督教徒中间，纯粹的怀疑论者可能会成为纯粹的犬儒主义者。狄奥根尼住在木盆里的形象向人传递出犬儒主义的信息，但是，即使是犬儒主义者身上的污垢，也在圣徒中间被尊荣为尘土。如果我们忽略了这一点，我们就忽略了历史上最伟大的革命的意义。从最物质、最卑微的事物开始研究，有了一个新的动机。

第三，亚里士多德主义受到了支持托马斯的神学——或者说是支持任何其他基督教神学——的重要真理的维护。人们有新的理由看重感官和身体感受，以及普通人的经验。就连亚里士多德，也会惊讶地驻足观看托马斯的执著和认真，而古代没有人能够真正理解他。身体不再是那个被柏拉图和波菲利在死去的时候遗弃身后的东西。这身体曾被悬挂在绞刑架上，也曾从坟墓里复活。灵魂（曾经被认为是比人更高级的某种器官）不再可能鄙视感官了。柏拉图或许鄙视肉体，但是上帝从来没有鄙视过肉体。感官真正地得到了圣化，正如在洗礼的时候，神父一个一个地祝福感官所对应的肢体的不同部位。"眼见为实"，不再是柏拉图世界里的傻瓜，或者普通人的无知见解，而是与真实信念的真实条件紧密地联系在了一起。是感官把信息传入人的大脑——上帝用光照亮了去伯利恒的道路，照亮了耶路撒冷。耳朵听见了来自上帝的神秘信息，也听见了人群高喊将耶稣钉十字架的声音。在道成肉身成为我们文明的核心思想后，世界不可避免地回归物质主义。我们所说的物质主义，认为物质和身体的构造有深刻的含义。当基督的身体从坟墓里复活的时候，亚里士多德的复活也就不可避免了。

为了应用亚里士多德那牢固的、客观的哲学体系，托马斯·阿奎那给出了三个非常充分的理由。除此之外，还有一个模糊的、宽泛的理由，那就是我要在本章此处插入说明的理由。要指出这一条理由必然冒着一个危险，就是使之变成流行观点，或者是现代人误以为的那种流行——简言之，就是从宗教转变为宗教性。但是阿奎那的品行中有一种格调或者味道，就像满是大窗户的屋子里的太阳光一样难以被忽视。那就是他积极的思考方式，使他对创造物的奇妙充满了如阳光般的热切赞赏。他的思想里还有那个时代的人典型的大胆，也就是在个人的名字上加上与三一神和救赎有关的伟大头衔。这样，某个修女就被称为"属于圣灵的"；还有一个人被称为"十字架的约翰"。从这个意义上说，我们在这本小书里研究的这个人，或许可以被称为"创造者的圣托马斯"。阿拉伯人有一句短语，谈及上帝的上百个名字，然而他们也继承了一个传统，即上帝的伟大名字是可畏的，不可言说的，因为它表达的是存在本身。或许没有人敢像我写的这个人一样，大胆地称呼创造者自己的名字——该名字只能被写为"自有永有者"（I Am）。

第五章
托马斯的真实生活

现在，即使是这样一本粗略、浅显的传记素描，也不得不写一点与其他章节不那么连贯的东西了。一方面，我觉得不写不行；另一方面，又觉得没有办法写。一个圣徒必然是这样一种人——他既有普通人的一面，又有普通人没有的独特品质。我们甚至可以说，一个圣徒跟普通人不一样的地方，在于他愿意做个普通人。在这个意义上，"普通"这个词必须以其原本高贵的含义来理解，也就是说，它必然与"秩序"一词联系在一起。圣徒早就超越了出人头地的愿望，正是这种不愿意出人头地的心态使他们卓尔不群。但即使抱有这种不愿出人头地的心态，他们也不愿意视其为一种优势，因为心态本来就属于私人领域，从这个意义上说，甚至可以算作一种私人财产。而对美好的私人财产而言，圣徒们自己拥有就甚感满足，而且他不会想限制别人去拥有同样的东西。他们总是出于某种神圣的目的，试图把这种拥有物隐藏起来，其中托马斯·阿奎那可能比其他大多数圣徒隐藏的愿望更强烈。要想看到这一点，我们必须从表面开始，也就是从外在的、最明显的事实来推测内在的心态。

对于生活在没有现代肖像艺术的时代的人，要重现托马斯的样貌比重现大多数人的样貌容易一些。有人曾说托马斯在外形上几乎没有意大利人的特点，但是说这话的人可能不自觉地把托马斯和方济各进行了对比。或者——最糟糕地——把他和那些快活的街头手风琴师，或与热情的卖冰激凌的小贩形象进行了对比。但是，不是所有的意大利人都是快活的手风琴师，而且像方济各一样的意大利人寥寥无几。一个民族永远不可能以一种类型的人来概括，但是一个民族总是能从其内部大致找出两三种形象比较突出的代表来。托马斯可以说是个不寻常的意大利人，但是在不寻常的意大利人中间，他又算是比较常见的类型。因其体形的缘故，他走路时被人笑称为正在行走的葡萄酒桶，这种形象在很多民族的戏剧里都是个常见的角色。他自己也会拿这个开玩笑。当时有一个笑话，托马斯本人可能是笑话的作者，而不是仇视他的奥古斯丁主义者或阿拉伯人。这则笑话说必须在餐桌上锯下月牙形的一块，他才能坐得下。我们几乎可以肯定，这个笑话有点夸张，但至少说明了他的体形比他的粗壮更引人注目。我们还可以肯定的是，他的头肯定有足够力量调度自己的身体。从当时遗留下来的画像和文字描述来看，他的头属于非常真实、容易认出的类型。他的下颌骨很宽，鼻子是典型的罗马人的鼻子，前额光秃，虽然很宽，却有小块的地方凹进去，就像思考留下的痕迹一样。拿破仑在他的矮小身躯上也有那样一颗头颅；今天的墨索里尼虽然个子高一些，脑袋几乎是同样的形状。在一些罗马皇帝的半身塑像上，常常能找到这种类型的头。有时候它也会出现在衣着简陋的意大利侍者的身上，但这个侍者很可能是个领班。这种类型的头非常容易辨认，我不禁想起了维多利亚时期威尔克·柯林斯（Wilkie Collins）写的《穿白衣服的女人》里那个反面人物。那堪称所有消遣小说中刻画得最生动形象的反面人物。这人的原型是一位真实的意大利伯爵，但是他的形象跟维多利亚时期人们脑海里瘦小的、皮肤黝黑、举止做作的意大利伯爵的形象完全相反。（我希望）还有人记得他的名字是福斯柯伯爵。他是个沉稳、肥胖、高大的绅士，头跟拿破仑半身像上的头的尺寸相差无几。他虽然是个在剧本中被夸大的反面人物，但是人们勉强能够接受他是个意大利人。如果我们能回忆起他沉静的气质，他平时说的话和习惯性的动作，我们或许能想象托马斯是什么样的。我们需要的仅是一点信仰的力量，来把福斯柯伯爵想象成一个圣徒。

流传下来的托马斯的画像，虽然很多都是在他去世很久以后才画的，但是显然所画的都是同一个人。在拉斐尔的《关于圣礼的争辩》

中，他有点骄傲地昂着拿破仑式的头颅，身上穿着深色的衣服。吉尔兰达尤（Ghirlandajo）的一幅画像则强调了托马斯身上被普遍忽略的意大利人的特点，也同时强调了他作为神秘主义者和哲学家的特点。众所周知，托马斯是个心不在焉的人。表现在油画中的时候，心不在焉的人要么滑稽，要么异常地严肃，但是一般只有这两三种情况。有时候眼睛看起来空无一物，似乎心不在焉的意思的确是指脑子里永远是空空的。有时候，比较有敬意的画家会画一张充满渴望的脸，仿佛画像上的人在渴望一件遥不可及而只能用心去渴望的东西。但是如果看一下吉尔兰达尤画的肖像，我们就会发现一个明显的区别。虽然托马斯的双眼完全没有在意周围的东西，而且就连他头上的花盆掉下来，他可能也不会为之所动，但是他的眼睛并非充满渴望的，更非茫然的。托马斯的眼睛闪耀着他内心激情的火焰，既栩栩如生，又很有意大利人的特点。托马斯正在思索着什么事情，而且是某件有危机感的事情。他不是什么也没想，不是在想任何一件事情，或者——更糟糕的——也不是什么都在想。在他的手突然砸向桌子，震惊了法国国王的整个宴会厅的时候，他的眼神一定充满了难以掩饰的敏锐。

　　至于托马斯的个人习惯，我们知道当托马斯不在书房坐着读书的时候，他会沿着修道院的走廊一圈一圈地散步。虽然说是散步，但他走得很快，甚至显得有点气势汹汹，似乎他在头脑里与敌人作战。当他的思路被打断时，他总是很礼貌，甚至他的道歉比不小心打断他的人还要谦恭。但我们知道，他还是情愿不被打断。他随时可以被打断，但是当他继续他真正意义上的逍遥学派的漫步时①，他走得更快了。

　　所有这一切都表明，世人所看到的托马斯的出神状态是这种状态的一种形式。有许多种心不在焉，包括一些自命不凡的诗人和学者的心不

---

① 切斯特顿在这里引用了亚里士多德在学园里漫步讲学的掌故。因为亚里士多德喜欢在学园里漫步讲学，他的学派被称为"逍遥学派"（Peripatetic）。——译注

在焉，质量都很差，因为他们的头脑本来就什么也没有。托马斯的心不在焉却是默想——我们现在还不知道，他的默想是思考实际内容的真正基督徒的默想，还是思考虚无的东方宗教的错误默想。很显然，托马斯不是佛教的神秘主义者，但我认为他的默想也不是一个基督教的神秘主义者的默想。如果他多少沾染了一点基督教神秘主义色彩的话，他非常小心地杜绝在别人家的餐桌上进行那样的默想。我觉得他的默想是混合型的，此种默想属于一个思考实际问题的人，不是个彻头彻尾的神秘主义者。他有意区分积极的生活和默想的生活，但是在我看来，即使他的默想生活，也是一种积极的生活。这与他的神圣并无关联，而会让我们想起了拿破仑在看歌剧时，他觉得很无聊。后来他承认，他当时脑子里想的全是怎么让驻扎在法兰克福的三个军团和科隆的两个军团会师。对托马斯来说，如果他的白日梦是梦的话，它们仍然是属于白天的，而且梦的内容是与异端斗争。如果他自言自语，那是因为他在想怎么跟对手进行辩论。我们可以换种说法。他的白日梦像一条狗的梦，梦到的是怎么抓住它的猎物，怎么揭示教义上的错误，怎么追求真理，怎么追踪言辞闪烁的错误教义的踪迹，怎么把错误的教义最后赶到地狱里。关于异端，他的想法可能是史无前例的。他认为，异端的始作俑者在认清了他们错误的真正来源时所感受到的惊讶，可能远超过人们在发现这些错误所导致的后果时所经历到的惊讶。但是，他这种"追踪"错误的想法被许多人所误解，以至于被当成了"迫害"。在他的性情里真的找不到愿意迫害别人的成分，但是在迫不得已的情况下，他对错误的无情揭露或许可以称得上迫害。他的理念是所有事物都有自己的归属，而一个错误如果还没有消失，就没有回到自己的归属地。在这个意义上，他的确有时候，即使是在大白天，也要"在梦里追踪影子"。然而，如果他不是个行动家的话，至少是个积极的追梦人。从他追铺猎物的样式看，他无疑可算作"上帝的猎犬"（*dominicanes*），而且肯定是天堂里最有力、最崇高的猎犬之一。

可能有很多人就连这种意义上的心不在焉也理解不了。但是不幸的是，有很多人对任何意义上的论证都理解不了。事实上，我觉得生活在现代的人，比起生活在二三十年前的人，理解论证的能力又下降了。而托马斯可能会觉得，就连19世纪早期的无神论社会，也比20世纪初空虚无聊的不可知论社会更有吸引力一些。无论如何，那种最伟大、最光荣的运动——名曰"辩论"——的最大劣势之一，是其超出合理界限的长度。如果你像托马斯一样诚实地进行辩论，你会发现，有时候辩论的题材简直可以无限地延伸下去。托马斯在他著作的很多地方，都表现出对这一点的清醒认识，比如他曾提出过这样的论点——启示的宗教对于大多数人来说是必要的，因为他们没有时间进行辩论。也就是说，他们没有时间进行公允的辩论。当然，人们总是有时间参加不公允的辩论，在这点上，早些时候和现代是一样的。托马斯决定投身于辩论，投身于公允的辩论，回答所有人的质疑，讨论所有相关的主题；尽管他英年早逝，但是他短短的一生中为辩论写下的著作，可以说是汗牛充栋。但是他没有带着战斗的心态思考的话，他或许根本写不出这么多伟大的著作。"战斗"的心态在这里绝不是刻薄的、恶意的，抑或苛刻的心态，但的确在相对意义上是"战斗"的。事实上，不能真正战斗的人才容易讥讽。这就是近些年的文学作品中为什么鲜有真正意义上的论证，而是通篇都在冷嘲热讽的原因。

我们已经提到，托马斯仅有一两次严厉谴责过别人。然而在他所有的作品中，绝对找不到讥讽的影子。如果我们要对他奇特和简单的性格，对他清晰而尽心的思考进行概括，或许最好的概括是他不知道怎么讥讽别人。他是个双重意义上的精神贵族，但他绝不是个自命不凡的人。他从来没有兴趣考察他说话的对象，是否世人认为"值得"交流的人。在他同时代人的印象里，从他那里得着智慧和洞见的人中，既有无名小辈，也有享有盛名的人，既有别人眼里的傻瓜，也有聪明人。他关注他同类的灵魂，但是从来不会给他们的头脑划分等级。对于有他这种头脑和性情的人来说，这一点从某种意义上说，太过于个人化；从另一种意义上说，过于傲慢自大。他有时候可能会出于对某个主题感兴趣而进行长时间的讨论，但是他沉默的时间可能更长。然而在无形之中，他对于多数学者最关注的声望，却不屑一顾。

像大多数关心人类普遍问题的人一样，托马斯与许多人有大量的书信往来，特别是考虑到书信往来在当时的困难程度，他的书信数量就显得相当可观。历史记载显示，在很多情况下，完全陌生的人会写信问他一些问题，而且有时候是相当荒唐的问题。对于所有这些问题，他都一一回复，既表现出非凡的耐心，又表现出理性。而在许多学者身上，这种理性很容易表现为缺乏耐心。比如说，有一次，有个人写信问他，天上是不是有一个卷轴，上面写满了圣徒的名字。他带着不知疲倦的沉静回信说："据我所知，情况不是这样的；但这种说法是无害的，但说无妨。"

我前面提到一位意大利画家所画的托马斯肖像，油画上的托马斯甚至在出神的时候也保持着警醒的神态，而且他的沉默也表明他立刻要说什么。伟大的油画作品，通常会通过无数微小的细节来表现宏大的想象。我指的是拉斯金（Ruskin）评述的那种想象——在丁托列托（Tintoretto）所画的《耶稣受难像》中，他看到在日光的背景下，基督的脸是黑暗的，他脸上的神情是无法参透的。而他头上的光环是出人意料的暗淡的浅灰色——像灰烬的颜色。在托马斯·阿奎那的肖像中，也能找到一种类似的微妙之处。画家在生动地表现托马斯的警觉目光之后，可能感觉过多地强调了托马斯专注于论战的一面。不论是出于什么原因，他在托马斯的胸前加上了一抹奇妙的光彩，仿佛是神话人物那熠熠生辉的第三只眼睛。至少这不是一种基督教艺术中常见的象征，而是更像异教神话中的神祇脸上的光芒。但是，画中托马斯的脸暗淡而神秘，只有一缕一缕的光芒像火焰一样从脸上折射出来。我不知道这位画家的表现方法有没有什么传统上的象征意义，但从想象的角度说，他的表现方法非同寻常地恰当。那缕神秘的阳光，因为过于明亮而只能用暗淡的色调来表现，或者说光芒若非在照亮他人的时候便不会显明。那缕阳光或许恰恰是那位圣徒内在理想生活的表现。托马斯的内心世界非但不能完全从他外在的言行中表现出来，甚至也深深地隐藏在他外在、习惯性的沉默和专注的思考中。简而言之，这种超然的神态不能与他整日在光线暗淡的书房里伏案研究相混淆。很多人都不自觉地被社会所影响，把自己模式化，呈现出周围社会的光芒和仪态。托马斯则不然，他完全不顾及别人对他平时外在仪态的批评。但是他对自己真实、神圣的生活隐藏得很深。许多时候，一位圣徒的神圣和他的隐藏几乎是不可分离的，因为圣徒往往对法利赛人的做法怀有深深的恐惧。但是托马斯·阿奎那对隐藏自己尤为敏感，在许多世人看来，他甚至到了病态的程度。他不介意在法国国王的宴会上心无旁骛地思考神学问题，因为那只是关乎一个教义上有争议的问题。然而对于他曾经在一个异象中看到过圣保罗这件事，他讳莫如深，唯恐这件事成为大家谈论的对象，以至于我们始终无法了解这个故事的细节。毋庸讳言，他的追随者和仰慕者带着极大的热情来搜集发生在他身上的神迹，他也带着极大的热情，尽量地隐瞒所有与神迹有关的事。有一两个关于神迹的记载，因为有可靠的证据而流传了下来。而与其他许多圣徒相比，关于托马斯经历神迹的记载少之又少；原因是虽然其他圣徒与托马斯一样，对上帝怀有深切的真诚和爱戴，但是他们拥有更多的热情，对保持低调不像托马斯一样敏感。

事实是，在所有类似的事情上，不论在托马斯活着的时候还是在他死去以后，他的身上都有一种特有的沉静。他是个从不虚张声势的大人物。显然，在他死后出现过有关他经历过的神迹的争论。巴黎大学想要为他举行葬礼这件事，也引起了不小的争论。我不知道怎么埋葬他的其他细节，但最后的结果是，他的尸骨埋葬在图卢兹的圣塞宁教堂（St. Sernin），也就是他曾经和他的多明我会弟兄并肩与来自东方的悲观主义者作战的战场上。然而不知道为什么，纪念他的圣坛怎么都显得与当时和现代的某些欢快、吵闹甚至有些粗俗的纪念格格不入。他与清教徒相差甚远。他每逢节日都会为他的年轻朋友举办宴会，毫不吝啬地营造欢乐的氛围。他的作品倾向于对物质生活持积极、肯定的态度，尤其是对于他那个年代来说；他毫不掩饰地说，人的生活需要幽默，甚至需要一些恶作剧。但尽管如此，我们还是不能把他的个性看作吸引乌合之众的磁铁。通往图卢兹的托马斯墓的街道，也不像通往坎特伯雷的托马斯[①]墓的街道一样，后者沿街都是小酒馆。我觉得他可能相当不喜欢噪音，因为有一则逸事说他讨厌打雷。但这又和另一个事实相抵触——在一次沉船事故中，他表现得异乎寻常的平静。这可能与他的健康状况有关，也可能与他的敏感有关，但不管出于什么原因，他的平静、镇定却是实在的。我们的感觉是，我们只能逐渐地意识到他的存在，正如对宏大背景的感知一样。

在此我想说，如果这本小书物有所值，它应该帮助读者依稀看到托马斯那种异乎寻常的坚定。与他的这份坚定相比，他图书馆内所有的哲学著作，甚至神学著作，都显得黯然失色，渺小得像一堆小册子。这种坚定是与生俱来的，起初表现为坚定的信念，之后才在为教义的争辩中表现出来。甚至在托马斯的童年时代，我们就可以从他的婴儿房和游戏场上找到这种坚定的影子。他从一开始就经历了正统天主教徒的考验，那就是对照顾穷人的冲动以及甚至有些鲁莽的热情。在服侍穷人之渴望的激励下，托钵修士可以不去理会富人对他们的讨厌。托马斯对托钵修士运动的热情，与后来别人控诉他的唯理智论完全无关，更与辩证思考的习惯没有任何关联。他不可能在六岁的时候有应答阿威罗伊之挑战的野心，也不可能知道什么是"有效因果性"（effective causality）。他那时也不可能有长大之后的体悟，即别人对他的爱是真诚的、经久不变的，甚至有些放纵。而如果可能，他应该把这种爱原封不动地传递给他

[①] 指托马斯·贝克特（Thomas Becket, 1118—1170），他是英王亨利二世的大法官兼上议院议长，于1162年至1170年任坎特伯雷大主教。——译注

的邻居。但是小时候，他还不明白这些，他只是这样做了。他所有的行动都带着这样的一种信念。这种信念在他那种贵族家庭中也算常见，所以他对乞丐和流浪汉的慷慨施与，并没有招致父母的强烈反对，只是家里的管家对他的做法很不满而已。

如果我们认真对待一切童年的经历，我们就可以从那个神秘又天真无邪的阶段学到一些东西，从中发现我们在以后的人生阶段所有义愤最早、也是最好的根源。我们或许会开始明白，为什么托马斯的头脑中逐渐有了要颠覆身边一切事物的雄心壮志。我们可以开始猜测，在他因着背弃了贵族生活，而且抛弃了所有形式的野心——甚至在教会任职的野心——并因此使他的整个家族感到震惊之前，他心中到底在不断酝酿什么。在他的童年中能找到他成年以后，从豪宅迈向街道的第一步以及导致他宣告做一个乞丐的因素。

还有一件著名的逸事，借着这一外在的事件可以看到托马斯的内心世界。据说，他拿着燃烧的木头，试图将诱惑他的妓女赶出高塔，之后他做了一个梦。梦见两个天使用一根火绳牵着他，火绳带给他巨大的疼痛，也给了他巨大的力量。然后他大喊一声，从梦中惊醒。在当时的情况下，这个故事显得很生动。如果神父和博士在对话中能避免19世纪那种陈腐礼仪的话，这个梦甚至包含着某一天能够被更好理解的真理。分解一个梦是很容易的，就像《阿玛德尔》(*Armadale*)①里19世纪的医生所做的一样，把梦完全分解成过去曾发生过的细节。那根牵他的绳索，可以解释成后来他对家人强迫脱掉修士袍的抗争；穿过夜空的火绳，可以解释成他从壁炉里拿出来的那根燃烧的木头。但是，即使在《阿玛德尔》里，梦也神秘地实现了，就像托马斯的梦以极其神秘的

---

① 威尔克·柯林斯（Wilke Collins）写的一部小说。在这部小说中，阿兰·阿玛德尔（Allan Armadale）做了一个奇怪的梦，对梦的解析成了小说情节里的一个重要要素。郝波里医生（Dr. Hawbury）认为梦里发生的事不过是阿玛德尔醒着的时候所经历之事的再现。而阿玛德尔的朋友米德温特（Midwinter）却认为这个梦有超自然的意义，是对危险的一种警告。后来米德温特的解释被证明是正确的。——译注

形式实现了的一样。因为那件事发生以后，他依然不受干扰地保持着自己的沉静，虽然这件事的确使他的内心起了一些波澜，成了一场比噩梦力量更大的梦。我在这里并不是要对梦进行使无数非天主教徒困惑不已的心理学分析——这些人不明白神父如何能保持独身，却依然保持阳刚之气。不论如何，在此方面他内心所遭受的烦扰比绝大多数其他人要小。这件事与守贞并无关联，与之有关的是意志力。其他像托马斯一样圣洁的圣徒，曾为了不受情欲的困扰而脱光衣服在荆棘丛里打滚。但是对托马斯来说，好像从来没有这个必要，因为他不容易在这个方面受影响。这件事很难解释清楚，可以归于奥秘式恩典的效果。但是心理学上的"升华"现象可能有些正确的成分。也就是说，人体内低级的能量开始服从高级的能量，于是托马斯对性的欲望在他心智的能量面前几乎熄灭了。不论是出于自然还是超自然的原因，他的一生有可能从来没有在情欲方面受过煎熬。

有时候，一个最正统的读者，也会像热爱某个圣徒一样，强烈地痛恨为圣徒作传的人。神圣的人总是掩盖他的神圣，这是一条不变之规。而传记作者却不停地"迫害"这位圣徒，就像一个间谍一样想尽一切办法偷窥，这种不尊重人隐私的程度简直跟美国的记者不相上下。我承认这种做法招人反感，但我表达悔意的方式，是以这种招人讨厌的方式，通过提到某些人，打探到托马斯的一两件逸事。

我们几乎可以肯定的是，除了人所共知的事迹之外托马斯的生活的确也有其神秘的一面，而这与发生在其身上的神迹有关。有人似乎曾窥见过一种被现代巫师称之为"悬浮"（Levitation）的神迹。讲这个故事的人要么是亲眼所见，要么是完全在说谎，因为发生在托马斯本人身上的这样一件事，不可能是介于两者之间的状态。这件事听起来简直像教堂的大柱子变成了云朵飘在半空一样。我想没有人知道，到底是什么样的属灵狂喜或是痛苦，能够引起物质空间的这种骚动，但是几乎可以肯定这件事发生过。即使是在普通的有关巫师通灵的记载里，这件事的证据，不论是出于什么原因，也很难辩驳。然而关于他生活的这个方面，最有代表性的故事可能是著名的耶稣受难像神迹。在那不勒斯的一个寂静的多明我会小教堂里，一个托钵修士正跪着祷告，一个声音从耶稣受难像里传出，告诉这个托钵修士，他的神学作品是正确的，并让他在世上所有的东西中选择一件作为对他的奖赏。

我想，不是所有的人都能对这件特别的事发生在这位特别的圣徒身上有所感悟。这是一个古老的故事，上帝让一个献身于孤寂生活的人从世间为自己选择一件奖赏，这种事也不是第一次发生。不论是真的还是假的隐修士，躁狂还是愤世嫉俗的苦行僧，高柱修士还是住在木盆里的狄奥根尼，都难免受人世间、半空中或者天上有权柄者的诱惑，告诉他们想要什么都可以，然后他们会回答说，什么也不想要。在古希腊的犬儒主义或斯多葛派的哲学中，他们的回答的确仅仅意味着虚无，什么也不想要的虚无。在东方的神秘主义或者躁狂主义的宗教和哲学中，可能是一种积极的虚无——他要的是虚无，而虚无真是他想要的。有时候，"什么也不想要"的态度，表达的是一种崇高的独立性以及古代的孪生品德——对自由的热爱和对奢侈的憎恶。有时候，这种态度表达的却仅仅是一种与神圣恰恰相反的自我满足。但即使是发生在真正圣徒身上的这类故事，也不完全符合托马斯的状况。他不是一个什么也不想要的人。事实上，他几乎对所有的事物都表现出了浓厚的兴趣。他的回答并不像有人想象的那样简单或者老套。与许多其他圣徒和哲学家相比，他对事物的热切接受和渴望是相当突出的。他最重要的哲学信条之一是，世界上的确有许多事物，而不是只有独一的事物（the Thing）。我在这里所指的不是吃的、喝的或者穿的东西，尽管阿奎那也肯定了这些事物在整个存在体系中应有的价值。我在这里所指的是值得思索的事物，尤其是可以证实、体验和了解的事物。没有人会想象，当上帝问托马斯·阿奎那要什么礼物时，他会选择要一千英镑，或者西西里的王冠，或者某种稀有的希腊葡萄酒。但是他仍然有真正想要的东西，比如他曾经特别希望得到圣克里索斯托的手稿。他或许会想要一个古老难题的解决办法，或者一门新科学的奥秘，或者凡人无法测度的天使的直觉，或者任何一件能够使他了解浩瀚宇宙的奥秘的东西。重要的是，对他说话的上帝是在十字架上张开双臂的耶稣，耶稣的双臂敞开着，能够以最荣耀的方式开启世界上的任何一道门。耶稣的双臂指向东方和西方，指向地极，指向存在的极点。耶稣以全能创造者的姿态慷慨地张开了双臂，创造者自己敞开了他所创造的繁复、富饶和充满了胜利欢歌的创造物。这就是众生万物存在的光彩夺目的背景——这个背景给了托马斯的答案以一种特别的力量，甚至一些惊奇的效果。此刻在他里面，近乎亵渎的勇气和平日高度的谦卑合二为一。他最终抬起头来说："我要你自己（I will have Thyself）。"

有些人为了让托马斯显得不那么冒昧，坚持认为托马斯说的是"只要你自己（Only Thyself）"。这一版本为故事增加了无与伦比和令人窒息的讽刺意味，而真正明白这一点的人会觉得，这是基督徒特有的一种风格。

从严格的神迹意义上讲，有关托马斯的神迹甚至不如一些影响力比他小的圣徒的神迹多。但是这一两件神迹是有充分证据的，因为托马斯在世的时候就是一位有名的公众人物。何况他树敌众多，对方尤其愿意抓他的把柄，于是客观上就起到把不真实的神迹过滤掉的作用。除了上面讲的神迹以外，托马斯还至少有一次医病的神迹。有一个妇女摸了一下他的长袍，病就奇迹般地好了。这个故事的具体细节也有好几个版本，就像那不勒斯的耶稣受难像神迹一样。但是其中一个故事能够特别把我们带入他宗教生活的另一方面——其个人的，甚至情感方面的生活。这个部分是以诗歌的形式表现的。当他在巴黎的时候，索邦神学院的其他博士问了他一个关于圣餐时饼和杯变成圣体的问题。像往常一样，他开始着手写一份非常详细、清晰的回答。毋庸赘言，回答这样重要的一个问题，他感觉责任重大，于是他比平时回答其他重要的神学问题更加严谨。为了寻求上帝的指引,他用了比平时更长的时间来祈祷,并祈求其他的圣徒代祷。最后,以他一生中最有转折点意义的姿势,他把自己的论证放在圣坛的耶稣受难像下面,让它躺在那儿,仿佛等待十字架上的上帝来审判。然后他转身离开圣坛,又开始埋头祷告。但是据说,其他的托钵修士始终在看着他。据他们后来说,他们亲眼看见圣像上的基督从十字架上下来,站在写着他的论证的卷轴上,说道:"托马斯,你关于我的身体的论证是正确的。"据说,这个异象发生以后,基督又升到空中,重新回到十字架上。

一位敏锐的评论家谈及托马斯时说:"如果哲学突然被一把火烧光了,托马斯一个人就能再现所有哲学。"这句话的用意是说,托马斯是个有独创性的人,具备创造性的思维。即使没有亚里士多德和奥古斯丁的手稿,他仍然能用稻草和石块建成自己的宇宙。但是人们很容易忘记,一个人表现出最大创造力的事物,不一定是他最感兴趣的。换句话说,一个人做得最好的事,不一定是他最热爱的。因为托马斯是个独一无二的、引人注目的哲学家,任何关于他的传记简直不可避免地是对他哲学的介绍。托马斯的传记不能写成有关他的神学的介绍,因为一个圣徒的神学就是他的有神论,或者所有圣徒的有神论。神学家个人的特点要弱一些,因为神学是有关所有事物起源的,而有关起源的学问很少能有什么个人色彩。于是我们被迫相信,托马斯首先是托马斯主义哲学的创始人,就像我们必须把克里斯托弗·哥伦布视为美洲的发现者一样,尽管他当时真诚地希望他能够使鞑靼人的可汗皈依基督教。同理,我们不能不把詹姆士·瓦特和蒸汽机的发明者相提并论,尽管他可能是个虔诚的拜火教徒,或者严格的苏格兰加尔文主义者,或者其他奇怪的东西。我们很自然地相信,奥古斯丁和阿奎那、波纳文图拉和邓·司各脱(Duns Scotus),以及所有的博士和圣徒,因为他们都走向事物中的神圣的统一性,自然会越走越近,因此他们的神学应该不像他们的哲学那样存在那么大的差异。的确,在有些问题上,托马斯的有些批评者认为,他的哲学过分地影响了他的神学，尤其是他把真福的状态（the state of Beatitude）勾画得过于理性，认为它是热爱真理的那种满足感，而不是关于爱的真理。的确，许多神秘主义者和方济各派的人更多地讲述爱的至高无上。但托马斯和他们之间的区别，更多的是侧重点不同，这可能是由个人的性情引起的，可能（感觉起来比解释起来容易）对托马斯来说，他的神学难免受到他性情里的害羞成分影响。至高喜乐的状态究竟更多是理性的还是感情的，并不是当时教会博士争吵的焦点，他们认为二者兼有。但实际上他们却很难想象，会有人真实经历这两种意义上的至高喜乐。我有一种感觉，即使托马斯认为最后的状态像波纳文图拉认为的那样感情化，他也不会把它描绘得那么有感情。长篇大论地写关于爱的作品总是让他有些不好意思。

能够让他表达感情的一个例外，是他为数不多而意义显著的诗歌。所有的神圣都是隐秘的，他的圣诗中真正的隐秘，就像藏在牡蛎壳里的珍珠一样。他实际上所写的可能比流传下来的多。他的一些诗歌之所以能进入公众视野，是因为有人请他写一些圣诗，好在纪念基督圣体的庆典上使用。这是他结束了一次争议以后参加的一个庆典，那次争议也就是他在圣坛下面的卷轴里所记载的。他这次写的圣诗显然揭示了他天才的另一面，在这另一面上，他的确是天才。他作为一位散文体作者为世人所熟知；甚至有很多人认为，他是一位非常乏味的散文作者。关于有争议的问题，他写文章的时候只关注两个特点：清晰和礼貌。他关注这两个特点的原因是，它们都是很实际的特点，可以直接影响对话的可能性。但即使是最疯狂或者思想最混乱的人，也不会把写基督的圣体这类文章的人称为一个诗人。然而，用词最讲究的人可能把他称为一个艺术家。托马斯的双重"功能"让我们联想到文艺复兴时期一些艺术家的"双重活动"，比如米开朗基罗和莱昂纳多·达·芬奇。他们既可以在建筑物的外墙上画巨幅的油画，甚至参与设计和建造城市的防御工事，又可以退回到自己的小屋子里，为一小块圣徒的遗物精心雕刻一个小杯子或者圣物箱。托马斯写的《耶稣基督的圣体》(*The Corpus Christi Office*)像一件古老的乐器,乐器上镶嵌着精致的宝石和金属。它的作者像收集奇花异草一样,在其中收入关于牧场和果实的许多古老的文字。整篇圣诗明显地回避喧嚣的音符,也不刻意追求结构的和谐,并用两行强有力的拉丁文句子串了起来。约翰·奥康纳(John O'Connor)神父以非同寻常的准确性把这首圣诗翻译成了英文。但是一个好的译者会第一个同意,没有翻译是完美的;至少,没有翻译是足够好的。我们怎么能在英文中找到八个词去表达下面一句话的意思呢——"*Sumit unus, sumunt mille; quantum isti, tantum ille?*"① 一个译者怎么能表达"*Pange Lingua*"的声音?第一个音节就像手鼓一样发出清脆的响声。

除了诗歌以外,还有一种渠道能让这位高大而腼腆的圣徒表达出像方济各和任何一位方济各会会士一样炽烈的爱(*Caritas*),那就是私人的感情。波纳文图拉不可能认为托马斯缺少对上帝的爱,同时可以肯定的是,他也不缺乏对波纳文图拉的爱。对他自己的整个家庭,他始终有一种稳健的,可以说是固执的爱意。如果我们还记得他的家人是怎么对他的,便能够知道,托马斯对他们的爱不仅是爱,更是他一贯的耐心。他生命快要结束的时候,似乎特别依赖其中的一个兄弟,一个名叫瑞吉纳尔德(Reginald)的托钵修士的友谊。他得到了托马斯奇怪的甚至有些惊人的信任——他很少向朋友表现出这样的信任。他把生命中最后也是最独特的一个暗示,给了瑞吉纳尔德。这个暗示为他自己有争议的事业画上了句号,而且实际上也是他在世生命的终结。这是历史永远无法解释的一个暗示。

在与布拉班特的西格尔的斗争中取胜之后,托马斯回到修道院修养。因着这次特殊的争辩,他内在和外在的生活得以相遇、合一;他意

---

① 英文可以译作:"One receives, a thousand receive; however many they, that much is he." 中文可以译作:"一个人领受,一千个人领受;不论他们中有多少,他都在其中。"——译注

识到他从童年开始就多么想召集所有的同盟为基督而战斗。而长久以来，他只召集了亚里士多德这一个同盟。经历了这场诡辩派制造的梦魇之后，他第一次真正意识到，人们应该希望基督走在亚里士多德前面。一直到他生命的最后，他始终不能从这次梦魇带来的震惊中恢复过来。他打赢了这场战斗，因为他的才智在当时无人能及；但是他忘不了他的学说，甚至他的人生受到了怎样的翻转。他不喜欢讨厌别人，甚至也不愿意过分地憎恶他们那些令人厌恶的想法。但是在西格尔关于人的双重理性的诡辩所开启的无序深渊里，托马斯看到了所有宗教概念死亡的可能性，甚至所有关于真理的概念死亡的可能性。托马斯记录这段经历的文字虽然简短而零碎，但是我们可以看到他对外部世界的恐惧——那里刮着教义的狂野之风。他不由得想退回到内心世界，这是所有天主教徒都可以分享的世界，在此世界中，圣徒并不会与普通人隔离开。他继续过着严格的宗教生活，有一段时间甚至没有对任何人说过任何话。然后发生了一件事（据说是在他主持弥撒的时候发生的），这件事的本质任何人都不能理解。

与西格尔的论争结束以后，瑞吉纳尔德请求他回到以前有规律的读书和写作的生活。托马斯坚定地对他说："我不能再写了。"沉默了一段时间以后，瑞吉纳尔德又再次提出同样的请求。托马斯同样坚定地对他说："我不能再写了。我看见了一些东西，它们让我所有的作品看起来如同草芥。"

1274年，托马斯快五十岁了。当时的教宗因为对阿拉伯诡辩派取得胜利而备感喜悦，他给托马斯写信，邀请他参加将要在里昂举行的关于这次争议的一次会议。托马斯像一个士兵一样马上选择了服从。但是我们可以想象，他的眼神告诉他身边的人，对外在命令的服从与对内心神秘命令的服从是不相抵触的，而那个神秘的命令只有他一人知道。他马上和他的一个朋友启程去里昂，打算在他深爱着的姐姐家住一晚，但是当他走进姐姐家时，他突然奇怪地病倒了。我们不需要讨论这个奇怪的病。一个事实是，他属于这样的一类人——一直健康，然后突然被小病击倒。而另一个事实是，关于这次疾病并没有明确的记载流传下来。最后费尽周折，他被送到了福萨诺瓦的一所修道院里。接着，他的一生就突然、离奇地结束了。值得一提的是，有人认为他太过于理性而忽略了宗教真理的感性和浪漫的一面，这些人或许有兴趣知道，在他生命最后的日子里，他请人为他从头到尾诵读所罗门的《雅歌》。人们对他的感情是复杂的，甚至是难以言表的。但是可以肯定的是，别人对他的感觉和他对自己的感觉很不一样。他为他的罪忏悔，再一次接受了主的圣体。我们或许可以肯定，这时候，这位伟大的哲学家已经把哲学忘得一干二净。而那些爱戴他的人，甚至那些仅仅与他生活在同一个时代的人，感觉却不是这样。从那些流传下来的极少却极重要的文字中，我们可以强烈地感觉到同一个故事的两个方面。一方面，他同时代的人坚定地认为，这位伟大的哲学家还在他们中间进行艰苦的哲学思考。在那个时刻，他们一定感到，修道院的内部比外部还大。就像现代世界强大的蒸汽机，将安放机器的屋子震得摇摇欲坠。的确，这蒸汽机是用全世界的轮子造成的，它的运转就像过去天文学家提出的那个拥有同一中心的宇宙天体一样。不论随着科学的发展人们如何看待这个宇宙，它都永久地成了一个哲学的象征——托马斯脑中的复杂思想甚至比这个天体更具有神秘主义的色彩。在他的思想世界中，一层是天使，一层是行星，一层是动物和植物；但是所有受造的事物都有一个公正的、能够被人理解的秩序，有一个理性的权威和自我尊重的自由，还有关于逻辑学和经济学的一百个问题和这一百个问题的答案。但是必然有一个时刻，人们知道这个雷霆一般的思考，使得工厂突然停止了工作。一阵安静过后，震惊世界的思考中心停止了，繁忙的工厂变成了一所空房子，只剩下一堆泥土。听其临终告解的神父一直在内室陪伴着他，此时神父站起身，看似有些惊恐地走出来，悄悄地告诉身边的人说：托马斯的临终告解就像一个五岁的孩子所做的一样。

第六章
研究托马斯主义的进路

托马斯主义是有关常识的哲学——这一事实本身也是一个常识。但是我们在这里需要解释一下,因为"常识"长久以来被人们以不同寻常的方式来对待。不论是好是坏,宗教改革以来的欧洲,特别是英国,成了悖论的故乡。我在这里使用"悖论的故乡"这个词的用意是,悖论很舒服地存在,而且人们对此习以为常。最为人所熟知的例子是英国人吹嘘说他们很"实际",而"实际"的原因只是他们不讲究逻辑。对于一个古代的希腊人或者中国人来说,这仿佛是在说英国的会计最善于算账,因为他们的数学不好。最大的问题还不在于它是个悖论,而是悖论因为习以为常而成了正统。一个心安理得地处在悖论中的人,就像一个心安理得地接受老生常谈的人一样。并非说一个讲求实际的人会站在自己头上——或许在体操表演中这是惊人之举。问题是人们的脑袋在放松休息,甚至整天处在睡眠状态。这一点是很重要的,因为对悖论的应用,正是要使头脑变得清醒起来。关于好的悖论,其中一个出自奥利弗·温德尔·赫尔穆(Oliver Wendell Holmes):"给我们奢侈的生活吧,这样我们就不需要生活必需品了。"这句话很滑稽,因此很吸引眼球;它的语气里有一种微妙的挑衅意味,包含着一种浪漫主义[①]的真理。让人们感到有趣的正是它的前后矛盾。但是大多数人会同意,如果把整个社会体制建立在"生活必需品没有必要"这一理念上,是有危险的,正如有些人把整个英国的宪法建立在"胡说八道总有一天会成为常识"这

---

① 此处的浪漫主义指一种理想化的状态。

一理念上一样。但即使是在这里,我们也可以说招人厌恶的个例已经扩展开来了。现代的工业体系的确在说:"用沥青做成的肥皂这类的奢侈品给我们,我们就不需要玉米这样的生活必需品了。"

以上这些是大家所熟知的。但是人们可能还没有意识到,不光是实际的政治生活,就连现代世界的抽象哲学也充斥着这种奇怪、矛盾的色彩。自从现代世界从 16 世纪开始以来,没有一种人所构建的哲学体系能够与对现实的感觉相一致。我所说的对现实的感觉就是普通人看为常识的事实。每个哲学家都以悖论开始,这需要牺牲他们所认为的理智的立场。从霍布斯和黑格尔到康德和柏格森,再到贝克莱和威廉·詹姆斯,无一例外。用最直白的话来说,就是一个哲学家必须得相信正常人都不会相信的东西,比如法律在权利之上,或者权利在理性之外,又或者我们把事物想成什么样,它们就是什么样,再或者所有的事物都是相对于一个不存在的事物而存在的。现代哲学家很自信地断言,如果我们同意他提出的这个荒谬的前提,其他的一切都容易解释;如果我们能在头脑里接受他提出的观点,他将向我们揭示世界的奥秘。

说了这些以后,一定会有人觉得我像个傻子;或者,我们的民主派近亲会说我是个白痴。因为我说的话就像在大街上随便拉出来的一个人说的。而本章的唯一目的就是要说明:托马斯主义哲学最接近于大街上随便拉出来的人所说的话。尽管达西神父(Father D'Arcy)那本关于托马斯的令人仰慕的著作在很多问题上给了我启发,但我毕竟和他不一样。我不是训练有素的哲学家,也不通晓哲学领域的专业行规。但是我希望达西神父能原谅我从他的书中引用一个例子,因为这个例子正好能说明我想要说明的问题。他,作为一位训练有素的哲学家,自然被训练得能够忍受哲学家。同样,作为一位训练有素的神父,他不但习惯怎么高高兴兴地容忍愚人的愚蠢,而且(有时候更难)知道怎么高高兴兴地忍受聪明人的聪明。总之,他在形而上学这门学科上的广泛阅读,教会了他怎样耐心地对待那些致力于蠢事的聪明人。其结果就是他能平静甚至平淡地写出这样的句子："在托马斯和黑格尔各自的哲学目标和方法论上，我们能找到一定的相似之处。然而，他们之间也有显著的区别。对托马斯来说，相互抵触的两种观点是不可能并存的，而且事实和可理解性是相对应的；但一个事物必须首先存在，然后才能被理解。"

请原谅那个从大街上直接被拉出来的人吧，因为他可能会接着达西神父的话说，所谓的"显著的区别"就是托马斯是理智的，而黑格尔是个疯子。这个大街上的凡夫俗子拒绝承认黑格尔可以同时存在和不存在，或者说虽然黑格尔不存在，但是我们仍然能理解黑格尔。但是达西神父却说黑格尔式的悖论是正常的——当然，如果所有的人都愿意像他那样，带着探索的心和同情心去读当代哲学的话。这就是我说的当代哲学以绊脚石开始的意思。说现代哲学似乎包含着矛盾当然不是什么过分的事，因为相互抵触的论点本来就是不相容的；否则，一个事物就有可能既是"可以认知的"，又是"不存在的"。

在这些哲学面前，托马斯主义哲学坚守着它的阵地，坚定地陈述着宇宙间的普遍真理——鸡蛋就是鸡蛋。而黑格尔的哲学可能会说鸡蛋实际上是一只母鸡，因为它是无限的变化过程中的一部分；贝克莱哲学可能会说，煮过的鸡蛋只像一场梦一样地存在着，因为梦可以被称为鸡蛋的起因，鸡蛋也可以是梦的起因；实用主义哲学家会说，如果我们忘记了炒蛋原来是鸡蛋，而只记住炒出来的蛋，那我们就是最大化地享受了炒蛋的益处。但是托马斯派哲学的学生不用先让大脑变质，再让鸡蛋变质；也不用把脑袋固定在某个奇特的角度来审视鸡蛋，或者斜视鸡蛋，或者眯着另一只眼，以便看到抽象意义上的纯粹的鸡蛋。托马斯主义者会在日光下，在大庭广众之下，以正常的思维模式指出，鸡蛋既不是母鸡也不是梦，也不仅仅是实际的假设，而是鸡蛋。这是通过人的感官的权威获得的，而人的感官是上帝赐予的。

于是，即使是那些赞赏托马斯主义哲学在形而上学方面具有深度的人，也感到诧异，为什么托马斯完全没有讨论很多现代人脑海中的形而上学问题，即我们能否证明对任何实在的初始认识是真实的。答案是，他马上回答了很多现代怀疑主义者费尽心思怀疑的问题。也就是说，一个人必须回答能够被人类所认知的事实是事实，或者永远也不能回答任何问题，永远不能再提出任何问题，甚至永远不能再理性地存在、回答问题和提出问题。我想，一个人的确可以成为一个绝对的怀疑主义者，但这样他就不能是任何其他某某主义者，而且肯定不能是一个捍卫绝对怀疑主义的人。如果一个人感觉他的头脑的所有活动都是没有意义的，那么他的头脑本身就是没有意义的。别人想去理解他头脑里的东西，完全是浪费时间。许多绝对的怀疑主义者似乎能够立足，这是因为他们不是彻头彻尾的怀疑论者，而且一点也不绝对。他们一般会先否定一切，然后会承认点什么。这样做是出于论证的考虑，其实准确地讲，只是为了对别人的论点做没有论证支持的攻击。我前不久刚刚在一篇论文中见过一个几乎有点令人震惊的例子，作者是一位洋洋自得的怀疑主义者。在论文里他说，除了唯我论（Solipsism）以外他什么也不接受，还补充说，他常常感到诧异，为什么这么好的理论还没有得到更广泛的接受。现在，唯我论的基本含义是，一个人相信他自己的存在，但是不知道其他任何人或者任何事物存在还是不存在。这位头脑简单的诡辩家没想到的是，如果他的哲学正确，就没有其他的哲学家存在来支持他的哲学了。

对于"世界上有没有存在"这个问题，托马斯以回答"有"作为他的整个哲学体系的开端。如果他选择回答"没有"的话，他的答案就不再是一个开始，而是一个终结。这就是被我们中的一些人称为"常识"的思维方式。要么没有哲学，没有哲学家，没有思想家，没有思想，没有任何事情，要么人的头脑和事实之间有一座真正的桥梁。但是在哲学的第一步应该包括什么的问题上，托马斯远没有许多其他的思想家（尤其是理性主义和唯物主义的思想家）那么严苛。我们将要看到，他认为以承认至上的存在（*Ens* 或 Being）无限地超越我们的理解力为开端就可以了。至上的存在是至上的存在：鸡蛋是鸡蛋，所有的鸡蛋都在一头母驴的窝里被发现,是不可能的。

当然,我还没有天真到要说托马斯所有的著作都很简单、很直截了当的程度,我不会说他的作品都容易理解。有一些章节我自己完全不能理解,也有一些章节让那些比我博学得多、逻辑思维强得多的哲学家感到费解。还有一些章节就连最伟大的托马斯主义学者也不能达成共识,他们之间仍然有争论,存在不同的见解。但是托马斯哲学的好处在于,它或许是晦涩的、难理解的,可是一旦得到理解,就不会是令人难以接受的。这跟"猫坐在垫子上"这句话用中文写出来,或"马利亚有一只小羊"用埃及的象形文字写出来没有多少英国人明白是同样的道理。我在这里想强调的唯一一点是,托马斯总是把自己的作品写得尽量简单,而且支持普通人所相信的自明之理。比如说,在一个最晦涩的段落中,根据我的拙见,他的用意是要解释人的头脑如何确知一个外在的对象,而不是仅仅对这个事物的印象。人的头脑可以通过概念来达到理解,而不仅仅是通过印象。值得注意的是,他在这里的确指出头脑对一个外在的事物可以达到确切的理解。从这一点上,我们可以看出他的结论是所谓"常识性"的结论。他的目的在于解释常识性的东西,尽管他的这段论述显示了不寻常的技巧。后来的哲学家的问题在于,他们的结论和他们的推理过程一样黑暗,或者他们想出来的东西所导致的就是一个混沌的结果。

不幸的是,大街上的平常人和天使博士[①]之间隔了一堵高墙,墙上插满了锋利的墙头钉。然而他们所代表的观点在很多方面是一致的。高墙几乎是个历史事件,至少高墙是很久以前筑成的,建筑高墙的原因不必影响现代普通人的需要,尤其是普通人的最大需要——那就是一种正常的哲学。现代人读托马斯哲学时,首先遇到的困难是形式的不同——不是在中世纪的意义上,而是在现代意义上的形式不同。当然,除此之

---

① 指托马斯·阿奎那。

外，还有语言的障碍，也有逻辑方法的微妙差别。语言是一个大问题，即使中世纪的拉丁文被翻译成现代语言，它仍然像一门外语，更不用说很多时候，我们看到的翻译是不恰当的。就像其他任何一个时期、任何一个国家的文学一样，一旦被翻译成某种现代语言，托马斯的作品就会像笼罩在翻译之上的一层迷雾一样模糊不清，或者就会像为游客准备的语言速成手册一样词不达意。比如，托马斯的整个哲学体系都围绕着一个庞大而简单的论点，这个论点囊括了所有存在着的，或者说有可能存在的事物。托马斯用 Ens 这个词来代表宇宙的概念；一个能读拉丁语的人，不论水平多差，都能感觉到这是个非常合适的词，就好比他在一篇优美的用法语写成的文章中找到一个恰当的法语词一样。哲学应该是一个逻辑的问题，但是事实上，它也是一个语言的问题。

不幸的是，Ens 这个词在现代英语中找不到对等的词语。翻译的困难是逻辑方面的，更是语言方面的。不论如何，这种困难是实际存在的。我的意思是，如果一个译者用英语中的 "being"（存在）来翻译 Ens 的话，所给人的感觉是不同的。感觉不应该在绝对的意义上影响思想，但实际上它的确影响思想。现代的新兴心理学家都迫切地与理性作斗争，他们不厌其烦地告诉我们，我们使用的术语受到潜意识的影响，而我们却在拼命地把潜意识从意识中排除出去。事实上，一个人不必像现代的心理学家一样非理性，就完全可以认识到词语的结构和声音，的确不是无关紧要的，它们在最美的诗歌中起作用，甚至在最蹩脚的散文中也起作用。就算是在数学这样抽象的科学中，我们也不能阻止我们的想象力作出一些不相关的联想。琼斯·米尼姆斯（Jones Minimus）在历史和几何学之间奔忙，可能会在某一刻把等腰三角形的角度和盎格鲁－撒克逊编年史的角度联系起来。甚至一个成熟的数学家，如果像心理学家期待的那样疯狂的话，可能在他潜意识的根底处有像根号概念那样物质性的东西。不幸的是，"being" 这个词，一旦到了现代英国人的耳朵里，通过与现代社会的联系，马上蒙上了一层朦胧的感觉，而这种感觉是简短、干脆的拉丁语词 Ens 所没有的。可能"being"这个词会让英国人联想起小说里充满魔幻色彩的教授，他们挥着手说："于是我们就达到了最纯洁、最灿烂的存在的不可言说的高度。"或者更糟糕的是，英国人可能会因为"being"这个词而想起现实生活中的教授，他们讲授的是："所有的存在都是变化，而且就存在的法则而言，存在只是不存在的演化。"或者英国人还可能想起史诗里的古老爱情故事："美丽和可爱的存在（物），你像光芒一样充满了我。"不论如何，"being"实在是一个狂野的、模糊的词，仿佛只有含糊的人才用这个词，又仿佛它有无数不同的含义。

拉丁语的 Ens 听起来有点像英语里的 End（终结、结束）。它的确有终结的意义，而且甚至让人感到有点突兀。它什么也不是，只是它自己。曾经有人嘲笑像托马斯一样的学究，说他们竟然会讨论有多少天使能在一个针尖上跳舞。可以肯定的是，至少托马斯用的第一个词就像针尖一样尖锐。甚至在一定的意义上，它也有"终结者"的意味。当我们说托马斯·阿奎那在最基本的层面上关注的是"存在"的概念时，我们一定不能将其与我们习惯或者厌倦了的这个词的现代含义联系在一起。"存在"这个词到了现代，更像一个修辞学术语，而不是哲学术语。一个中世纪的学者会很乐意地承认，修辞学有它自己的重要位置，因为他本人在学校里同时教授修辞学和逻辑学。但是在托马斯自己的作品里找不到修辞学的影子，或许他自己确实不太注意修辞。奥古斯丁的作品里常常能找到大段的修辞，但是托马斯的作品里却找不到。他有时候的确会涉猎诗歌，但是对演讲术却几乎不曾触及。他写诗的时候，总是把诗写成诗歌，这种手法跟现代诗的手法真是大相径庭。我们后面将要提到，他的诗歌创作还有另外一个方面。尤其值得注意的是，托马斯的哲学是能够激发诗歌创作的哲学，他在很大的程度上给了但丁创作诗歌的灵感。没有哲学的诗词，有的只是灵感，或者通俗地说，有的只是风。托马斯的哲学却是一种没有意象的想象。甚至这种说法也有些太笼统。他的哲学和诗歌其实都有一个核心的意象，那就是一棵大树，因为它累累的硕果而谦恭地弯下腰来。关于这累累硕果，但丁可能会用迷人的文学意象让我们沉醉在上帝的圣光里。但是一般来说，虽然托马斯写的书很长，他的言辞却是极其简短的。我已经举了 *Ens* 的例子，因为这个拉丁语词甚至比以直白著称的英语更加直白。托马斯的文风总是很朴实，从来不像奥古斯丁和许多其他教会博士的文风那样华丽。托马斯的作品常常很难理解，那是因为他涉及的题材，对于一般人来说总是很难理解。但是他从来不会故意使用高深的词藻使他的作品更艰涩，也不会使用只属于想象和直觉的神秘主义词藻——尽管这种做法是在合理范围内的。就他的方法论来说，他可能是全人类最有理性主义色彩的一个作者。

　　这就给我们带来了另一个困难，也就是逻辑方法的困难。我一直不理解，为什么会有人认为逻辑三段论太晦涩和过时。我更不能理解，为什么有人会认为归纳法已经取代了演绎法的位置。演绎的主旨是从正确的前提条件出发能够得出正确的推论。而归纳似乎只是意味着收集更多正确的前提；或者在某些物理问题上，费更大周折，目的是为了确定这些前提是正确的。的确，现代人从关于微生物和小行星的事实出发，能够比中世纪人从火蜥蜴和独角兽中推导出更多的正确结论，但是现代人从数据中演绎出结论的过程与中世纪人的思路从本质上说是一样的。归纳法这名字听起来华丽高贵，但它不过是收集数据的过程。亚里士多德或者托马斯，或者任何一个有常识的人，自然都会同意只有前提条件正确，推导出来的结论才有可能是正确的，前提条件当然是越正确越好。中世纪文化的不幸在于，因为当时的旅行方式落后，实验条件过于简陋，科学家没有发现足够多的正确前提。但是即便他们有完美的旅行方式和实验条件，他们也只是借助它们发现前提，而从当时有的数据中借助演绎推导出结论，仍然是有必要的。但是有些现代人带着嚣张的气焰，仿佛在说，归纳法是像变魔术一般地得出结论的方法。而且完全不必使用过时而令人讨厌的逻辑三段论。但是仅用归纳的方法，我们不能得出任何结论。归纳只能把我们带到演绎。除非逻辑推导的三个步骤都是正确的，否则就无法得出正确的结论。从小时候开始，就有人教导我要推崇19世纪伟大的科学家，理由是我要"接受科学的结论"。这些科学家走出去，比亚里士多德和托马斯更细致地研究了空气和土壤，化学物质和气体，然后回来用三段论的方法表达他们的最终结论。"所有的物质都是由不可分割的、微观的小块组成的，我的身体由物质组成，因此我的身体也是由不可分割的微观的小块组成的。"他们论证的形式并不错，因为这是唯一使用理性的方式。在这个世界里，除了三段论就只有另外一种选择——那就是谬误。但是这些现代人，就像中世纪的人一样，知道只有在他们的前提条件正确时，得出的结论才可能是正确的。于是就有麻烦了。因为这些科学家或他们的子孙又看了一眼他们的块状物质，发现其实那并不是块状物。于是他们回来，又把结论以三段论的形式表达出来："所有的物质都是由运动的质子和电子组成的。我的身体是由物质组成的，因此我的身体也是由运动的质子和电子组成的。"其实，这又是一个很好的三段论，尽管他们可能还需要再多研究几次物质，我们才能知道他们给出的前提条件和结论到底是不是正确的。但是正确的三段论却是得出正确结论的必经之路。正确三段论之外的唯一选择是不正确的三段论，如下面一组推论："所有的物质都是由质子和电子组成的。我觉得人的思想和物质没有什么区别，所以我用麦克风向世界宣布，我的思想是由质子和电子组成的。"但这不是归纳，而是一个错误的演绎。这也不是一种新型的思维方式，而是思考的停止。

与以上的推理过程相比，更加合理的一种推理过程，是古代的三段论主义者有时候长篇大论地写的推导过程。当然，不一定总是有必要这样做。一个人可以很快地跨下三个台阶，但是，如果没有台阶的话，就不存在跨下的问题。如果他还是跨了，那么他可能会摔断脖子，仿佛从三楼的窗户走出去一样。关于错误地把归纳和演绎对立，其原委是这样的：当前提条件或者数据累积起来的时候，重点和细节就会从最后一步的推论转移到它们那里。但是前提或数据必然引向最后的推论，否则就会无果而终。现代的逻辑学家可以长篇大论地讲电子和微生物的特性，以至于他们停滞在数据上，缩短了最终的推论，甚至不经过推导而仅凭假设得出潦草的推论。但是如果他用正确的方法进行推导，不论他的推导有多快，他必然以三段论的形式推导。

事实上，虽然托马斯总是用三段论的方法进行论证，但是他一般不把三段论的推导写出来。我的意思是，他不会一步一步地写出逻辑推导的过程。有些人说他的确如此行并称之为一种传奇，但这只是文艺复兴时期一些人毫不负责地在没有证据的情况下捏造出来的。他们认为中世纪的经院学者，都是些字迹难辨和机械的无聊之士。但是托马斯的论证的确非常严格，并且他不屑修饰自己的论证，以至于有些人感觉他的作品太无聊，尤其是那些想在其中寻找现代形式的才智或者花哨表达的人。但是所有这些都与本章开头提出的问题和结束的时候要回答的问题没有任何关系——也就是，他要维护的是什么。在这个方面，我必须着重强调，不厌其烦地说：他要为常识辩护。他要为大多数普通人能理解的常识辩护。他为"眼见为实"这类家喻户晓的谚语辩护，因为布丁存在的证据就是人在吃布丁。一个人不能从自己的喉咙里跳下去，也不能否认自己存在的事实。他常常用抽象的术语来论证这些常理，但是即使他的抽象论证也并不比现代的能量或者进化或者空间—时间之类的术语更加抽象。而且他要维护的常理不像现代的术语一样，绝望地把我们带到不可言说的矛盾当中。实用主义哲学家虽然旨在讲实用，但是他们最后只能以理论的形式讲实用。托马斯主义的起点是理论性的，但是他的理论最终被证明是完全实用的。这就是为什么现代世界的很大一部分又回归托马斯主义的原因。

最后，不光是拉丁语，其他外语也会带来实际的困难。现代的哲学术语也不总是能在直白的英文中找到对等的词，就像中世纪的哲学术语不总是能在现代哲学术语中找到对等的词一样。有时候，要了解以前的主要术语不是很困难，但它们在中世纪的含义与在现代的含义是恰恰相反的。最明显的例子是关键词"form"。我们现在常说的是，"我给系主任写了一份正式的（formal）道歉书"，或者"我们组建某个俱乐部的程序仅是一个形式（form）"。我们的意思是，有关"形式"的东西都是无关紧要的。但如果托马斯是这个俱乐部的成员的话，他的意思一定与此恰恰相反。他会认为组建俱乐部的程序，涉及整个俱乐部的灵魂和奥秘；而写给系主任的道歉信，是一封决心洗心革面的信。因为"formal"这个词在托马斯的语言里意味着真正的，或者对某种事物的定义有决定意义的含义。大致上，当他说什么东西是由某种形式（form）和质料（matter）组成时，他很正确地意识到质料是神秘的，没有具体形态的、没有特征的因素；而决定一个事物身份的因素是形式。质料可以说并不像宇宙间的气体和液体那样坚固。在这一点上，大多数的现代科学家已经开始同意他的看法了。但是形式是一个事实，是使砖头成为一块砖头，使雕像成为雕像的因素，如果没有"形式"，我们有的就仅是没有任何形态的黄土。在某些哥特式建筑的壁龛里，打破雕像的一块石头可能本身就是一个小雕像，而用化学的眼光来看，雕像只是一块石头。但是从这个意义上说，化学分析并不比哲学分析更正确。而事实——这个使两者都成为真实的东西——是存在于雕像的概念和打碎雕像者的概念之中的。这仅是解释托马斯所用术语的一个简单例子，但对于介绍托马斯的思想体系来说，却是一个不错的前言。每一个艺术家都知道，形式不是肤浅的，而是有基础含义的，因为形式就是基础。每一个雕刻家都知道，雕塑的形式不是外在于而是内在于雕塑的，甚至在某种意义上说，是内在于雕刻家的。每一个诗人都知道，十四行诗的形式不但是诗的形式，更是诗本身。然而，现代的批评家，如果不明白这位中世纪的经院哲学家所说"形式"的含义，就不会公允地评价他的思想。

第七章
永恒的哲学

现代人应该感到羞耻的是，人类学退化成了研究类人猿的科学。现在一提到人类学，人们必然要联想到一群史前历史教授（此表述不止一层含义）为了一块化石到底是猿的还是人的牙齿争吵不休。有时候，就像某个著名的例子，某块石头最终被证明是猪的牙。的确，我们应该有关于这类东西的纯物理学研究；但是人类学涉猎的范围不但更深更广，而且与人类的关系更加"密切"。比如在美国，新兴的人文主义者向传统的人道主义者宣布，他们的人道主义主要关注的并非仅仅与人类有关的东西，比如身体条件、欲望、经济需要、环境等等——所以在实践上，那些被称为人类学家的人必须把他们的研究扩展到不一定明显与人类有关的、物质的东西。他们必须寻遍整个人类历史，甚至史前时代，来找一些不一定是有智慧的人（*Homo Sapiens*），而是无智慧的猿人（*Simius Insipiens*）。有智慧的人必须与智慧（*Sapientia*）联系在一起，而只有托马斯那样的著作才是专注于智慧的。简而言之，应该有一门与神学有关的人类学。从这个意义上，托马斯·阿奎那无疑是个伟大的人类学家。

写了这样的开场白，我应该向那些致力于把人类学往生物学的方向靠拢的卓越科学家表示歉意。但是我想他们应该不会否认，新兴的社会科学中有一种奇怪的倾向，即把对人类的研究往野蛮人的方向靠拢。野蛮人不是历史的主人公，他们要么是人类历史的开端，要么是人类历史的结束。我想即使是最伟大的科学家也会同意，太多的教授迷失在野蛮人生活的丛林中。他们想研究的是人类学，但是始终不能走出对食人部落的研究。在我指出更高级的人类学之前，我要先向真正的生物学家道歉——他们看似在反对肤浅的大众科学而实则不然，这样做有特别的原因。因为作为人类学家的托马斯，首先要说的是，他的确像极了现代最好的生物人类学家——这些人常常自称不可知论者。这个事实是历史上一个明显的、具有决定意义的转折点，所以这段历史的确需要我们回顾并记录下来。

托马斯·阿奎那与伟大的教授赫胥黎（Huxley）——就是发明了"不可知论"（Agnosticism）一词的那位不可知论者——很像。托马斯开始论证的方式与赫胥黎类似，而在赫胥黎之前，找不到跟托马斯相似的人。他几乎一字不差地采纳了赫胥黎式的不可知论的方法，"最大化地跟随理性"。但问题是，理性的限度在哪里？于是他订立了一条令人吃惊的、与现代主义或者唯物主义非常相似的原则，"理性的所有内容都是从感性开始的"。托马斯研究的出发点就像很多现代的科学家，或者更确切地说，就像现代那些几乎不能被称为科学家的现代唯物主义者一样。这样的出发点与简单的神秘主义者的出发点可以说恰恰相反。柏拉图主义者，至少新柏拉图主义者，都倾向于认为人获得知识和理解的过程是由内而外的。托马斯坚持说，认识是从五个窗户开始的，也就是感官的窗户。所以说，他要让光由外而内地照耀。他要研究人的本质，而不仅停留在他透过窗户看见的真菌或者蘑菇，虽然他承认对真菌和蘑菇的研究是人经历的第一次启蒙经验。从这一点开始，他继续前进，攀登人类之房屋——一步一步、一层一层，直到他登上塔顶，看见最壮美的景象。

换句话说，他是一位人类学家——不论他的人类学或对或错，他有一整套有关人的理论。而现代那些自称不可知论者的人类学家，根本就不是什么人类学家。在他们设立的限制条件下，他们不可能得出一个关于人的完整理论，更不用说关于自然的完整理论。他们的出发点是把他们认为"不可知"的东西从研究对象中排除掉。如果我们真的在终极意义上思考"不可知",不可知的东西几乎是可知的。但是他们很快就会发现,所有的事物在一定的意义上都是不可知的,而这些不可知的事物正是人类必须要知道的。人类学家有必要知道他们究竟是负责的还是不负责的,完美的还是不完美的,可能变得完美的还是不可能变得完美的,他们的生命是有限的还是永恒的,命中注定的还是自由的——这不是为了了解上帝,而是为了了解人类自己。回避这些问题的不可论者可能装作是科学家。因为它回避的不仅是神学,而且也是人类学。人到底是有自由意志,还是说自由意志只是一种幻象?人到底有没有良知,良知是否有权威,还是说良知只是过去的历史留下的偏见?我们是否能够借助理性最终解决问题?理性有权威吗?这位号称人类学家的人相信死亡是终结吗?他相信超自然的力量吗?说诸如基路伯和撒拉弗的区别,或者圣灵的流出这些事完全不可知,这是荒谬的。经院神学家或许在探索基路伯和撒拉弗方面走得过头,以至于超出了我们的理解。但是,在问一个人究竟有没有自由意志或者一个人究竟会不会死的时候,他们问的是自然的、历史上的普通问题,就像猫会不会给自己抓痒和狗会不会嗅来嗅去一样司空见惯。一个真正的科学家,是绝不可能回避这些问题的,而那些伟大的不可知论者却的确回避了。他们可能会说,他们找不到科学的证据,但是在这一点上,他们甚至不能提出一个合乎科学的假设。他们提出的是一个非常不科学的、自相矛盾的体系。大多数的一元论道德主义者(Monist)只是会说人没有自由意志,然而,他本人却必须像一个英雄一样思考和行事,好像选择摆在面前一样。赫胥黎把道德,甚至维多利亚时期的道德,在严格的意义上变成了超自然的。他说道德有超出自然之上的强权——这是一种无神的神学。

我并不知道托马斯被称为"天使博士"的确切原因:他到底是性情像天使,还是才智像天使呢?或者是否因为后来的一个传闻,说他集中精力研究天使,特别是针尖上的天使。如果真是第三种情况,我还是不明白他为什么被叫作天使博士。人类的历史有一种令人恼火的习惯，那就是给人贴标签。一旦贴上了标签，有关这个人的一切就都被标签概括了，仿佛这个人除了标签上说的之外什么也没做一样。是谁先开始了一个愚蠢的习惯——把约翰逊博士叫作"我们的词典专家"？难道他除了编词典什么都没做吗？为什么大多数人把帕斯卡尔的丰富和广阔的思想仅仅浓缩为一个不能再小的小点？难道他们不知道是詹森主义者在与耶稣会士辩论的过程中出于恶意而将帕斯卡尔的思想削尖的吗？对我们本书的目的来说，我不能不说"天使博士"这个标签虽然称托马斯为某一专家，却必然贬低了他，把他降格为一位普救主义者。其实，贴标签的方法是贬低文学家或者科学家的常用伎俩。托马斯想必树敌众多，但是他从来不把他们当作敌人来对待。不幸的是，有时候好的性情比坏脾气更容易令人恼火。而且，毕竟托马斯已经造成了很多破坏——正如许多中世纪人士所认为的。而且更奇怪的是，保守和激进两方面的人都觉得他做了破坏的工作。他曾经作为变革者而反对奥古斯丁，同时作为传统主义者而与阿威罗伊为敌。在一些人看来，托马斯的理论仿佛破坏了那个与柏拉图的理想国有几分相似的上帝之城的壮丽。而在另一些人看来，他仿佛又在打击新兴的伊斯兰思想，就像布永的戈弗雷[①]进攻耶路撒冷那样引人注目。有可能他的这些敌人笑里藏刀，表面赞美他有关天使的研究，实则在诋毁他——就像有人可能会说达尔文关于珊瑚虫的介绍很可靠，或者弥尔顿的一些拉丁文诗歌很可信一样。这仅是一个猜测，但是很多猜测有可能是正确的。而且我倾向于相信托马斯的确对天使的性质有特殊的兴趣，就像他对人的性质更感兴趣一样。而这种兴趣来自他整个哲学体系里的那种对低等的、依赖性强的事物的强烈兴趣——就是他所关注的自由的等级问题。他对有关天使的问题感兴趣，就像他对人的问题感兴趣一样——就是因为那是个问题，尤其是因为那

---

① Godfrey of Bouillon（1060—1100），中世纪法兰克骑士，第一次十字军东征将领。1099年率军攻破耶路撒冷，成为首任耶路撒冷王国的统治者。——译注

是关乎上帝和人类之间一种特殊被造的问题。我在这里并不是要讨论天使的奥秘，托马斯认为，天使本来就是超出人类理解力的，因为天使是低于上帝，但是高于人类的一种存在。但是托马斯对天使感兴趣的真正原因在于天使是存在链上的一环，或者存在阶梯上的一级，这有助于他提出自己独特的等级理论。最重要的是，正是这一理论激励他发现了人的奥秘如此令人着迷。对托马斯来说，人不是一个升到天上去的气球，也不是只管打地洞的鼹鼠，而是像一棵树一样，深深地在土壤中扎根，而它最高的枝子却仿佛要伸到天际。

我前面已经说过，所谓的现代自由思想把所有的东西都变得像一团迷雾一样模糊，包括它自己。"思想是自由的"这个论断首先引向的是，否认意志是自由的；但是即使在决定论者中间也找不到真正的决定。因为在日常生活中，他们告诉人们，虽然人没有自由意志，但必须把他们的意志当作是自由的。换句话说，人必须有一种双重的生活。其实，这种双重的生活恰恰是古老的异端——布拉班特的西格尔——所主张的双重思想。换句话说，19世纪使一切都陷入了混沌的状态；20世纪托马斯主义的回归，又把有秩序的宇宙归还给了我们。托马斯就像不可知论者一样，从地窖开始，然后一级一级地爬到了天际，然而对这一点，我们只能给一个最粗略的介绍。

我并不是要装作在这有限篇幅内可以广泛谈论托马斯哲学的核心思想，但是或许我可以对托马斯哲学的基本问题作一个猜测——我觉得我从小时候就有意识或者无意识地了解这个问题。当一个小孩透过幼儿园的窗户看见某个东西的时候，比如说绿色的草地，他能从中了解的是什么？或者说，他能够从中了解到任何东西吗？否定哲学可以围绕这个问题做很多幼儿园的游戏。一个聪明绝顶的维多利亚时期的科学家会很高兴地宣布，孩子根本就没看见草，只是一片绿色的迷雾通过孩子的眼睛反射到孩子的脑海里。这种唯理性的论断在我看来，简直极端得不理性。如果孩子不能确定草是否存在（就是他透过玻璃窗看到的草），他又怎么能确定视网膜的存在呢(他可要透过显微镜才能看到自己的视网膜)?如果视觉会欺骗人,为何它不会继续骗人呢?另一学派的科学家们会解释说,草只是反射到脑海中的绿色的印象,而且除大脑以外他不能确知任何东西。他们宣称,孩子只能对自己的意识有意识——而我们知道这一点恰恰是孩子所没有意识到的。从那个意义上看,与其说"孩子是存在的,草是不存在的",倒不如说"草是存在的,孩子是不存在的"这一说法更真实一些。如果托马斯·阿奎那这个时候突然介入该幼儿园的争吵,他会着重说孩子意识到了存在(Ens)。在他知道草是草、自己是自己以前,他就已经知道了某种东西是某种东西。或许最好的表达方式是强调(并拍着桌子)说"存在(Is)是存在的。"这是阿奎那以他特有的修士的方式,从一开始就要求我们相信的。不信者中很少有人要求我们相信得这么少。然而,在这一确凿现实的基础上,托马斯以复杂的逻辑推导方式,建立起一整套基督教关于宇宙的理论,而这一套理论至今也没有人能够真正推翻。

托马斯非常深刻,同时又非常实际地坚持,除了肯定的原则之外,还有对立的原则。但是即使是对一个小孩子来说也很显然,肯定和对立是不可能在一个事物中同时存在的。不论你把他看见的那个东西叫什么——是月亮,或者是幻象,或者是一种感觉,或者是一种意识的状态,他知道的是如果你要说他没有看见那个东西,你的论断是错误的。还有一种可能,不论你把他所做的叫什么,不论是看,还是做梦,还是对一种印象有意识,他所知道的是,如果他做了那件事,但你说他没做,你就是在说谎。因此,除了最基本的存在事实以外,与存在之事实如影相随的是,一个事物不可能既存在又不存在。我在这里用通俗的语言来讲,世间存在谬误和真理。其实这一点也是托马斯用最微妙的哲学语言指出的:存在并不严格地等于事实本身;认识到某种事实必然意味着有一个能够认识事实的头脑。但是大致上说,一种分离和困境把一种根本意义上的战争带到了世界上,那就是"是"与"不是"之间的永恒角逐。一个进退两难的境地是，怀疑主义者使宇宙变得黑暗，使人对自己的头脑不再有信心，他们这样做的动机仅仅是为了逃避。他们甚至说有些东西既是"是"，又是"不是"。我不知道他们是不是把这种东西称作 Yo[①]。

解释了确实性之后（不管大众语言如何描述这一点），下一步就更难用大众语言解释了。但正是在这一点上，所有其他哲学体系都出现了谬误，导致它们在走到第三步时就抛弃了第一步。阿奎那已经强调指出，人一旦认定了某个事实是事实，他不能倒回去说那不是事实。如果他要那样做，就肯定会出错。但是当我们看一个事实或者多个事实的时候，我们会发现它们有一个很奇怪的特点；于是很多现代人会觉得非常不安，并对它们采取怀疑的态度。比如，事物一般处于变化的状态中，从一个事物变成另一个事物；它们的特征常常是与其他事物相对而言的；有时候，事物看起来不断地变化，甚至有时候会完全消失。正如我所说的，很多哲人在这一点上违背了他们最初宣布的关于事实的初衷，退回来说唯有变化是存在的，除了变化之外，所有的事物都是不存在的；或者除了比较之外，任何事物都是不存在的；再或者除了流动以外，任何事物都是不存在的；或者干脆任何事物都是不存在的。托马斯基于他对存在的事实性的认识，从一个完全相反的角度切入整个论证。虽然存在有时候看起来跟变化有些类似，但是存在之存在对他来说是毋庸置疑的。存在与变化之所以表面上类似，是因为我们不能充分地看到存在，或者换句话说，我们不能完全地认识存在之为存在。冰可以融化成冷水，冷水加热以后可以变成热水，但是同样的一杯水不可能同时处于这三种状态。但是，不能同时处于三种状态的这个事实，并不意味着水是不真实的，甚至是相对的。它唯一的含义是，水在某个特定的时刻，只能处于某种特定的状态。但存在的充分性是一切事物的基础，失去了存在这个基础，所有低于或者类似于存在的事物都丧失了意义，除

[①] "Yes"和"No"的混合体。——译注

非我们说它们不存在。

这个粗略的概要充其量只是历史意义上，而不是哲学意义上的介绍。因为我们不可能把这样一个概念的形而上学证明压缩在这个概要中，尤其是如果用的是中世纪形而上学的用语。但是哲学上的这个区分是历史上的一个重大转折点。大多数思想家，一旦意识到了事物处在变化之中，就容易忘记他们也曾意识到事物的存在，而只相信事物是变化的。他们甚至不能说一种事物变成了另外一种事物，因为对他们来说，在任何一个时刻，都不能说某种东西是一个什么事物。相反，这个东西（如果它存在的话）只是一个变化的过程。根据他们的原则，说一种不存在变成了另外一种不存在——这在逻辑上是成立的，而说在过去或者将来的某个时间点上存在某种事物是不成立的。托马斯坚持说即使是一件普通的事物，在它存在的任何一个时刻，一定是作为某种事物而存在，但不可能是所有的事物。完全的存在的确是存在的，并且可以是所有存在的总和。于是，在当代大多数圣贤发现世界上除了变化以外没有其他存在的时候，托马斯却认为有一种不变的、终极的存在，因为其同时可以是所有的事物。当代的圣贤们说不存在之中存在变化的时候，托马斯描述的是包含所有事物之变化的那个不变。事物之所以变化是因为它们不完全；但是它们不完全的存在，只能解释为存在于某个完全的存在之中，而完全的存在就是上帝。

至少从历史的角度说，所有的诡辩派都彼此效法，而托马斯这位伟大的经院哲学家却走上了经验和知识扩展的宽阔大道，去实实在在地观察城市，建造城市。诡辩派们都在这个很早的环节上就失败了，因为——（用一个古老游戏中的话说）——他们拿走了一开始想的那个数字。[①] 对某种事物之存在的承认，不论是一个事物还是多种事物，是人

[①] 在这种游戏（或小魔术）中，主持人让大家想一个数字，然后该数字乘2，加6，除2，最后减去一开始想的那个数字。结果等于3。其实，不管一开始是什么数字，结果必然等于3。切斯特顿在此是想表达，其他哲学家都背离了最早的那个客观事实，尽管这个事实可能是凭直觉而得。——译注

理性的首要行为。但仅仅是因为发现某个事物不确定,或者不是最终的事物,他们就推论说世界上没有确定的和终极的事物。于是,他们以形形色色的方式开始把事物看作"小于"事物的事物——比如波浪(来了又去),一种柔弱的存在,或者一种抽象的不稳定性。托马斯与他们恰恰相反,基于对事物的观察,他发现了一种"大于"事物的事物——比他一开始就承认的确凿却次等的事实更加坚固的事物。因为我们知道它们是真实的,所以当看到事物中难以捉摸和令人困惑的因素,我们就不会武断地宣布这些令人疑惑的因素意味着事物不存在,而必须从事物与真实存在的关系中找原因。数以百计的人类哲学,从唯名论到涅槃和玛雅文化,再从杂乱无章的进化论到完全盲目的寂静主义(quietism),所有这些哲学都在思考的最早阶段就与托马斯的思想背道而驰。这些哲学虽然形色各异,但是基本上都遵循一个原则:因为我们所看见的不能满足我们,或者不能给我们充分的解释,于是它们就甚至不是我们所看到的。宇宙本身充满了矛盾和混沌,但是托马斯的哲学却可以从中抽身出来。我们所看到的宇宙的缺陷,实际上是存在的缺失。上帝比人更真实,比物质更真实,因为全能的上帝每时每刻都在做工。

最近上演了一出非常奇特的有关宇宙的喜剧,其中卷入了一些智慧大师的观点,比如萧伯纳先生和圣保罗大教堂的教长英格(Dean Inge)。简单地说,形形色色的自由思想家经常说他们不需要创造之行为,因为宇宙从来都存在,并且将会一直存在下去。但萧伯纳先生说他已经成了无神论者,原因是宇宙是一开始的时候自行产生的,或者根本就没有一个起点。英格教长对宇宙能有终点这个观点本身表示震惊。大多数的现代基督徒因为沿袭了中世纪基督徒运用逻辑和理性的传统,模糊地感觉失去了最后的审判是一件很可怕的事情。大多数现代不可知论者(他们很高兴自己的想法在别人看来很可怕)则越发同声合一地叫嚣宇宙是自己产生的、自己存在的、真正科学的;宇宙从来就不需要有开始,也永远不可能终止。在这个时刻,突然,正像站在船头观望的人大声警告要躲开岩石一样，一个真正的科学家，一个研究这方面事实的专家，大声向世界发出警告：宇宙正在走向尽头。当然，他没有时间听业余爱好者的闲谈，而是在真正地检验物质的性质，他说物质正在分解，世界正在以能量的形式爆炸和消解；整个宇宙肯定会有终点，而且也很可能有一个起点。这个观点当然非常令人震惊，不但是对那些正统的人，而且对那些非正统的人——他们更容易被震惊。英格教长，虽然多年在牛津大学大声疾呼学者有责任接受所有科学发现，但是听了这个消息以后，他对这个最直白不过的科学发现表示哀悼，并强烈要求科学家离开这个问题，去努力发现别的东西。这个科学发现几乎是令人难以置信的，而英格的确问过上帝：如果宇宙结束了，上帝还能怎么逗自己开心。上述状况充分说明了现代人是多么需要托马斯·阿奎那。没有阿奎那，我甚至无法想象，任何一个受过教育的人，更不用说英格这样一个博学的人，怎么会既相信上帝，又不认为上帝自身已经包含了所有的完美，包括永恒的欢乐，而根本不需要把太阳系当成马戏团一样愉悦自己。

当我从这些假设、偏见和个人的失望中抽身来到托马斯的世界中时，我的感觉就像匆忙地从一个黑暗的屋子逃到光明中一样。托马斯非常直率地说，他认为世界有起点，也有终点，因为这是教会所教授的观点。他在别处用很多不同的论据论证了这个观点。无论如何，教会说世界将会有终点，显然教会是正确的，因为她总是认为——正如我们总是应该认为的——最新的科学发现是正确的。但是阿奎那说他在理性上找不到明确的原因来证明宇宙是没有终点的，甚至是没有起点的。而且他很确定的是，即使世界真的是完全没有起点和终点，从逻辑上说，世界仍然需要一个创造者。他温和地暗示说，看不到这一点的人没有真正地理解有一位创造者到底意味着什么。

托马斯所说的创造者不是一个中世纪年迈的国王，而是关于 *Ens* 或者 *Being* 之论证的第二步。用通俗的语言表达这第二步非常困难。这就是为什么我决定在这里才把这条论证写出来——即使没有创世之日，仍然有创造者。看着存在物现在的样子——就像一个婴儿看着草地一样，我们发现了有关存在物的第二个真理。用通俗的语言来说，被造物或者草地看起来是次等的和有依赖性的。存在是存在的，但不是依靠自己的力量存在，而且永不会仅凭着继续存在就说是靠自我而存在。这一点告诉我们，草地是存在的，但不是完全的存在；在这里，"不完全"的存在的含义与罪和悲伤无关，而是存在上的不完全，因为草地在现实上的存在没有看起来那样现实。比如说，某个存在物（Being）常常只是变化（Becoming）——开始存在或者停止存在。但是不完全的存在隐含着一个更恒定或更完全的存在，那就是不依赖于其他存在的存在。就像那句中世纪经典句子所说的："所有运动之物都是借助外在的力量而运动的。"托马斯是想借此表达比自然神论的"有人拨动了时钟"这一论据更丰富的含义，但是人们常常使之与这句话混淆。但凡有思考习惯的人都会看到，运动隐含着一种不完全，而这种不完全隐含着某种完全的存在。

实际的论据有很强的专业技术性，主要的论据是说潜在的可能性不能成为其自身的解释。另外，不论怎么样，展开的应该是卷上的东西。我们的篇幅有限，在这里我只想说一点：决定忽略这种论证的现代进化论者们之所以忽略这种论证，并不是因为他们发现了任何论证上的缺陷——实际上，他们从来就没有发现这个论证，所以当然谈不上发现论证上的缺陷。他们选择忽略这个论证的原因是他们太浅薄，浅薄到甚至不能发现自己论证里的缺陷的程度。他们论证的缺陷都被时髦的术语掩盖了，正如古老的论证的力量被古老的术语掩盖了一样。但是那些真正能够思考的人，总是能在宇宙进化论中发现一些令人不可置信的成分——宇宙怎么能从不存在进化到存在呢？这个过程简直就像一股越来越大的水流从一口空缸里涌出来一样不可思议。那些看不到论证里的困难就接受了这种观点的人，不可能像托马斯一样深入到论证中去，更不可能像他一样给出针对困难的解决办法。简而言之，世界并不能解释自己，也不能通过不断地扩展来解释自己。但是不论如何，一个进化论者抱怨一个公认的不可思议的上帝不可思议地从无到有创造了世界是荒谬的，仿佛他们的想法——不存在的东西自己变成了存在——显得"可思议"一样。

我们已经看到，很多哲学家因为事物的变化而不能用哲学方法解释变化，他们也因为事物的不同而不能用哲学来解释不同。我们在这里没有足够的篇幅来说明托马斯是怎么解决这些异端问题的，但是关于唯名论（Nominalism），或者关于因为事物的差异而对传统哲学产生的怀疑，我觉得有必要说几句。每个人都知道，唯名论的论点是：事物之间如此不同，以至于无法对其进行归类，所以只能给它们贴个标签。托马斯是个坚定而温和的唯实论者（Realist），因此，他认为人类是有共同品质的。也就是说，虽然人类的个体之间有相互矛盾的品质，但都属于人类这一类别。有人认为他是极端的唯实论者，这些人因此把他当成了一个柏拉图主义者。托马斯承认个体性的真实存在，但他又说个体之间存在一定的共性，所以能够对它们进行归类。事实上，如果不是异端来捣乱，对于绝大多数事物来说，他说的不过是我们的常识所告诉我们的。然而这些异端继续在捣乱。我记得 H. G. 威尔斯（Wells）先生有很惊人的唯名论哲学，他一本书接着一本书地写，试图论证每个个体的事物都是如此独特，如此不寻常，就好比一个人是如此独特的个体，我们甚至不能把他或她称为一个人。但是奇怪而又可笑的是，他这种容易导致混乱的荒唐理论（chaotic negation，否认统一性和秩序的存在），竟然吸引了那些一直在抱怨社会的混乱并极力主张用统一的社会规范来取代混乱的人。这些人一方面说所有的事物都不能归类，另一方面又说对所有的事物都必须用法律来规范和约束。萧伯纳先生说，唯一的黄金定律是没有黄金定律。与黄金定律相比，他更倾向于钢铁定律，就像俄国的钢铁定律一样。

但这只是困扰现代人的一个极小的矛盾。他们其实还有一个更深层的矛盾，所谓的"创造进化论"的理论使这个更深层的矛盾暴露无遗。他们仿佛认为通过假设（我不知道他们做这个假设的根据是什么）所有的变化都是朝着好的方向，就能避免形而上学方面有关变化的疑问。我们用数学知识来说明一下。想在一条曲线上找到一个角是困难的；如果把数学课本上的曲线图倒过来，困难并不能随之解决；更不能说向下的曲线现在变成向上的了。问题的关键是曲线上没有这样一个点，也不存在这样一个地方——我们可以指着说曲线在此达到顶点，或者显示了它的起点，或者到达了终点。当现代人乐观地说"永远有来世就足够了"的时候，事实上，他们与过去一些诗人悲伤地感慨"万物都在变化"没有什么两样。然而"永远有来世"是不够的，因为它可能是我们无法承受的。事实上，对这个观点所能作的唯一辩护，就是百无聊赖让人太痛苦了，于是任何一点动作都被当成了一种解脱。然而事实是，这些现代人从来没读过托马斯的书，如果他们不小心读了，就会不无惊恐地发现，他们同意他的观点。他们会从托马斯那里发现，他们真正想说的是变化不仅仅是变化，而是某种事物的展开。尽管展开的过程可能需要一千二百万年，但要展开的事物必然已经存在了。换句话说，他们同意阿奎那所说的处处都存在着潜在的、尚未到达终点的发展变化。如果变化的走势是确定的，变化的结果必然也是确定的；如果变化的走势是确定的，必然有一个终极的存在，所有的趋势都作为潜在的可能性存在着。再换句话说，只有在至善存在的情况下，也就是既存在于变化之前，又存在于变化之后的时候，我们才有理由相信变化总是朝着好的方向发展。否则，变化就仅仅是变化，跟最直白的怀疑论者和最悲观的悲观主义者眼里的变化没什么两样。假设在生物界所有的进化发生之前，在初始生物面前有两条崭新的道路。如果进化论者脑子里没有一个先在的、关于什么是"高级"的概念，他们怎么能知道从初始生物进化出来的生物比原来的生物高级呢？根据他们肤浅的理论，所有的事物都是能够变化的，所有的事物都是能够改善的，甚至连改善本身的性质也是能改善的。但是在他们被掩盖了的内心深处，他们并不相信至善能够凭空转化成至恶。现代人的典型做法是，他们有时候相当羞怯地使用"目的"一词，但是一提到"位格"（Person）这个词就会脸红。

尽管托马斯在人类学上显示了高深的智慧，他却严格反对完全从人的角度看待万物（anthropomorphic）。有些神学家甚至断定托马斯的哲学里有太多不可知论的成分，因为他把对上帝属性的探索留给了理性的抽象思维。但是我们甚至不需要托马斯告诉我们，而仅凭我们自己的常识就能够明白，如果从一开始有一个叫"目的"的事物，那么这个"目的"必然存在于某个有"位格"（Person）的存在中。就像所谓的"记忆"需要有主体，笑话的存在需要有讲笑话的人一样，一个所谓的"目的"不可能在没有主体的情况下自己在真空中存在。否认至上存在之位格的唯一办法是躲在非理性的深渊里；即使这样，如果非要说托马斯没有运用理性的权利，某些哲学家也无法证明任何人有不理智的权利。

虽然有过度简化的危险，但是我仍然认为这是关于托马斯作为哲学家的最简单、最明了的一个事实。可以这么说，他忠于他最先爱上的东西的，也就是一见钟情。我的意思是说，他能够马上认识到事物的一个真实本质，然后他会努力地去抵制对事物本质的怀疑。这就是我为什么从本书最开始的几页就强调，托马斯在哲学上的唯实论是以他作为基督徒特有的谦逊和忠实为基础的。托马斯能够像圣保罗看见天上的异象一样，看见一块小石子，或者一根木棍。圣保罗说："我故此没有违背那从天上来的异象。"（徒 26∶19）对于托马斯来说，虽然他看见的木棍或者石块仅是地上的现象，但是他通过这些地上的现象找到了通往天堂的道路。重要的是，他对这些寻常的现象采取的是顺服的态度，他从不背离这些现象。几乎所有引导或者误导了人类的圣贤们，都曾经以这样或那样的借口背离过自己领略到的现象。他们像用化学试剂一样，用怀疑主义对木棍或者石块进行分解——要么通过实践和变化的媒介，要么因为对独一无二事物的分类的困难，要么因为在承认统一性的同时很难同时认识到多样性。这三类争议中的第一类是关于变化或者无形转化的争论；第二类是关于唯名论和唯实论的争论，或者关于普遍的概念是否存在的争论；第三个被称为古代关于独一和多样的形而上学难题。但是这些争论对托马斯来说，都可以大致归为违背事实的类别。托马斯仍然忠于第一位的真理，拒绝背叛。即使是次等的和多样的存在，他也不会否认。他从不会轻易地否认他所看到的第一事实——尽管该事实包含多个内容。

托马斯见过草，因此他不会因为草今天还在那里，明天就被扔进炉子烧掉而否认草的存在。而这就是所有怀疑论对有关变化、转化、转型和其他类似过程的论断的实质。托马斯永远不会说，草是不存在的，只有草的生长是存在的。如果草是一岁一枯荣的，那么必然意味着草是一个更伟大秩序的一部分，这个更伟大的秩序甚至比草还要真实。从逻辑上讲，托马斯实在有权利说出以下出自现代神秘主义者乔治·罗素（George William Russell，笔名 A. E.）诗作的话："我因为一叶小草而再次与上帝联结在一起。"

托马斯见过草，也见过稻谷，他不会因为草和稻谷之间有共性而否认它们之间的差别。他也不会因为草和稻谷的确有差别，而否认它们之间的确有共性。他不会像那些极端的唯名论者一样说，因为稻谷可以被划分为不同的果实，草只能统统称为杂草，而得出结论说杂草和供杂草生长的烂泥之间，或者牲口和牲口的草料之间因为找不到恰当的分类而无法作出区分。另一方面，托马斯也不会像极端的柏拉图主义者一样，在他能够看见稻谷和草的区别之前，闭上眼睛，在自己的头脑里找最完美的果实。托马斯先看见一个事物，又看见另一个事物，然后他在两个事物之间找共性，而不是假装他在看见事物之前就已经知道了它们的共性。

托马斯也见过草和石块——也就是说，他见过有明显区别的东西，就是共同点不像草和稻谷一样明显的东西。事物之间的差异可能会让我们感觉很奇怪。不光是让我们感到奇怪，它们之间如果有感官的话，一定也会觉得彼此之间很陌生。这些差异明显的事物可能几乎没有什么共性——抑或它们之间唯一的共性就是存在。所有的事物都是存在，但不是所有的存在都是统一。如我前面已经说过的，正是在这一点上托马斯明确地（甚至有些人会说轻蔑地）与泛神论者和一元论者决裂。尽管三派都承认存在，但对于托马斯来说，存在之间是有区别的，正如不同的存在之间也有相似之处一样。这样，我们不得不又一次把所思考的问题和上帝的存在联系在一起——不论是思考草的普遍性，还是思考草和石块之间的不可兼容性。这个充满着形态各异事物的世界，正是基督教的创始主的世界，也是受造物的世界，就像一位艺术家创造出了不同的作品一样。这个基督教的世界与亚洲的古老宗教和当代德国形色各异的诡辩家描绘的世界截然不同。对后者而言，这是一个只有一种存在的世界，而这个存在又被变化像闪闪发光的、若隐若现的面纱那样笼罩着。面对形形色色的对世界的描绘，托马斯固执地坚守着他的阵地——他看见过草，也看见过石块。他像圣保罗不违背天上的异象那样，诚实地对待他在地上看见的景象。

作个总结：我们关注的这位中世纪哲学家认真地研究了事物的存在、事物的多样性，以及其他与事物的存在相关的方面，但是他从来没有完全脱离过对事物最初的认识。在这本小册子里，我们没有空间来讨论他用以证明其理论之正确性的纷繁复杂的步骤。但是我想说的要旨是，即使他的理论不正确，他至少是真实的。他是一个独特意义上的唯实论者，他的唯实论与中世纪和现当代对这个词的理解都不尽相同。即使是有关真实存在的疑惑和困难，也加深而不是减弱了他对事物真实存在的信念。事物的所谓"欺骗性"虽然让无数的圣贤感到悲哀，但是在托马斯那里似乎有了相反的效果。如果事物"欺骗"了我们，那是因为它们比我们所认识到的更加真实。如果我们对它们的认识仅止于对它们的认识本身，那么它们作为"终极"必然永远欺骗我们；但是如果我们把它们看作通往更高的存在的桥梁，它们甚至比我们所认识到的更加真实。可以这么说，如果它们有相对的"不真实性"，那是因为它们的存在是潜在的，而不是事实意义上的。它们的存在还没有完全得以实现，就像包在袋子里的种子和装在箱子里的烟花一样。它们所包含的比它们本身更加真实。经院哲学家通常把这个叫作"成就"（Fruition）或者"实现"（Fulfilment）。通过这个过程，事物相关的相对性转化为事实，就像树开花结实或者火箭冒烟之后升入太空一样。

在这里我把我的读者留在了托马斯的逻辑阶梯的最底层。托马斯就是借助这个梯子围攻并登上了人类之房屋。在此我只想说，托马斯用诚实和一丝不苟的论据，一步一步地爬到了阶梯的顶点，而且在那里，他站在金色的屋顶上，与天使对话。这就是对他的哲学的一个非常粗线条的描绘，但是用这样的粗线条描绘他的神学是不可能的。任何一个人，如果要用这么短的篇幅介绍一个如此伟大的人物，必然要舍弃许多东西。只有那些最了解托马斯的人，才能最理解为什么我在经过了仔细考虑之后，最终决定不介绍对托马斯来说最重要的，或者说唯一重要的东西。

第八章
托马斯与继之而来的事

人们常说，托马斯跟圣方济各不一样，因为他的哲学里没有那种难以言表的诗意。比如，托马斯只关注被大自然埋藏在深处的根部，并对自然作深层分析，却几乎不谈自然界中的花朵和果实给人们带来的快乐。但是我不得不说，在读他的哲学时，我常常有一种独特、有力、像诗一样的感觉。奇怪的是，托马斯的哲学在一些方面更像油画，常常让我想起当代最好的油画画家的作品。特别是当画家描绘一束朦胧的光照在棱角分明的长方形物体上时，或者是当他们似乎在摸索——而不是抓住——潜意识里的一些柱子时。我有这些感觉，大概是因为在托马斯的作品里有一些"原生态"（Primitive）的东西。"原生态"是一个被严重滥用的词，但是托马斯的作品体现了这个词的真义。无论如何，阅读托马斯的作品时获得的快乐不仅出于理性，也出于想象。

我有这个印象，大概因为油画用的不是文字。一个艺术家可以很庄重地勾画出一头猪的轮廓，那是因为他的脑子里想的不是"猪"这个词。大概没有一个思想家像托马斯一样，思考事物的时候直接地思考事物，而不被话语和概念的影响所误导。的确，在这个意义上，他没有语言方面的优势，但是也没有语言的劣势。在这一点上，他与奥古斯丁有很大的差别。对于后者来说，才子是他众多身份中的一种。奥古斯丁虽然用散文体写作，但骨子里是个诗人；他用语言营造自己想要的氛围，调动读者的情绪。所以他的作品充满了脍炙人口的章节，就像悠扬的曲调一样铭刻在人们的脑海里。比如，他所说的"让他们的怒火向着你们咆哮吧"（*illi in vos saeviant*），是多么地铿锵有力；"古老的美丽，我爱上你太晚了"是多么地令人难忘。的确，在托马斯的著作里几乎找不到类似风格的话语。但是，正如他不会像变魔术一样地使用语言，他也不会像一些煽情或者以自我为中心的艺术家一样滥用语言。后者对语言的滥用有时使修辞变成了一种病态的卖弄和魔法。事实上，只有与托马斯这样纯粹内省的思想家比较一下，我们才可以发现我所描述的，或者无法描述的关于事物真正性质的一点线索。我的意思是说，托马斯的思想，尤其是在他思想的起点，处处流露出原生态的内在的诗意。在此我是指他具有真知灼见，能够洞悉人的思想和思想之外之实存之间的联系。

事物的那种奇特性离不开它们的异他性，或者说客观性；它是所有诗歌乃至所有艺术之光。纯主观的事物必然是乏味的；恰恰是客观的事物能给人带来新鲜感或者奇怪的感觉。在这方面，托马斯这位伟大的沉思者与那种伪沉思者是截然不同的。伪沉思者包括神秘主义者，他们只内省自己的灵魂；也包括自私的艺术家，他们脱离这个世界，只住在自己的思想里面。按照托马斯的说法，头脑的确能够自由思考，但是头脑的自由恰恰体现在找到一条通往自由的道路，找到通向光明、现实和人类生存之地的道路。在主观主义者看来，外在世界的压力促发头脑内部的想象。而对于托马斯主义者来说，思想的能量迫使想象力寻找走出去的道路，因为它所寻求的意象是真实存在的。可以这么说，真实事物之所以浪漫并充满魅力，恰恰因为它们是真实的事物——这些事物不可能借向思想内部注视而获知。花朵是一个意象，正是因为它不仅仅是一个意象。或者，如果你愿意换种说法的话，它是一个意象，正是因为它不是梦境。对于诗人来说，这正是石块、树木和其他实实在在存在着的东西的独特性。它们是独特的，正因为它们是实实在在存在着的。我在这里先从诗歌的角度来讨论这些事物，因为如果从哲学的角度来讨论的话，需要更多的专门术语。按照托马斯的说法，思考的客体在被思考的过程中变成了思想的一部分。不，其实更准确地说，根据托马斯的说法，思想实际上变成了思想的客体。但是，如一位评论家所说的，思想只变成客体却不能创造客体。换句话说，客体就是客体，它的确在头脑之外存在着，或者说能够脱离头脑而存在。因此，客体变成人的思想的一部分之后能够拓展人的思想。人的思想占领一个新的领域就像一个国王占领一块新的领地一样。但是这正是因为思想像一个忠实的仆人一样，主人每一次按铃，它都毕恭毕敬地应答。人的头脑打开了它所有的门窗，那是因为屋子里的人会很自然地想打开门窗看外面的世界。即使头脑的活动能够自给自足，有能力去思考，但它若仅有它自己而没有可思考的对象，这仍然是不够的，因为思考外在的事实就是头脑活动本身；作为一个器官，它有客观的客体，外在的事实就是头脑的"食物"。

请注意，托马斯的这种观点同时避免了两种陷阱——除了头脑自给自足的陷阱以外，还有头脑无用论。对于托马斯来说，人的头脑不仅仅是被动的容器，像一张草纸一样任由感官随意涂抹。事实上，这就是脆弱的唯物主义的基础，因为唯物主义者认为人完全听凭外在环境的摆布。从另一方面说，头脑又不具有纯粹的创造性，它不能自己在窗户上作画，然后骗自己说那就是外面的风景。然而头脑是积极的，它的积极性在于它在自己能力所及的范围内，选择跟随那些照在真正的风景上的光芒。正是这样的积极性，给了人的生活以某种难以定义的生命力和冒险的精神。这种观点不同于以下观点：外在的物质条件倾泻在一个完全无助的头脑上，也不同于以下立场：人内在的东西倾泻到外在的世界上、创造出一个完全没有根据的幻觉世界。换句话说，托马斯主义认识论的本质在于认可两种起作用的力量——事实和人对事实的认知能力。这两者的结合就像一种婚姻。事实上，它是真正的婚姻，因为这个结合是多产的。事实上，它是这个世界上唯一能够产生成果的哲学。托马斯的常识理论能够产生真实的成果，正因为它是有冒险精神的头脑和独特事实的结合。

马利坦（M. Maritain）先生在他的《托马斯》一书中曾经用一个极

好的比喻来说明这一点。他说，外在的事实能够使内在的思想变得多产，就像蜜蜂给花授粉一样。不论如何，托马斯的整个体系建立在外在事实和内在思想联姻的基础上。上帝创造了人类，从而人类能够与外在的事实亲密接触；所以，"神配合的，人不可分开"（太 19：6）。

那么，值得一提的是，这是唯一能够出成果的哲学。诸多哲学流派的追随者，要么不顾自身哲学的要求而埋头苦干，要么干脆不工作。但可以肯定的是，怀疑论者不会以怀疑的态度工作，就像宿命论者不会带着宿命的态度工作一样。他们无一例外地遵循着以下的原则，即他们都相信不能被相信的事可以拿来用做假定。一个唯物主义者，虽然认定自己的大脑完全是由脑浆、血液和遗传基因组成的，也会毫不犹豫地运用自己的头脑做决定；一个怀疑论者，虽然认为所有的真理都是主观的，但是也会毫不犹豫地把真理当作客观的来对待。

因此，托马斯的作品有一个建设性的要素，这个要素几乎是所有在他之后的宇宙体系所缺乏的。因为托马斯已经在盖房子了，而在他之后的新思辨者却要先测试一下梯子的横栏，证明那些没有经过烧制的砖块太软而不能使用。另外，他们还要在精神层面上对精神作化学分析，甚至还在为他们是否有能力造出工具来盖房子而争吵不休。从这个意义上说，托马斯领先了他们千万年——这还不仅仅是从一般时间意义上说某人超越其时代；其实跟我们的时代相比，他也是超前的。因为他架构了一座跨越初始怀疑之深渊的桥梁，在彼岸找到了实在，并开始在其上建造。而大多数现代哲学不是哲学，而是哲学性的怀疑——怀疑是不是可以有哲学这种东西。如果我们接受托马斯基本的做法和论证，以至于接受了现实的话，在此基础上的推论也同样是真实的——这些推论是事实，而不是一堆词藻。康德和大多数黑格尔主义者只是一味地怀疑，而托马斯与他们不一样，因为托马斯有信心，而且这种信心也不只是人们常说的对信心的信心，而是对事实的信心。正是因为有了这个基础，托马斯的哲学才能往前走，才能推导、发展和决定，就像一个人在计划建造一座城市，并且坐在评判席上。但是在托马斯以后，没有任何一个像他那样的思想家能够大胆地相信，任何事情都是有真实根据的——这个根据不是仅停留在感官的基础上，而是有着足以承载一个真实推论的力量。

从以上的事实，我们可以很容易地推论，托马斯这位哲学家不只是触及社会方面的事物，或者以社会现实为基础找寻属灵的道理——虽然这通常是他的方向。他抓住了社会现实。他不仅理解社会现实，也抓住了它们。所有关于他的争议都证明了，他有一只戴着紫罗兰色手套的钢铁之手[①]。他认真地观察所有的事物，就连转瞬即逝的事物，他也要认真地注视着它们逝去。对他来说，即使是暂时的事物也有重大的意义。读者可能会有这样的感觉，一个很小的习惯或者人生活中的一个偶然事件，也会被他拿来放在显微镜下面注视，几乎到了要把它们烤焦的程度。我的这本小书甚至不能捕捉他的作品中关于人生的千分之一个细节。若要详述，就会像那些公正的法官和一位敏感的治安官对一个案件的详细记录一样，所有的细枝末节、方方面面都被记录在册。我们只能大致地举一两个这一类最明显的例子。

我前面已经提到，有时需要用现代模糊的术语描述一些古代模糊的事物。比如说，多数的现代人会模糊地把托马斯称作"乐观主义者"；同样，在政治生活方面，他也是这些人模糊所指的"自由派"。我的意思不是说，他成千上万的政治建议中的某一条符合任何这类明确的政治信条——如果现在还有明确的政治信条的话。我的意思是说，在同样的意义上，他的身上有一种相信宽广、平衡和争论的气质。用现代人最极端的标准来看，他可能不是个"自由派"，因为我们总是把上个世纪的人，而不是本世纪的人，称为"现代人"。与现代人中最现代的人相比，他的确是个不折不扣的"自由派"，因为多数现代人都变成了法西斯和希特勒主义者。但我要说的是，托马斯更倾向于经过深思熟虑之后作出

[①] 外柔内刚的意思。——译注

决定，而不是采取专制的行动。虽然像他同时代人和信奉同宗教的人一样，他从不怀疑真正的权威应该有权威，但是他特别反对权威沦为专制。他不像但丁那样是一个帝制拥护者，就连他的教宗主义也没有什么帝国色彩。对于一座城市来说，他倾向于建立"一群自由人"的体制；他也曾强调过，如果法律失去了公正，就不再是法律。

假如我想谈论有争议的问题，我本可以用大段的章节来讨论托马斯的经济学和伦理学。在经济学方面，我能够很容易地说明，托马斯不仅是个哲学家，也是个先知。他从一开始就意识到，只依赖贸易和交换存在的危险；而对贸易的依赖在他那个时代初见端倪，到了我们这个时代才登峰造极，并导致全球范围内的经济崩溃。他不仅仅说，而且也去证明高利贷是一种不自然的现象——虽然他的结论所依据的不过是亚里士多德以及最明显的常识。这个结论直到贸易主义者的时代才受到挑战，而这些贸易主义者对于我们今天的经济衰退也难辞其咎。现代的世界开始时，边沁（Bentham）撰写了《为高利贷辩护》一书，但到了一百年以后，就连最通俗的报纸也会刊登文章，宣扬所有的金融活动都是不合理的。但是托马斯的分析比以上这些论点都要深刻。他甚至提到了这个在崇拜贸易的时代早已被人遗忘的事实，即纯粹以进行贸易为目的而制造的商品，往往比以使用为目的而制造的物品质量差。我们看到他说的以下这个观点时，可能会感到难以体会拉丁文表意的细致入微之处：贸易必定包含一定程度的 *inhonestas*。*Inhonestas* 并不完全等同于"不诚实"（dishonesty）。它的意思大致是"某种不值得的东西"，或者，更接近一些的含义是"某种不那么体面的东西"。其实托马斯说的是对的。因为从现代的意义上来说，贸易的确意味着以比原来的价值高一点的价格出售，即使19世纪的经济学家也不会否认这一点。他们只会说托马斯的论点太不切实际。他们所说的听起来是对的，因为他们的观点带来了实际上的经济繁荣。但是，到了全球经济危机的时代，他们的话听起来就有点变味了。

然而，在这里，我们遇到了历史上一个巨大的吊诡。托马斯的哲学和神学，与其他的哲学（如佛教或者一元论）和其他的神学体系（如加尔文主义或者基督教科学派）相比，很明显是一个有用的，甚至可以说有战斗力的体系。托马斯主义充满了常识和建设性的自信，也因此充满了希望和承诺。这种希望不是徒劳的，这种承诺也不是不能实现的。在这个不是特别充满希望的现代时期，几乎没有人能够像那些把托马斯当作领袖的人那样，充满希望地为技术问题、所有权问题和经济伦理等问题摇旗呐喊。无疑，我们的时代仍然有一个充满希望的、充满创造力的托马斯主义。但是，我们可能会感到奇怪，为什么托马斯主义运动没有马上在托马斯之后的那个时代发生。的确，在 13 世纪，人类取得了方方面面的进步。在一些事情上，比如在农民地位的问题上，到了中世纪晚期，情况有了很大的改观。但是没有人能够诚实地说，经院主义到了中世纪晚期获得了很大的进步。没有人能够确切地说明，中世纪备受欢迎的托钵修士精神，在多大程度上帮助了后来流行的中世纪运动，更没有人能够确切地说明，我们这位一生践行正义、同情穷人的托钵修士，在多大程度上为情况的改善做了贡献。但是那些只追随托马斯的方法，却没有继承他的道德精神的人，迅速地衰落了。各方面情况的改进丝毫没有体现在经院主义上。我们只能说，有些经院主义的追随者截取了经院主义中最糟糕的方面，并使它变得更糟。他们仍然在运用逻辑推导命题，但是推导的每一步都使他们与常识渐行渐远。他们忘了托马斯最开始时几乎是个不可知论者；托马斯决定把那些任何人都可以认为是不可知的事，既不留在天堂，也不丢在地狱，而在人世间进行研究。这些所谓的托马斯追随者是一些偏执的理性主义者，他们不愿意在信仰中为奥秘留下任何空间。在最早的经院哲学的著作中，现代人常常能找到一些让他们觉得是幻想的，抑或学究式的东西；但是，如果人们能正确地理解的话，这种幻想中有一种奇异的精神——这就是自由的精神，尤其是自由意志的精神。可能没有什么比这个例子更离奇的了：早期的经院主义者绞尽脑汁地思考，夏娃如果没有吃禁果，每一棵植物，每一个动物，每一个天使，将会有什么样的命运。但是，这样的思考充满了面临着重大选择的兴奋，让人感觉夏娃或许能够作出不同选择。而后来的经院主义者却纠缠于细节上的推导方法，失去了最初的兴奋感。对后来的人来说，世界是一个卷帙浩繁的地方，他们试图用逻辑推导成千上万的只有上帝能够知道的问题。他们发展了经院哲学中最没有生命力的成分，丢弃了托马斯主义中的累累硕果。

对此有很多历史上的解释。比如说黑死病，它如最后一根稻草般摧毁了中世纪；紧接着带来教士文化的衰落，这在很大程度上促成了改教运动的兴起。但是我想还有另外一个原因，那就是与托马斯争辩的那个学派也把他们的追随者留在了后世，而且在某种意义上，那个学派取得了胜利。那就是狭隘的奥古斯丁主义者。他们用极其狭隘的眼光看待基督教，甚至不能理解我们这位伟大的多明我会会士对于存在之奥秘的喜悦，或者上帝在他的创造物中的荣耀。相反，他们继续狂热地坚持每一个悲观主义的、令人窒息的文本和信条。这些令人沮丧的基督徒仍然固执地留在基督教王国中，在暗处等待着他们的机会。这些狭隘的奥古斯丁主义者，这些唾弃科学、理性或者对世俗事物运用理性的人，虽然在争辩中被击败了，但是他们有一种累积起来的热情。英格兰北部曾有一所奥古斯丁派的修道院，这种热情几乎就要爆炸了。

托马斯·阿奎那奋勇出击，然而他却不能完全让摩尼教徒噤声。摩尼教徒，从长期来看，是不会永远噤声的。托马斯能够保证，流传到后世的基督教是超自然的，而不是反自然的；也永远不应该以一种阴暗的态度看待世界，以至于让人忘了世界的创造者和道成肉身的基督。但是当托马斯开创的传统落在一群思想狭隘的、缺乏创造力的人手中时，当托马斯所属的那个中世纪社会因为种种原因逐渐衰退时，托马斯反对并且曾经击败的那些思潮又偷偷地潜回到基督教王国中。当经院主义逐渐僵化和分裂之时，基督教中的某种精神或者要素再一次开始强大起来。

这种精神是必要的，甚至有时候是崇高的，但总是需要用信仰中更柔和且宽容的精神来平衡。对上帝的敬畏——这是智慧的开端，因此属于最原初的东西。而且在文明的曙光破晓前的那个冰冷的时刻，人们感受到了这种敬畏。这是从旷野中乘着风而来的力量，打破了石制的神像；这力量让东方的国家拜倒；这力量让古代的先知光着身子到处跑并且高声呐喊，让他们一边高呼，一边迅速逃离他们的神。这敬畏的力量存在于所有宗教（无论真伪）的开始阶段。这就是对上帝的敬畏——这是智慧的开端，却不是终结。

当教宗最早听说开始于德国的改教运动时，他曾经鄙夷地把它叫作"修士的争吵"。历史学家认为这一现象表明了统治者对革命带有讽刺意味的漠视，尤其表明了"文艺复兴的异教教宗"的得意忘形之态。当然，每个教宗都习惯了不同修会之间的争吵。但是，如果他看不到16世纪的这场大分裂的端倪，这显然是一种奇怪的或者近乎愚蠢的疏忽。然而，在某种更加深奥的意义上，我可以为他的这种态度辩护几句。在某种意义上说，甚至在中世纪，也有过类似宗教改革前"修士的争吵"这样的分裂活动——后者可谓是前者属灵意义上的祖先。

事实上，如果仔细看本书的前半部分就会发现，新教的出现的确是因为修士之间的争吵。我们已经看到了奥古斯丁这个伟大的名字——这个托马斯永远带着敬意提起却常常与之意见相左的伟大神学家，自然代表着在奥古斯丁修会停留时间最长的一种思想。奥古斯丁与托马斯·阿奎那之间的区别，像所有天主教徒之间的区别一样，是侧重点的不同。奥古斯丁学派强调的是人在上帝面前的无力，上帝关于人的命运的全知，敬畏上帝和在上帝面前谦卑的重要性，而不强调这些事情的对立面，即人的自由意志，上帝赐给人类的尊严，以及善工的重要性。在这个层面上，当时的奥古斯丁主义者的确沿袭了奥古斯丁最有特色的思想；奥古斯丁一直到现在都被看作天主教会的"决定论"博士。但是神学的重点应该随着时代的不同而改变；有时候，在某个时代不恰当地强调教义的某个方面意味着否定另一方面。或许，新教的确是开始于教士之间的争吵，只是教宗当时没有意识到一个修士到底能爱吵闹到什么程度。因为当时，在一所坐落在德国森林里的奥古斯丁修道院里，有这样一位修士，他可以说对于强调某一方面有一种独特的、特殊的才能。他作了很多强调，甚至可以说除了强调以外什么也不做；他强调的力度堪比地震。他是一位矿工的儿子，有一副洪亮的嗓门，也有一定的个性——他郁郁寡欢却又为人真诚，而且在很多方面是病态的。他的名字叫作马丁·路德。奥古斯丁和奥古斯丁主义者都不想看到路德所理解的奥古斯丁传统被证明是正确的那一天，但是或许，从某种意义上，奥古斯丁传统终于报了一箭之仇。

终于，奥古斯丁传统从修士的小隔间里走向了世界，在风暴和毁灭的时代[①]，它以全新的、强有力的声音呐喊着，呼唤一种野蛮的、情绪化的宗教，呼唤着摧毁所有的哲学。新教因为一种特有的恐惧而憎恶古希腊哲学，也憎恶建立在古希腊哲学基础上的经院主义。新教只有一种理论——那就是要摧毁所有的理论。事实上，它有自己的神学，那就是呼唤神学灭亡的神学。人不能向上帝说什么，也不能说从上帝而来的事，更不能说关于上帝的事。唯一能说的是一种几乎不能言说的呼唤，就是在一个所有自然事物都毫无用处的世界里，呼唤基督的慈爱，并祈求基督以超自然的方式帮助自己。理性是没用的。意志是没用的。人无法搬动自己，正如石头不能挪动自己。人无法信任其脑海中的思想，正如萝卜不能信任自己的脑袋。天地之间除了基督的名字以外，什么也没有了，人唯一能做的就是，对着基督发出孤独的呐喊，就像一只受了伤的野兽痛苦地吼叫一样。

我们必须公正地对待那些历史的巨人，他们处在历史转折的关键时刻。不论我们多么坚定而正确地持有不同观念，我们也不能被自己的信

[①] 即马丁·路德的时代。——译注

念所误导，以至于认为是一些微不足道的人物和小事改变了历史。那位伟大的奥古斯丁会修士，可以说为整个中世纪坚持禁欲主义的奥古斯丁会修士报了一箭之仇。他那庞大、魁梧的身躯，遮挡了阿奎那的身躯长达四个世纪之久。我认为路德的出现不是一个神学问题——尽管现代人乐于如此谈论。到了现代，没有新教徒愿意与马丁·路德的改教神学有染；或许大家会觉得我接下来的表述太过无礼，现代人巴不得跑到九霄云外以躲开路德的神学。新教是悲观主义的；它所做的唯一一件事是坚持认为人的所有德行品质都是徒劳的，无法使人逃脱地狱。现在，路德主义已经很不真实了；现代对路德主义的表述更加不真实，但是路德本人并非不真实。他是历史上最伟大的"蛮族"之一，他注定要改变世界。在任何哲学的意义上，去比较这两位在历史上身躯庞大的人都是徒劳的，甚至是不公平的。如果把阿奎那的思想比作一张地图，那么人们在上面几乎找不到路德的位置。但是，不无道理的是，正如很多记者不管对错就已经多次断言过的，路德开启了一个新的时代，甚至拉开了现代世界的帷幕。

路德是第一个有意识地运用了自己的意识的人；后来人们说这是他的个性。他的确有很强的个性。托马斯的个性更强；他的存在容易让人感觉到，并有很强的吸引力；他的才智就像一个遍布世界的兵器库体系；他在辩论的时候，似乎所有的想法都在他的脑海里，可以随意取用，他是一个真正称得上睿智的人。但是在捍卫真理的时候，他只知道用他的睿智，而没有想到其他计谋。阿奎那从来没有使用自己的名字作为一种武器。他在辩论的时候，从来没有用过他的个人优势，比如出身、身体、大脑或者显赫的家族。简而言之，他属于一个知性无意识的时代，属于一个纯洁的理性时代，那个时代实在是很理性的。现在，路德依靠不是纯理性的东西开启了一个新时代。这不是一个赞扬或者批评的问题。不论我们说他个性很强，还是有点欺负人，这都无关紧要。当他引用圣经经文的时候，当他在经文里加上一个字的时候①，他可以心满意足地对所有诘问他的人说："告诉他们，马丁·路德博士就是这么说的！"这就是我们现在所说的个性。后来，个性又被称为"心理学"。再后来，又被称为广告或者营销策略。但是我们在这里要辩论的不是路德这种路数的优势或者劣势。关于这位伟大的奥古斯丁派悲观主义者，我们可以合宜地说，他不但压倒了经院学派的天使，而且在一个非常真实的意义上开启了现代世界。他摧毁了理性，并代之以意见。

据说，这位伟大的改教者曾经当众焚烧阿奎那的《神学大全》(*Summa Theologica*)和其他著作。伴随着托马斯著作的火焰，我们这本小书也该结束了。人们说，对于读书人来说，烧毁一本书是很难的；不难想见，要焚烧那位伟大的多明我会会士奉献给基督教王国的像一堆小山一样的著作，一定是很难的。不论如何，烧书这件事既是耸人听闻的，又有点启示未来的色彩，特别是当我们想到托马斯的著作，是一部百科全书般的、涵盖了社会、伦理和神学的既复杂又紧凑的作品，其严密的定义避免了许多错误和极端的观点；他关于人为什么会丧失忠诚并选择邪恶的论述，是多么的明了和均衡。除此之外，托马斯还作了关于政府职能和公义的条件的民主化论述，作了合理使用和滥用私人财产的区分；作了关于战争的非正义性的原则和例外情况的阐述；他既承认人身体软弱，又探讨了如何保持身体的健康。然而，所有这些中世纪的人文主义都在它的敌人面前，随着一团浓浓的烟雾消散了。那位伟大、热情高涨的农民②高兴得手舞足蹈，因为理性的时代结束了。希腊人的伟大智慧一句一句地被烧毁了，他们的箴言也一条一条地消逝在烟雾之中，那些金色的哲理在它荣耀的最后时刻，化作了金色的火焰。托马斯的思想堪称历史的伟大综合，因其把现代世界和古代世界连接了起来。

---

① 根据希腊文圣经，《罗马书》5：1应该译为"since we are justified by faith..."路德为了强调自己的教义，把经文改为"since we are justified by faith *only*..."故切斯特顿说他多加了一个字。——译注
② 指马丁·路德。——译注

而此时它化作了一团轻烟，对全世界一半的人来说，它像蒸汽一般被人遗忘了。

　　智慧的毁灭一度仿佛是决定性的。这体现在令人惊讶的一个事实上，就是在北方的现代人撰写的哲学史中，哲学止于古希腊罗马最后几位诡辩派，直到那个三流哲学家弗朗西斯·培根的出现，才又被人提起。但是这本小书，虽然做不了别的什么事，没有别的什么价值，至少可以做到一点，那就是证明哲学的浪潮又要回来了。从现在开始算起，四百年以后（我很高兴地宣布，我相信）这本小书将被人们遗忘，是因为它被湮没在更多、更好的涉及圣托马斯·阿奎那的著作里。到了那个时候，欧洲的各个出版社，甚至英国和美国的出版社，都将争相出版关于阿奎那的著作。跟那个时候出版的书相比，这本小书只是一个微不足道的业余爱好者写的小册子。但是它很可能不会被烧毁；即使被烧毁了，也不会有损于众多的、伟大的、致力于永恒哲学的著作。